U0578931

BLUE BOOK

智 库 成 果 出 版 与 传 播 平 台

云南蓝皮书
BLUE BOOK OF YUNNAN

云南农村发展报告
（2023~2024）

ANNUAL REPORT ON RURAL AREAS DEVELOPMENT

OF YUNNAN (2023-2024)

组织编写／云南省社会科学院
中国（昆明）南亚东南亚研究院
主　　编／陈晓未
副主编／谭　政

社会科学文献出版社
SOCIAL SCIENCES ACADEMIC PRESS (CHINA)

图书在版编目（CIP）数据

云南农村发展报告. 2023-2024 / 陈晓未主编；谭
政副主编. --北京：社会科学文献出版社，2024. 7.
（云南蓝皮书）. -- ISBN 978-7-5228-3852-6

Ⅰ. F327. 74

中国国家版本馆 CIP 数据核字第 20243GL920 号

云南蓝皮书

云南农村发展报告（2023~2024）

组织编写 / 云南省社会科学院　中国（昆明）南亚东南亚研究院
主　　　编 / 陈晓未
副 主 编 / 谭　政

出 版 人 / 冀祥德
组稿编辑 / 陈　雪
责任编辑 / 连凌云
责任印制 / 王京美

出　　　版 / 社会科学文献出版社·皮书分社（010）59367127
　　　　　　 地址：北京市北三环中路甲 29 号院华龙大厦　邮编：100029
　　　　　　 网址：www. ssap. com. cn
发　　　行 / 社会科学文献出版社（010）59367028
印　　　装 / 天津千鹤文化传播有限公司

规　　　格 / 开　本：787mm×1092mm　1/16
　　　　　　 印　张：16.25　字　数：212 千字
版　　　次 / 2024 年 7 月第 1 版　2024 年 7 月第 1 次印刷
书　　　号 / ISBN 978-7-5228-3852-6
定　　　价 / 158.00 元

读者服务电话：4008918866

主要编撰者简介

陈晓未　云南省社会科学院农村发展研究所副所长、副研究员，中国社会科学院生态环境经济研究中心理事会理事，团省委宣讲团成员、云岭青年讲师团成员，主要从事农业经济、农村发展研究，偏重决策咨询类研究。主持省哲学社会科学规划重大项目、省级决策咨询研究课题以及其他省部级项目、厅级项目共计12项。出版专著1部，主编编著4部，副主编编著3部。作为唯一作者撰写的咨询报告获得省部级以上领导批示9篇，公开发表论文40余篇，作为主要撰写人参与写作的《云南发展高原特色农业与构建新型农业经营体系研究》等书，分别获得2018年、2017年、2011年云南省哲学社会科学优秀成果（著作）二等奖、三等奖、三等奖。

谭　政　经济学博士，云南省社会科学院农村发展研究所副研究员。云南省中青年学术带头后备人才、云南省社会科学院高层次中青年学科带头人，云南省事业单位公开招聘面试考官（2022～2024年）。主要从事与人口资源和环境经济相关的绿色生产、农业绿色发展以及农民增收等方面研究。主持完成国家社科基金项目1项、省级项目5项，出版个人专著3部，在《中国人口·资源与环境》《科学学研究》发表学术论文，参与国家社科基金项目和省级重点创新团队项目10项，长期参与《云南蓝皮书·云南农村发展报告》编写。多篇决策咨询报告获省部级领导批示。作为主要参与人获得2018年云南省哲学社会科学优秀成果二等奖。

摘　要

2023 年以来，面对错综复杂的国内外形势，云南省按照党中央、国务院决策部署和省委、省政府工作要求，坚持稳中求进工作总基调，完整、准确、全面贯彻新发展理念，主动服务和融入新发展格局，锚定"3815"战略发展目标，稳步推进乡村振兴。

云南乡村振兴总体呈现出稳步发展、全面进步的良好态势，为实现农业农村现代化奠定了坚实的基础。一是发展成绩显著。农村经济稳步提升，农村产业结构不断优化，农业特色产品品牌影响力增强，农村经济活力持续释放。同时，农村基础设施不断完善，公共服务水平显著提高，农民生活水平稳步上升，乡村振兴取得扎实成效。二是产业结构优化升级。通过推进农业供给侧结构性改革，云南农业产业结构不断优化，特色农业和现代农业发展迅速。同时，乡村旅游业、农产品加工业等新兴产业蓬勃发展，为农村经济注入了新的活力。三是社会事业全面进步。自乡村振兴战略实施以来，云南农村教育、医疗、文化等公共服务设施不断完善，农村教育均衡发展水平提升，农村医疗卫生服务体系健全，农村文化事业繁荣发展。这些进步不仅提高了农民的生活质量，也为乡村振兴提供了有力支撑。四是生态文明建设成效显著。云南农村生态环境得到有效改善，农村人居环境整治取得显著成效。通过推广生态农业技术和模式，加强农村生态环境保护和治理，云南农业实现了绿色发展，为乡村振兴提供了良好的生态基础。

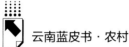
推进中国式现代化，必须坚持不懈夯实农业基础，推进乡村全面振兴。未来云南农村将继续保持良好发展态势，要进一步加强农业科技创新和推广应用，完善农村公共服务设施体系，加强乡村人才培养和引进工作，推动乡村文化传承与保护。同时，建议加大政策支持和资金保障力度，为乡村振兴提供坚实的保障。

关键词： 乡村振兴　农业　农村　云南省

目 录 ◪

Ⅰ 总报告

Ⅱ 专题篇

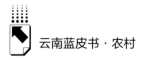

Ⅲ　案例篇

皮书数据库阅读**使用指南**

总 报 告

B.1

全面实施乡村振兴战略下
云南农业农村发展报告

付晴岚 付晞然 李 璐 赵德文*

摘 要： 2023 年中央一号文件《中共中央 国务院关于做好 2023 年全面推进乡村振兴重点工作的意见》对年度乡村振兴的重点工作作

* 付晴岚，云南省农业广播电视学校校长、高级农艺师，长期从事农村统计、农业产业化经营、新型职业农民培训、特有工种技能鉴定等工作，研究方向为高原特色农业发展、农民增收、高素质农民培育、农村新型经营主体发展。付晞然，云南省农村经济经营管理站二级主任科员，经济师，主要从事农民合作社、家庭农场、农村新型经营主体培育等统计监测工作，研究方向为高原特色农业发展、农村新型经营主体培育、农村产权制度改革、共同富裕等。李璐，国家统计局云南调查总队二级主任科员，主要从事城乡住户收支与生活状况调查、农村基层党的建设、精神文明建设等工作，研究方向为农民收入问题、农村经济社会发展、农村脱贫与共同富裕。赵德文，国家统计局云南调查总队机关党委专职副书记、二级巡视员，长期从事机关党建、精神文明建设、农民工监测、贫困县农村住户调查等工作，研究方向为农村贫困问题、基层党的建设、农村精神文明、区域协调发展。

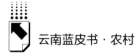

了安排。云南根据省情实际，制定了相应的规划和实施意见。自2018年乡村振兴战略开始实施，到2022年，云南省乡村振兴第一个五年规划的实施圆满完成。在乡村振兴战略推进过程中，云南全省上下坚持以习近平新时代中国特色社会主义思想为指导，全面贯彻党的二十大精神，深入学习贯彻习近平总书记关于"三农"工作重要论述和考察云南重要讲话精神，全面加强党对"三农"工作的领导，坚持把解决好"三农"问题作为全省工作重中之重，坚持农业农村优先发展，有力促进了云南农村经济建设、政治建设、文化建设、社会建设、生态文明建设和党的建设。

关键词： 乡村振兴　特色农业强省　农业　农村　云南省

一　2023年云南农村发展成就

2023年是云南省全面贯彻落实党的二十大精神、向特色农业强省迈进的开局之年，是巩固拓展脱贫攻坚成果、全面推进乡村振兴的关键之年。一年来，全省上下全面贯彻党的二十大精神，深入学习贯彻习近平总书记关于"三农"工作重要论述和考察云南重要讲话精神。按照实施乡村振兴战略的总要求，聚焦乡村产业振兴、人才振兴、文化振兴、生态振兴、组织振兴全面发力，坚持农业农村优先发展，坚持城乡融合发展，坚决守牢确保粮食安全、防止规模性返贫等底线，扎实推进乡村发展、乡村建设、乡村治理等重点工作，加快建设特色农业强省，建设宜居宜业和美乡村，推动农业农村呈现出平稳健康发展的良好态势。

（一）农业农村综合实力进一步增强

2023年以来，全省各地各部门始终把解决好"三农"问题摆在重中之重的位置。全面深化农村改革，坚持农业农村优先发展总方针，以实施乡村振兴战略为总抓手，持续深化农业供给侧结构性改革，全省农业农村综合实力明显提高，农业生产结构不断优化，粮油生产面积稳步增长，"菜篮子"稳产保供成效明显，肉类供给总体充裕，高原特色农业高质量发展加快，农业农村综合实力明显增强。据云南省统计局和国家统计局云南调查总队数据，2023 年前三季度全省农林牧渔业实现总产值 4162.82 亿元，同比增长 4.5%。其中，农业（种植业）产值 2306.47 亿元，同比增长 4.9%；林业产值 341.97 亿元，同比增长 6.0%；畜牧业产值 1272.48 亿元，同比增长 3.4%；渔业产值 76.56 亿元，同比增长 5.2%；农林牧渔专业及辅助性活动产值 165.34 亿元，同比增长 5.4%。

（二）高原特色农业蓬勃发展

中共云南省委十一届四次全会提出，要推进巩固拓展脱贫攻坚成果同乡村振兴有效衔接，紧紧扭住农民和脱贫人口增收这条主线，做大做强高原特色农业。2023 年，云南始终牢记习近平总书记的嘱托，立足多样性资源独特优势，坚定不移走特色路、打特色牌，全面实施"十四五"农业农村现代化发展规划和农业现代化三年行动方案。结合脱贫县"一主两辅"主导产业发展，聚焦粮食、茶叶、花卉、蔬菜、水果、坚果、咖啡、中药材、牛羊、生猪、乡村旅游、烟草、蔗糖、天然橡胶"1 + 10 + 3"重点特色产业布局，做好"土特产"文章，推动乡村产业全链条升级，助力农民持续稳定增收，增强市场竞争力和可持续发展能力，高原特色农业蓬勃发展。

1. 粮食生产安全底线铸牢守稳

云南全省上下认真落实粮食安全党政同责工作机制，把保障粮食、生猪等重要农产品有效供给作为首要任务，着力增强重农抓粮意识，保障全省粮食安全。落实各项强农惠农补贴政策，及时足额下达中央耕地地力保护补贴资金 41.06 亿元、实际种粮农民一次性补贴 3.2 亿元，充分调动农民种粮积极性。严守耕地红线，采取"长牙齿"的硬措施，落实耕地保护制度，引导农业资源优先保障粮食生产，稳定粮食生产面积和产量。深入实施"藏粮于地、藏粮于技"战略，提高农业良种化水平，新建和改造提升高标准农田 221 万亩，完成 2019~2021 年已建成 1167.66 万亩高标准农田上图入库，开展高标准农田建设质量专项整治百日行动，推进第三次全国土壤普查。实施粮油单产提升行动，创建 10 个部级绿色高产高效暨单产提升整建制推进县、25 个省级粮油作物绿色高产高效暨单产提升行动示范县。积极应对不利天气影响，抓实抓细防灾减灾，及时下达中央农业生产救灾资金 2.494 亿元、储备救灾备荒种子 262 万公斤，提早印发防灾减灾预案，夏粮产量稳中略减，居历史第三高位。2023 年全省粮食生产再获丰收，其中，粮食作物总播种面积 6364.83 万亩，比 2022 年增加 48.38 万亩，增长 0.77%；粮食综合单产 310.14 公斤/亩，比 2022 年略增 0.05%；粮食总产量 1974 万吨，比 2022 年增加 16.04 万吨，增长 0.82%①。

2. 畜牧业生产稳定发展

2023 年，全省各地各部门认真落实《云南"十四五"畜牧业高质量发展实施意见》，按照"稳定供给、产业高效、产品安全、防疫有效、生态绿色"的总体目标，落实落细产业扶持政策，狠抓各项工作措施，畜牧业生产稳定发展。据云南省统计局和国家统计局云南调查总队数据，2023 年前三季度，全省猪牛羊禽肉产量 374.91 万吨，同比增长 3.7%。其中，猪肉产量 287.11 万吨，同比增长 4.4%；牛肉产量 33.44 万吨，同比增长 5.2%；羊肉产量 14.49 万吨，同比

---

① 胡晓蓉:《全省今年粮食生产再获丰收　播种面积、单产、总产均实现增长》，《云南日报》2023 年 12 月 18 日。

增长 2.0%；禽肉产量 39.87 万吨，同比下降 1.5%。牛奶产量 42.51万吨，同比增长 9.9%。禽蛋产量 31.48 万吨，同比增长 2.3%。生猪存栏高位稳定，生猪出栏持续增长，牛羊生产平稳发展，家禽生产态势趋稳，呈现以下特点：

一是生猪生产总体稳定。2023 年第三季度末全省生猪存栏3210.25 万头，同比增长 0.7%，其中，能繁母猪存栏 291.30 万头，同比下降 4.5%；前三季度生猪累计出栏 3441.37 万头，同比增长3.1%；猪肉产量 287.11 万吨，同比增长 4.4%。

二是牛生产发展加快。2023 年第三季度末牛存栏 851.73 万头，同比增长 1.4%；前三季度牛累计出栏 255.11 万头，同比增长 3.4%；牛肉产量 33.44 万吨，同比增长 5.2%。

三是羊生产保持平稳。2023 年第三季度末羊存栏 1365.50 万只，同比增长 0.6%；前三季度羊累计出栏 827.66 万只，同比增长 1.2%；羊肉产量 14.49 万吨，同比增长 2.0%。

四是家禽生产有所放缓。2023 年第三季度末家禽存栏 16951.03万只，同比增长 3.8%；前三季度家禽累计出栏 23106.94 万只，同比下降 1.7%；禽肉产量 39.87 万吨，同比下降 1.5%。

五是水产养殖快速发展。2023 年以来，云南紧紧抓住渔业资源丰富、宜渔水面广阔、市场需求旺盛和区位优势突出等有利条件，统筹实施"种业提升、健康养殖、生态渔场、设施渔业、精深加工、融合发展、开放合作、主体培育"8 项工程，持续推进渔业生产绿色转型升级，以现代生态环保型设施渔业为重点，水产品产量实现稳定增长。据云南省统计局数据，2023 年上半年全省水产品产量 33.4 万吨、同比增长 4.6%；前三季度全省渔业产值 76.56 亿元，同比增长 5.2%。

3. 特色产业发展良好

2023 年以来，全省各地立足资源优势，紧扣《云南省农业现代化三年行动方案（2022—2024 年）》，聚焦"1+10+3"重点产业，持续完善"六个一"工作机制，充实成立 15 个工作组、17 个专家组，梳理建立龙头企业、产业基地、重点任务、重点项目清单，认真落实"茶十条""咖六条"等政策，不断延伸和拓展农业产业链，推进特色产业全产业链融合发展，推动农业产业高质量发展，为农业农村发展注入强劲动能。据云南省统计局提供的数据，2023 年前三季度全省农林牧渔业总产值 4162.82 亿元，同比增长 4.5%。经济作物产量稳定增长，茶叶、花卉、蔬菜、水果、中药材、牛羊、生猪、烟草等 8 个特色产业全产业链产值突破 1200 亿元；全省蔬菜产量 2146.01 万吨，同比增长 3.9%，亩均产量、产值同比均增长 1%；茶叶产量 47.24 万吨，同比增长 5.5%；水果产量 928.79 万吨，同比增长 8%；鲜切花产量 140 亿枝，同比增长 8.0%。据云南省农业农村厅的数据，2023 年上半年，全省咖啡生豆产量 11.4 万吨，咖啡精品率 14.4%、精深加工率 43%，同比分别提高 6.4 个、18 个百分点，生豆价格同比涨 17%，创 37 元/公斤的历史新高。中药材价格总体上涨，十大云药价格呈现"七升一平二降"态势，其中，当归 165 元/公斤、同比涨 323%，砂仁 150 元/公斤、同比涨 45.5%。

4. 乡村旅游业持续壮大

2023 年前 10 个月，全省乡村旅游接待游客 4.54 亿人次，实现旅游收入 2278.6 亿元，同比分别增长 38.42%、26.58%，分别恢复到 2019 年同期的 136.95%、112.74%[①]。截至 2022 年底，全省各地在现有省级乡村旅游品牌村（镇）的基础上，遴选打造了全国乡村旅游重点村 50 个、重点镇 6 个和联合国世界旅游组织"最佳旅游乡村"储备名单 5 个，以及乡村地域内国家 A 级旅游景区 493 个。同时，推动建设云南民族村寨旅游提升示范村 330 个、宜居宜业和美示

---

① 《今年前 10 个月云南乡村旅游接待游客 4.54 亿人次》，澎湃新闻，2023 年 12 月 13 日，https：//www.thepaper.cn/newsDetail_forward_25639745。

范村 200 个和省级乡村振兴示范园（田园综合体）试点 17 个，带动发展全省乡村旅游村（镇）4337 个、乡村旅游合作社 2761 个、乡村旅游经营户 10 万余户，带动乡村旅游直接从业人员 62 万人、间接从业人员 450 万人，带动 120 余万脱贫人口持续增收①。

5. 科技创新支撑高原特色现代农业发展

科技创新支撑云南省高原特色产业发展。云南聚焦高原特色现代农业发展和乡村振兴科技需求，全力推动科技人才、科技成果和科技服务落地，通过创新体制机制、加大财政资金投入、强化管理等措施，积极引导全省广大农业科技人员把论文写在大地上，全力服务企业、服务群众、服务基层，助力高原特色现代农业发展。

一是建设科技人才队伍。云南高原特色现代农业发展和乡村振兴离不开科技现代化和人才引领支撑。在科技特派员队伍建设中，云南省在积极争取国家相关部委支持的同时，加大财政投入加快省级科技特派团、特派队、特派员队伍建设。科技部启动 2023 年度"三区"科技人才认定工作后，云南省开展针对性认定工作，经认定备案云南省"三区"科技人才达 2728 人，认定人数、国家经费支持数额均为全国第一。针对边境幸福村科技要素缺乏的情况，云南省在全国创新性启动科技特派队选派工作，选派科技特派队以 374 个沿边行政村为重点，开展全覆盖、常在村的科技服务②。

二是强化科技服务体系。针对全省 25 个边境县（市）产业发展情况，云南省选派的 60 支科技特派队活跃在 374 个沿边行政村，大力推广良种良法，助力当地产业发展和群众增收致富。2023 年，科

---

① 《多元特色产业托举云南乡村振兴梦》，云南经济新闻网，2023 年 11 月 23 日，https：//baijiahao. baidu. com/s？ id＝1783223669528265260&wfr＝spider&for＝pc。

② 《我省全力推动科技人才、成果、服务落地》，云南省人民政府网站，2023 年 11 月 23 日，https：//www. yn. gov. cn/ztgg/jjdytpgjz/ynjy/202311/t20231123_290179. html。

技特派队已在沿边行政村开展服务超过 1000 人次，建设种植养殖示范基地（户）100 余个，引进示范新品种新技术 200 余个（项）。打造"云岭农科 110"创新服务平台，系统优先推荐距离最近的在线专家提供畜禽概况、种植养殖技术、品种养育、病虫害防治等咨询服务，并支持文字、语音、图片、视频等多种形式，简洁的操作界面让这一新平台更加贴近全省广大农村群众和企业①。

三是提升科技成果转化水平。乡村振兴离不开良种良法，而好的农产品品种、好的科技成果只有进行转化落地，才能促进发展、惠及民生。近年来，云南省通过实施现代种业振兴行动、核心技术攻关行动、科技成果转化行动，推动一批农业科技成果落地。在实施现代种业振兴行动中，云南省围绕水稻、玉米、马铃薯、甘蔗等重点产业，组织攻克了一批生物育种关键核心技术，选育一批优质高产、多抗广适，适应机械化种养、轻简化栽培及产业融合发展需求的突破性系列新品种。一批新品种成果开展测产成效喜人：盐津特色花生科技示范园区 650 亩"七彩艾田"七彩甜花生鲜果亩产达 774.68 公斤；东川马铃薯种薯繁育核心示范基地"开花薯 1 号"平均亩产 2560 公斤，最高亩产达 3060.9 公斤②。

（三）深耕乡村绿色发展沃土

云南地处低纬度高原，生态良好、资源丰富，是享誉国内外的"植物王国""微生物王国""世界花园"，也是全国最重要的"绿色食品"主产地之一。2023 年以来，云南立足实际，充分发挥全国"生态文明建设排头兵"的优势，抓住产业转移契机，积极做好绿色

---

① 《我省全力推动科技人才、成果、服务落地》，云南省人民政府网站，2023 年 11 月 23 日，https://www.yn.gov.cn/ztgg/jjdytpgjz/ynjy/202311/t20231123_290179.html。

② 同上。

食品产业承接这篇大文章，锁定"世界一流、中国最优"的工作目标，全力实施"一二三"行动，推进农业品种培优、品质提升、品牌打造和标准化生产，不断提高绿色优质农产品供给能力，加快建设绿色低碳农业产业链。

1. 绿色有机化发展稳步推进

全省上下坚持调整优化产业基地管理方案，整合分散政策、资源、资金，推动要素重点投向产业基地。建设国家地理标志农产品展示体验馆云南专区，推进农产品绿色有机认证。据云南省农业农村厅的统计，2023 年 6 月底，全省绿色有机地理标志及名特优新农产品认证 1027 个，其中绿色食品 687 个、有机产品 338 个、名特优新农产品 2 个。石林县人参果等 20 个基地被列为 2023 年现代农业全产业链标准化试点基地，农业标准化水平显著提升。持续推进"一县一业"，以规模化、专业化、绿色化、组织化、市场化为核心，抓好 40 个示范县创建和 20 个特色县培育，打造"一县一业"示范标杆。2022 年建成 2 个国家农业绿色发展先行区，创建"一县一业"示范县 20 个、特色县 30 个，大理州宾川县、文山州砚山县、普洱市思茅区入选国家乡村振兴创建示范县。

2. 现代种业进一步做强

2023 年以来，全省贯彻落实《云南省种业振兴行动实施方案》，全力推进种质资源保护、特色品种选育、适宜新品种引进和基地建设。深入实施种业振兴行动，把国家高原特色作物种质资源中期库、云岭牛育种创新等 8 个农作物和畜禽种业项目列入 2023 年中央预算内投资计划，占全国 70 个项目的 11.4%，居全国第 1 位。全面完成农业种质资源普查，新认定省级畜禽遗传资源保种场（库）9 个，规范保存种质资源 16 万余份。开展种业企业扶优行动，10 家入选国家畜禽核心育种场，云南大天种业等 3 家企业入选国家 276 家种业阵型企业名单。制定省级种业基地建设项目申报指南，启动 15 个省级种业基地建设。扎实推进生物育种产业化应用试点。印发工作方案和风险防控预案等系列文件，安排省级专项资金 4000 万元，成立 6 个工作组进驻试点一线抓指导服务，播种试点玉米 16.3 万亩，覆盖 2.87 万户农户，经验做法被全国《试点要情快报》4 次刊发推广。

3.农业知名品牌不断壮大

2023 年以来，省农业农村部门修订完善了"绿色云品"品牌目录管理办法，推荐勐库大叶种茶、保山小粒咖啡、蒙自石榴和昭通天麻申报区域公共品牌。开展"绿色云品"宣传推广、线下展示推介营销，筹办第二十一届中国昆明国际花卉展、第十五届中国云南普洱茶国际博览交易会、"云品入川"专场展销推介等系列展会展览，持续扩大云品影响力。截至 2023 年 6 月底，全省有机产品获证产品 4580 个，居全国第 1 位；绿色食品获证产品 2547 个，居全国第 7 位；地理标志农产品 487 个，有机蔬菜、有机茶、有机核桃面积均居全国前列，茶叶、花卉、蔬菜、水果、中药材、牛羊、生猪全产业链产值突破 1200 亿元。斗南花卉成为亚洲乃至世界鲜切花的风向标，"普洱茶"成为全国"最具品牌资源力"品牌，云南蓝莓、树莓、草莓、褚橙等成为全国高端水果代表。文山三七、蒙自石榴、昭通苹果、云南咖啡、诺邓火腿、广南八宝米、丘北辣椒等地方区域知名品牌影响力和市场认可度不断提升。

4.新型农业经营主体快速发展

习近平总书记在党的二十大报告和中央农村工作会议重要讲话中强调，发展新型农业经营主体和社会化服务，发展农业适度规模经营，重点加强新型农业经营主体带头人培训。2023 年以来，全省农业农村部门按照党中央、国务院要求，立足省情农情，制定出台《云南省支持联农带农经营主体奖补办法（试行）》，指导各地探索推进联农带农主体奖补，鼓励各类新型经营主体与农民建立稳定的利益联结机制，带动小农户发展现代农业，促进农民特别是脱贫人口持续增收。截至 2023 年 8 月底，全省农业企业 13.04 万户，较上年底净增 2.23 万户，其中龙头企业 6762 户，较上年底净增 558 户。上半年，全省通过发展产业带动农户 2088 万人，其中脱贫人口 513 万人，带动脱贫人口人均增收 2121 元。

5.设施农业和冷链物流体系建设不断完善

2023 年以来，农业农村部门出台了支持高原特色农业重点产业绿色高效设施化发展实施意见，制定发布了花卉、蔬菜、水果种植设施建设奖补政策及建设标准。印发《云南省农产品产地仓储保鲜冷链物流建设三年行动方案（2023—2025 年）》，全省农产品流通领域已建设冷库 5750 余座、库容 1019 余万立方米，配备各类型冷链运输车辆 2000 余辆，初步形成产地冷藏保鲜设施、产地冷链集配中心、产地冷链物流基地相互衔接的农产品产地冷链物流服务体系。

6.农产品加工业进一步发展

2023 年以来，全省各地坚持以实现农产品初加工机械化、促进乡村产业振兴为目标，以减损提质、稳产保供、增值富农为导向，以培育壮大初加工服务市场主体、完善技术装备体系、推进机械化信息化融合为路径，以科技创新、机制创新和政策创新为动力，抓重点、补短板、强弱项、促协调，加快新技术新装备研发推广和集成应用。加快提升农产品初加工水平和质量，为发展乡村产业、巩固拓展脱贫攻坚成果、全面推进乡村振兴、加快建设农业强国提供有力支撑。建设和提升 200 个省级产业基地，建好产业强镇创建、特色产业集群等项目，天然橡胶产业集群、鹤庆县现代农业产业园和 6 个农业产业强镇获国家批准，下达项目资金 2.05 亿元。推荐 4 个县申报创建 2023年国家农业现代化示范区，楚雄州荣获 2023 年度国家乡村振兴重点工作督查激励市，获得中央奖补资金 5000 万元。

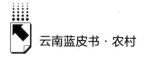

（四）脱贫攻坚成果同乡村振兴得到有效衔接

脱贫摘帽不是终点，而是新生活、新奋斗的起点。2023年是巩固拓展脱贫攻坚成果衔接乡村振兴5年过渡期的中间一年，也是关键一年。一年来，全省严格落实5年过渡期和"四个不摘"要求，着力保持帮扶政策、资金支持、帮扶力量总体稳定，聚焦守底线、抓发展、促振兴，扎实巩固拓展脱贫攻坚成果，全力促进脱贫群众持续增收，守牢不发生规模性返贫的底线，持续推进巩固拓展脱贫攻坚成果同乡村振兴有效衔接工作。

1. 规模性返贫底线得到守牢

2023年以来，全省上下坚持常态化监测与集中排查相结合，做实做细动态监测和精准帮扶，及时将易致贫返贫人口纳入监测范围，集中力量重点帮扶，做到应纳尽纳、应帮尽帮。按照"数据整合＋网格监测"，明确17个部门监测帮扶信息预警和数据核准职责，汇集预警信息并分解到村限时排查核实。按照"平台预警＋分级认领"，完善脱贫人口收入监测系统，实现脱贫人口和监测对象基础信息数据从全国防返贫监测系统移植共享，依托数据平台及时发布风险预警和分析监测对象帮扶需求，有效防范各类返贫致贫风险。按照"政策救助＋项目支持"，形成"一人一策"分析报告，同步匹配行业部门帮扶政策。过渡期以来，全省坚持差异化帮扶，提升帮扶实效。通过精准式定位，分层分类制定帮扶措施。应用监测结果，对脱贫人口和监测对象制定到户到人帮扶措施。据云南省乡村振兴局提供的数据，截至2023年10月初，全省累计识别监测对象25.75万户、91.86万人，稳定消除风险16.82万户、63.59万人，风险消除率69.2%，全省没有新增致贫返贫户。另据国家统计局云南调查总队的调查资料，2023年前三季度，全省脱贫县农村居民人均可支配收入9968元，同比增长8.3%，比全省农村居民增速高0.4个百分点，比全国脱贫县农村居民增速高 0.2 个百分点。其中，人均工资性收入 4407 元，比上年同期增加 436 元，增长 11%；人均转移净收入 2518 元，比上年同期增加 439 元，增长 21.1%；人均财产净收入 105 元，同比增长 2.1%，占人均可支配收入的比重为 1.1%；人均经营净收入 2937 元，比上年同期减少 112 元，下降 3.7%。其主要特点：

一是工作责任不断压实。省委、省政府召开省委常委会会议、省政府常务会、专题会、调度会 21 次，专题研究部署巩固拓展脱贫攻坚成果同乡村振兴有效衔接重点工作；省级领导挂联 57 个国家级、省级乡村振兴重点帮扶县，定期实地调研督导，帮助解决突出问题；全省巩固拓展脱贫攻坚成果工作现场会明确的"10 项重点工作任务"，细化为 28 项具体任务；省乡村振兴局建立局机关挂联国家乡村振兴重点帮扶县机制，定期到一线推动工作落实。

二是帮扶政策和资金投入保持稳定。制定出台培养致富带头人、联农带农、低收入人口管理等 20 余项政策措施；到位省级以上衔接资金 211.74 亿元；新增小额信贷 48.93 亿元，"富民贷"范围扩大至 122 个有帮扶任务的县；部署开展项目资金资产"三提升"专项行动，切实提升资金使用质效。

三是从严从实考核进一步加强。完善考核评估细则，对州（市）、县（市、区）2022 年度巩固脱贫成果工作进行考核评估，点对点反馈问题清单、责任清单。省委、省政府、省级行业部门和州（市）分别对考核结果靠后或存在突出问题的县（市、区）进行约谈提醒，推动各地统筹抓好考核、督查、巡视、审计、暗访等反馈问题的整改，并逐条逐项建立整改措施、责任、时限和销号清单，提升整改实效。

2. 产业帮扶进一步强化

为了让群众挑上致富"金扁担"，2023 年以来，全省上下坚持强产业、育龙头，推动特色产业提质升级，做好"土特产"文章，向全省 88 个脱贫县选派产业发展项目技术服务团，持续推进"1+10+3"高原特色农业产业，培育形成 26 个帮扶主导产业。聚焦两个重点区域，加大倾斜支持力度，向 27 个国家重点帮扶县下达衔接资金109.89 亿元，县均 4.07 亿元；向 30 个省级重点帮扶县下达衔接资金 35.26 亿元，县均 1.17 亿元。实施经营主体倍增计划，投入省级以上衔接资金 8.44 亿元，支持 1268 个村发展新型农村集体经济，培育农业经营主体 11.5 万个，制定闲置资产盘活计划措施。强化经营主体联农带农，明确乡村振兴资金扶持的经营性项目，必须全覆盖建立联农带农利益联结机制。将人均纯收入 1 万元以下家庭全部纳入联农带农重点，2.9 万个新型经营主体与 163 万脱贫户建立稳定利益共同体。

3. 就业帮扶不断做实

2023 年以来，全省紧盯控辍保学、饮水安全等突出问题，制定专项工作方案和工作措施，从源头上、重点上防控返贫致贫风险。同时通过抓就业、稳规模，持续增强脱贫地区和脱贫群众内生发展动力，持续增加务工收入。对有劳动力的家庭，实施脱贫人口"人人持证、技能致富"专项行动，对脱贫家庭青壮年劳动力推进人人持证，对新成长劳动力实施"雨露计划+"就业促进，对务农人员结合实际开展生产经营技能培训，对返乡回流劳动力实行跟踪服务促进再就业。对有就业意愿又无法外出的家庭，通过公益性岗位、以工代赈、就业帮扶车间等方式就近就地解决就业。开展脱贫人口稳岗就业"春风行动""百日行动"，以易地扶贫搬迁集中安置区为重点，231个稳岗工作组奔赴长三角、珠三角地区，开通务工包机、专列、专车2 万余趟次，点对点输送；依托产业园区、产业基地、帮扶车间、以工代赈扩大就地就近就业，稳定 37.1 万个乡村公益性岗位和 16.8 万名生态护林员规模。2023 年，全省脱贫人口和监测对象转移就业达352.2 万人，人均就业时长 5.7 个月。

4. 乡村建设和乡村治理稳步推进

2023 年以来，全省围绕乡村建设"183"重点任务，建立"1+1+5"乡村建设工作推进机制，积极推进国家乡村振兴示范县创建。在全省遴选 200 个自然村开展宜居宜业和美乡村示范创建，支持开展"三产"融合乡村振兴示范带建设。大力支持村级组织建设，积极推广运用积分制、清单制、网格化、数字化、接诉即办等经验做法；深化农村移风易俗、重点领域、突出问题专项治理。

5. 东西部协作和社会帮扶不断深化

2023 年以来，云南省委、省政府凝聚各方力量，不断深化东西部协作和社会帮扶，确保脱贫攻坚成果同乡村振兴有效衔接。沪滇协作方面，完成高层互访和上海云南对口协作第二十六次联席会议，持续深化"四个+"协作模式和"1+16+N"园区共建体系。上海市级财政援助资金到位 38.18 亿元，实施项目 509 个。定点帮扶方面，52 家中央定点帮扶单位到定点县考察 1531 人次，直接投入和引进帮扶资金 5.1 亿元，培训各类干部人才 1 万余人次；省级定点帮扶单位从 291 家增加至 316 家，投入帮扶资金 3.96 亿元。驻村帮扶方面，开展驻村队员集中轮换，向 9427 个村（社区）继续派出驻村队员 27078 名。社会帮扶方面，动员全省 3571 家企业、商会参与"万企兴万村"，实施"兴村"项目 5033 个，投资 245.1 亿元，公益捐赠 3.8 亿元；开展社会组织"结对帮扶助振兴"专项行动。

（五）农民收入稳定增长

2023 年以来，全省贯彻落实党中央、国务院关于"三农"工作的决策部署，加快建设特色农业强省，扎实推进乡村振兴，稳步实施农村居民持续增收三年行动，农村居民收入较快增长。据国家统计局云南调查总队住户调查数据，2023 年前三季度，云南农村居民人均可支配收入为 10793 元，同比增长 7.9%，增速比全国高 0.3 个百分

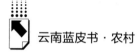

点，居全国 31 个省（自治区、直辖市）第 8 位，比上年上升 1 个位次，居西部地区 12 省（自治区、直辖市）第 4 位，比上年上升 2 个位次。城乡居民人均收入相对差距进一步缩小，城乡收入比值为 3.03，较上年同期缩小 0.14。农村居民人均可支配收入呈现以下特点：

1. 工资性收入为农村居民收入增长的主要支撑

2023 年前三季度，云南农村居民人均工资性收入 4642 元，较上年同期增长 16.4%，占人均可支配收入比重为 43.0%，拉动可支配收入增长 6.5 个百分点。农村居民工资性收入占比和贡献率为四项收入之首，是收入增长的主要支撑。

2. 转移净收入增速最快

转移净收入是农村居民人均可支配收入的重要组成部分。受益于劳动力转移带动外出从业人员寄带回收入、赡养收入提高以及低保等标准的提高，2023 年前三季度，云南农村居民人均转移净收入 2422 元，较上年同期增长 21.2%，占人均可支配收入比重为 22.4%，拉动人均可支配收入同比增长 4.2 个百分点。

3. 财产净收入平稳增长

2023 年前三季度，云南农村居民人均财产净收入 231 元，较上年同期增长 7.4%，占人均可支配收入比重为 2.1%，拉动人均可支配收入同比增长 0.2 个百分点。云南农村居民财产净收入基数低，主要来源于土地流转、农业经营的开发力度带动农村土地市场的活跃度，农村居民财产净收入增长还有很大潜力和空间可以挖掘。

4. 经营净收入有所下降

2023 年前三季度，云南农村居民人均经营净收入 3498 元，较上年同期下降 7.9%，占人均可支配收入比重为 32.5%。云南农村居民经营净收入主要依赖于第一产业经营净收入，农村居民第一产业经营净收入占总经营净收入的比重为 51.1%，占人均可支配收入的比重为 16.6%；前三季度，农村居民第一产业人均经营净收入为 1788 元，较上年同期下降 39.5%，其中农业下降 46.4%、畜牧业下降 31.7%。

（六）农民生活质量持续改善

1. 外出务工农村劳动力数量稳定增加

据国家统计局云南调查总队在全省范围内开展的农民工监测调查结果，2023 年第三季度末，云南外出务工农村劳动力 657.55 万人，同比增长 3.9%。外出务工农村劳动力人均月收入 4583 元，同比增长 7.1%。其中省内务工人均月收入 4099 元，同比增长 4.9%；省外务工人均月收入 5163 元，同比增长 7.9%。外出务工农村劳动力增加的主要原因：一是疫情以后云南接触型服务业快速复苏，对农村劳动力吸纳作用增强。二是转移就业及稳岗政策措施收效显著，有关部门发挥驻外劳动工作站作用，赴云南籍务工人员较为集中的地区开展稳岗服务工作，进一步稳定和扩大省外转移就业规模，交通补助等政策措施也起到了积极作用。重点工程项目和中小型农业农村基础设施建设领域的以工代赈项目对促进农村劳动力就业增收也发挥了积极作用。三是各地发挥优势，积极培育务工品牌，加大培训力度，进一步提高了农村劳动力就业规模和质量。

2. 农村居民消费水平全面提升

随着农村居民收入稳步增长和网络购物等新型消费模式向农村地区不断延伸，云南农村居民消费水平全面提升，农村发生了日新月异的变化。据国家统计局云南调查总队的调查资料，2023 年前三季度全省农村居民人均生活消费支出 10977 元，同比增长 12.3%。八大类消费支出中，人均食品烟酒支出 2973 元，同比增长 12.2%；人均衣着支出 501 元，同比增长 8.9%；人均居住支出 2163 元，同比增长 14.3%；人均交通通信支出 1990 元，同比增长 10.0%；人均教育文化娱乐支出 1327 元，同比增长 4.2%；人均医疗保健支出 1207 元，同比增长 18.7%；人均生活用品及服务支出 602 元，同比增长 15.3%；人均其他用品和服务支出 214 元，同比增长 39.0%。其中，脱贫县农村居民人均生活消费支出 5998 元，同比增长 14.2%，脱贫县农村居民人均生活消费支出为全省农村居民人均生活消费支出的 87.6%，比上年同期增加 1 个百分点。

（七）美丽乡村建设持续向好

2023 年以来，全省以乡村振兴为目标，以城乡统筹发展为方向，以农民为主体，以整治提升农村人居环境为标准，以推进乡村振兴"百千万"工程建设为抓手，大力开展乡镇、村庄绿化美化三年行动，推动生态产业发展，加快建设一批生态宜居宜业宜游美丽乡村，农民群众获得感、幸福感和安全感不断增强。

1. 农村人居环境全面提升

2023 年以来，全省各地深入推进"绿美乡村"三年行动，围绕建设 100 个绿美乡镇、200 个省级绿美村庄的目标，奋力推进宜居宜业和美乡村建设。一是农村"厕所革命"取得积极进展，持续开展农村改厕技术服务和农村公厕管护提升"两个专项行动"，全省共改造建设农村卫生户厕 14.48 万座，完成年度目标 43.14%，常住户 100 户以上规模较大自然村、九大高原湖泊流域和赤水河流域自然村卫生公厕 1098 座，完成年度目标 36.36%。二是加快推进绿美乡村建设。加大村庄公共空间整治力度，持续开展村庄清洁行动，全省累计清理农村生活垃圾 132 万吨，清理村内水塘 5.7 万个，发放宣传资料 251 万份，发动农民群众投工投劳 942 万人次。新平县、德钦县获批 2022 年全国村庄清洁先进县。184 个乡镇被列入 2023 年度绿美乡镇重点建设计划，409 个村庄被列入绿美乡村重点任务计划，全省乡镇镇区和村庄生活垃圾处理设施覆盖率分别达 78% 和 59%。三是不断推进农村生活污水治理工作，采取加快城镇雨污分流改造、建设乡镇镇区污水收集处理系统等方式，分区分类推进农村生活污水治理，共完成赤水河流域 72 个重点村落农村污水治理，截至 2023 年 6 月底，累计完成 5570 个行政村生活污水治理，治理率达 42%。

2. 农村基础设施提档升级

2023 年以来，全省上下持续推进农村路网、电网、水利设施、物流设施升级，实现村村通客车，全省县域电网 220 千伏变电站全覆盖，村自来水普及率达 95.5%，快递服务乡镇覆盖率达到 90% 以上。实施农村道路畅通工程，累计新改建农村公路 4856 公里，完成固定资产投资 64.07 亿元，累计新增 1399 个自然村通硬化路、新增 5 个乡镇通三级公路，累计建成村道安全生命防护工程 1513 公里，完成 44 座农村公路危桥改造。强化农村防汛抗旱和供水保障，实施乡村清洁能源建设，聚焦乡村振兴重点帮扶县、边远地区、边境村庄等农网薄弱地区，统筹高压配电网布点和中低压主干网络建设。

3. 加快基本公共服务城乡均衡发展

2023 年以来，全省上下围绕城乡基本公共服务均衡发展，积极引导农村学校办学从数量扩张、条件改善向学校治理、质量提升转变，推动基础教育优质均衡发展，提高职业教育服务产业发展的能力，提升特殊教育保障能力，进一步加强教师队伍建设，九年义务教育巩固率达到 97% 以上。完善基层医疗卫生机构基础设施，基本医疗保险参保率稳定在 95% 以上。加强农村养老服务有效供给，建成 432 个"老年幸福食堂"，农村"老年幸福食堂"累计服务老年人 800 万人次，社区养老服务设施覆盖率达 82.25%，累计为 80 周岁以上老年人发放高龄津贴超过 60 亿元，惠及老年人 96 万人。

（八）农村综合改革深入推进

2023 年以来，全省围绕中央农村综合性改革试点试验、"五好两宜"和美乡村试点试验机制探索的重点任务，聚焦探索创新富民乡村产业发展机制、村庄组团发展机制、乡村人才振兴机制和乡村治理机制，出台《省级农村综合性改革试点项目管理办法》，稳步推进农村综合性改革试点工作，细化资金支持重点和申报要求等，实现中央和省级试点工作的梯次衔接。

1. 稳妥开展第二轮土地承包到期后再延长30年试点

保持农村土地承包关系稳定并长久不变，持续推动第二轮土地承包到期后再延长30年试点，保障农户承包地稳定，盘活土地资源，引导土地经营权有序流转。认真总结晋宁区、维西县第二轮土地承包到期后再延长30年试点经验，稳妥推进宁洱县试点工作，完善承包经营纠纷调解仲裁体系。晋宁区、维西县158个村82924户农户已签订了延包合同，合同签订率达93%，启动宁洱县新一轮整县试点。调处农村土地承包经营纠纷2572件，调处率87.5%。

2. 巩固拓展农村集体产权制度改革成果

严格落实农村集体资产年度清查制度，完成清产核资单位18.27万个，共清查核实农村集体账面资产2848亿元，量化集体资产总额954亿元。股份合作制改革稳步推进。健全农村集体经济组织法人治理机制，登记赋码成立9.34万个农村集体经济组织。规范农村集体经济组织运行管理，加强农村集体资产管理，保障农村集体经济组织成员权益，稳步发展新型农村集体经济。

3. 稳慎推进农村宅基地管理和改革

稳慎推进农村宅基地制度改革、农村乱占耕地建住宅类房屋专项整治试点，全面加强农村宅基地管理。全面推进农村宅基地受理审批，全省1.1万个行政村落实了农村宅基地建房协管员制度，累计受理农村宅基地申请21万宗、审批16.7万宗，审批率79.5%。稳慎推进宜良县、江川区、大理市宅基地制度改革、农村乱占耕地建住宅专项整治"两项试点"，完成基础信息调查。截至2023年10月底，共查处新增乱占耕地建住宅799宗，处置率75%，正在查处266宗。

4. 农垦改革持续深化

2023 年以来，制定全省进一步推进垦地融合发展若干措施，全面推进垦区城乡融合和区域协调发展，持续推动"一纳入两覆盖"政策落地见效。深化垦区集团化农场企业化改革、农场企业"三项制度"改革，推动完善农垦国有土地管理制度，积极探索开展垦区居民住房确权发证试点。

（九）农村社会事业不断发展

1. 乡村治理水平不断提升

2023 年以来，全省各地始终坚持把党的建设贯穿于乡村治理各环节、全过程，在乡村治理中充分发挥基层党组织的战斗堡垒作用，强化政治领导、夯实基层基础、团结凝聚群众，推动乡村人才培育、乡风塑造、生态维护等，基层党建的优势不断转化为乡村治理的效能。构建党委领导、部门负责、统筹推进、协调配合的乡村治理工作格局，建立党建引领、三治融合的乡村治理体系，不断提升乡村治理水平。全省 90% 以上的行政村运用积分制、清单制、评比制、网格化、数字化治理等典型方式开展乡村治理。中农办、《农民日报》作了《云南省大理市南五里桥村"小基金""小网格"做活乡村善治大文章》《网格化体系实现服务群众零距离》《苍山脚下一个和美乡村的发展故事》等专题报道。

2. 优秀民族文化得到保护传承

云南拥有得天独厚的自然风光和独特的民族文化，保护和传承民族文化，是走好乡村文化振兴之路的重要举措。2023 年以来，全省各级农业农村部门坚守"保护发展传承中华农耕文明"初心，持续加强传统村落保护，截至 2023 年 3 月，全省传统村落总数达到 777 个，位列全国第一。加强民族文化教育，依托春节、火把节、泼水节等特色传统节日组织开展宣传，培养民众对民族文化的认同感和自

豪感。

3. 农村精神文明建设不断加强

党的二十大报告指出,"中国式现代化是物质文明和精神文明相协调的现代化。物质富足、精神富有是社会主义现代化的根本要求"。2023年以来,云南持续深化农村精神文明建设,扎实推动移风易俗,让农民精神面貌不断提升、农村文化生活不断丰富。以"移风易俗入民心 乡风文明促振兴"为主题,通过歌舞、快板、合唱等文艺形式,推动解决高价彩礼、人情攀比、厚葬薄养等问题,推进移风易俗,树立文明新风,84.5%的行政村修订了村规民约。昆明市嵩明县小街镇积德村入选第三批全国村级"文明乡风建设"典型案例。

二 2024年云南农村发展展望

(一)农村发展总趋势

按照云南省委十一届四次全会的部署,通过未来4年的努力,全省将实现乡村全域共同振兴、乡村全体成员共享振兴、乡村全方位协同振兴,乡村振兴云南战略更加体现地域特色,在发挥云南所长、群众所盼、未来所向、突出特色优势方面更聚焦,在保障粮食和重要农产品稳定安全供给,统筹推进乡村发展、乡村建设、乡村治理方面更有效,在促进农民农村共同富裕,切实擦亮乡村振兴云南战略底色方面更务实,建设新时代社会主义现代化强省的基础更坚实。

1. 全面推进乡村振兴的基础坚实动力强劲

一是蓝图擘画明确清晰。党的二十大作出以中国式现代化全面推进中华民族伟大复兴的战略部署,把加快建设农业强国摆上建设社会主义现代化强国的重要位置。习近平总书记两次亲临云南视察指导并作出重要指示批示，为中国式现代化云南实践提供了总遵循、总定位、总航标，也为云南实现农业农村现代化指明了前进方向、勾勒了美好蓝图。

二是政策导向更加鲜明。党的二十大和中央农村工作会议释放出新阶段持续重农强农的明确信号，农业农村优先发展的理念更加明确，农业支持保护持续加力，多元投入格局加快形成，更多资源要素向乡村集聚，全省上下关注农业、关心农村、关爱农民的氛围更加浓厚，将为全面推进乡村振兴、加快农业农村现代化提供有力保障。

三是重大战略蓄势赋能。中国农业绿色发展先行区、世界绿色食品重要生产区、现代特色农业发展引领区以及发展多样性农业等重大战略的纵深实施，全省新型城镇化带动能力显著增强，一批示范性引领性改革举措、创新政策集成赋能，一批战略性先导性重大平台、重大工程集中落地，为农业强省建设积蓄了力量、增添了动力。

四是基础优势坚实有力。全省经济社会高质量发展全面起势，新动能新优势加速形成，农业整体规模效益不断提升，农村一二三产业不断融合，乡村多元价值不断拓展，农业综合竞争力大幅提升，国际国内市场地位和影响力巩固扩大，为全面推进乡村振兴奠定了坚实基础。

2.云南农村发展预判

围绕走出一条具有云南特色的现代农业绿色发展之路，为乡村振兴提供有力的产业支撑。特别是新型主体培育、地理标志体系、高标准农田建设、水利设施建设、冷链物流支撑、交易中心建设、科技创新体系、乡村振兴示范园建设、产业发展示范等九大工程的实施，到2025年，云南将建设成为中国农业绿色发展先行区、世界绿色食品重要生产区、现代特色农业发展引领区。

一是云南乡村振兴战略特征更加鲜明。全面振兴、五项全能，

"五个振兴"统筹推进、各有所长，共同支撑形成云南战略；高质量、可持续，在新发展理念引领下实现农业高质高效、农村宜居宜业、农民富裕富足；因地制宜、各具特色，以个性化、多样化为美，立足不同资源禀赋，实现乡村由表及里、形神兼备的全面提升，绘就具有云南特色的现代版"富春山居图"。

二是云南乡村振兴战略内涵更加丰富。规模较大、质量高效的产业振兴战略，一二三产业深度融合，在促进农民全产业链增收上做示范；主体多元、素质较高的人才振兴战略，大规模培育高技能农民，在引进各类人才投身乡村发展上做示范；乡风文明、民风淳朴的文化振兴战略，社会主义核心价值观深入人心，云风滇韵充分彰显，在文化传承发展上做示范；环境优美、宜居宜业的生态振兴战略，扎实推进农村人居环境整治，在和美宜居乡村建设上做示范；领导有力、治理有序的组织振兴样板，建强基层党组织，在提升党组织政治功能和组织功能上做示范。

三是云南乡村振兴目标任务基本实现。预计到 2025 年，全省"绿色食品"的重点产业综合产值达 1.6 万亿元，农产品加工产值与农业产值之比达 2.5∶1，全省起示范带动作用的"绿色食品"产业基地达 2000 个，农业产业化省级重点企业达到 1000 户，全省农产品出口额达到 500 亿元以上，农作物良种覆盖率稳定在 95%，畜禽核心种源自给率达 60% 以上，高标准农田占耕地比例达到 40%，农田有效灌溉率达到 45% 左右，全省冷库容量达到 800 万立方米。全省粮食播种面积稳定在 6251 万亩，粮食总产量达到 1950 万吨，茶叶种植面积 740 万亩，花卉种植面积 190 万亩，鲜切花产量 240 亿枝，蔬菜种植面积 1880 万亩，产量 3500 万吨以上，水果种植面积 1150 万亩，产量 1600 万吨以上，坚果种植面积 4720 万亩，产量 336 万吨，咖啡种植面积 150 万亩，生豆产量 15 万吨以上，中药材种植面积 900 万亩，产量 150 万吨以上，牛肉产量 50 万吨，猪肉产量 350 万吨。预计到

2035 年，乡村振兴取得决定性进展，基本实现农业农村现代化，农业强省全面建成，农村具备现代生活条件，基本实现全体人民共同富裕。

（二）乡村振兴面临的困难和问题

从挑战看，外部环境不确定性、不稳定性因素增多，农业农村仍是中国式现代化云南实践的短板弱项，新阶段全面推进乡村振兴战略面临不少制约因素。

1. 国际国内环境错综复杂

随着国际经贸格局的深度调整和重构，以及新一轮科技革命和产业变革的深入发展，全球农业产业链供应链发生深刻变化，对云南农业开放发展产生深远影响。我国正在加快构建以国内大循环为主体、国内国际双循环相互促进的新发展格局，经济发展面临需求收缩、供给冲击、预期转弱"三重压力"，给乡村产业发展、农民就业增收等带来多方面影响。

2. 乡村产业转型升级压力不断加大

云南农业开发利用强度大、资源环境约束趋紧，农产品精深加工能力不强，初加工、低附加值产品占 80% 以上，龙头企业数量虽多、大块头偏少，产业链多处于中低端，农业高质量发展仍有堵点卡点，面临质的有效提升和量的合理增长双重压力。

3. 乡村发展要素亟待进一步优化

云南乡村人口数量不断萎缩，劳动年龄人口持续减少，农村青年向城市流动的趋势不断加快，农村从业人员老龄化、低学历和农村"空心化"问题交织，"谁来种地""如何种地"的问题较为突出。据国家统计局云南调查总队 2023 年 8 月的一份调查报告，普通农户、规模户、合作社、农业企业从事农业生产的人中，16~35 岁的青壮年占比分别为 29.6%、18.2%、23.9%、16.2%，55 岁以上的人占比分别为 25.9%、23.6%、18.1%、41.2%。烤烟、蔬菜等特色种植业的发展严重缺乏劳动力。此外，脱贫家庭多从事传统种植养殖，受市场价格、天气、雨水、病虫害等因素影响，收入单一且不稳定，以上因素增加返贫风险。乡村产业用地空间不足，部分产业项目存在落地难问题，农业投入相比实际需求仍显不足，多元化投融资机制尚不健全，工商资本、金融资本助力乡村振兴作用还有待加强。城乡发展仍不均衡。城乡要素双向流动还存在不少制度性壁垒，城乡融合发展程度有待进一步加深。农村基础设施、公共服务和乡村治理仍有短板，缺少片区化的宜居宜业和美乡村亮点，农民持续增收动能减弱，城乡居民收入绝对值有进一步拉大的趋势。

4. 生产供给能力明显不足

一是基础设施装备弱。云南高标准农田面积占全省耕地面积比例、农作物耕种收综合机械化率均长期低于全国平均水平。二是粮食生产效率不高。2022 年，全省粮食单产 309.98 公斤/亩，为全国粮食单产水平的 80%，在全国和西南地区均处于中等偏下水平。三是特色食物资源开发不足。云南虽然是天然大粮库、蛋白质仓库和含糖量作物重要基地，但目前食物生产力与生态系统资源承载力平衡的大食物体系尚未高效构建，林下种植、养殖和采集等林下经济生产的林果、林菌、林菜、林禽等林源产品有效供给不足。

5. 科技支撑能力明显不足

一是科技创新应用不足。2022 年，全社会研发投入强度突破1%，但投入绝对量相对较低，不到全国平均水平 2.6% 的一半；农业科技贡献率虽然突破 60%，但低于全国 62.4% 的平均水平，远低于广东的 71.3%、江苏的 70.9%、黑龙江的 69%。二是创新体系不健全。以企业为主体、市场为导向、产学研相结合的创新体系与农业科技社会化服务体系、科技成果转化体系仍然不通畅。

6. 经营体系发展严重滞后

一是经营主体"小散弱"。全省农业龙头企业实现销售收入 10

亿元以上、1亿元以上者分别占全省龙头企业总数的比重不到1%及10%；农民专业合作社、家庭农场发展制约因素多、经营效益低。二是"链主"企业培育不足。全国农业产业化国家重点龙头企业1541家，云南省只有58家，仅占3.8%，农产品加工业产值与农业总产值之比长期低于全国水平。三是利益联结单一。龙头企业对接农民合作社、家庭农场以统购、统销等买卖关系为主，通过流转、劳务、入股等方式建立多重利益联结较少。

7.生态农业发展滞后

一是绿色增值较低。绿色、有机认证农产品多集中于种植环节，加工环节获得认证占比较低，处于原料供应端，绿色农产品"优质低价"普遍存在。二是功能拓展不足。省内拥有丰富的民族生态农业农事农作场景和农耕传承活文化，如拉祜族"野阔拉祜"、怒族"茶腊村水磨坊"、德昂族"祭谷魂、祭谷娘"、纳西族"棒棒会"，由于各民族聚集分布分散，配套旅游设施条件不足，生态旅游农产品结构单一，整体规划创新不足。

8.农民增收压力进一步增大

云南省2022年农村居民人均可支配收入仅为15147元，是全国平均水平20133元的75%。云南属西部欠发达省份，农村居民收入长期以来低于全国平均水平。1978年云南农村居民收入仅比全国平均水平低3元，与全国平均水平之比为1∶1.02。之后差距逐步扩大，1990年为1∶1.27，2000年扩大为1∶1.52，2005年进一步扩大到1∶1.59，随后虽然有所缩小，2010年相对差开始缩小为1∶1.50，但2015年仍为1∶1.39，2018年为1∶1.36，2021年为1∶1.33。同时绝对差距持续扩大，由1978年的3元扩大到2000年的775元、2010年的1967元、2018年的3849元、2022年的4986元。

省内农村居民收入的地区间差异在不断扩大。由于自然条件不同、资源禀赋差异较大、城镇化程度差异明显，各地客观上存在发展不平衡问题。从全省 16 个州市农村居民人均可支配收入情况分析，1980 年收入最高的玉溪与收入最低的昭通的极差（绝对数差距）为 139 元；1990 年收入最高的版纳与收入最低的文山极差为 506 元；2000 年收入最高的玉溪与收入最低的丽江极差为 1455 元；2010 年收入最高的昆明与收入最低的怒江极差为 3410 元；2018 年收入最高的昆明与收入最低的怒江极差扩大为 8446 元；2022 年收入最高的昆明与收入最低的怒江极差扩大为 11452 元。

（三）未来云南乡村振兴的发展方向

全省上下要顺应新发展阶段形势变化，准确把握乡村振兴的历史方位和阶段特征，坚持"三农"重中之重战略定位，科学谋划全省乡村振兴目标任务，顺势而为、乘势而上，全面推进乡村振兴，加快农业强省建设，不断开创云南"三农"工作新局面。

1. 指导思想

坚持以习近平新时代中国特色社会主义思想为指导，全面贯彻党的二十大精神，认真落实习近平总书记关于"三农"工作的重要论述和对云南工作的重要指示要求，立足新发展阶段，完整、准确、全面贯彻新发展理念，服务和融入新发展格局，对标对表"千万工程"生动实践，以加快建设农业强省为目标，坚持和加强党对"三农"工作的全面领导，坚持农业农村优先发展，坚持城乡融合发展，坚持促进共同富裕，全力保障粮食和重要农产品稳定安全供给，全面推进产业、人才、文化、生态、组织振兴，全面提升乡村发展、乡村建设、乡村治理水平，加快塑成乡村振兴云南样板，为建设新时代社会主义现代化强省夯实基础。

2. 发展路径

全面贯彻习近平总书记对云南"建设我国民族团结进步示范区、生态文明建设排头兵、面向南亚东南亚辐射中心"及"云南要积极发展多样性农业"的重要指示，锚定建设特色农业强省目标，以增加农民收入为中心任务，突出高原特色、高质量发展两个关键，立足资源禀赋、产业发展、区位开放、农耕文化四个方面独特优势，构建生产能力强、经营能力强、创新能力强，多样优、生态优、开放优的"三强三优"发展新格局，在稳定主要农产品供给的同时，走出一条生态、多样、高效、开放、融合的中国特色、云南特点的农业现代化发展道路，向农业强省持续迈进。

一要夯实乡村振兴基础。做到粮食基本平衡，食物供给多元。落实粮食安全"国之大者"。藏粮于地：坚决遏制耕地"非农化""非粮化"，加快高标准农田建设，发展山区农业水利和机械，筑牢粮食生产基础。藏粮于技：大力推广新品种及间作、轮作、套作等粮经作物协同发展模式和技术，利用好有限的耕地，既能保障粮食作物播种面积、产量提升，又能合理布局经济作物提升土地综合收益和持续增加农民收入。藏粮于策：鼓励新型经营主体参与粮食生产，提升粮食种植组织化、规模化，加大补贴力度，提升农户种粮积极性。践行大食物观。发挥云南多样性气候资源优势，着力干热河谷、高寒山区、热带森林、江河湖等生态区域，充分挖掘全省国土资源潜力，加快发展现代畜牧业、淡水渔业、生态森林食品产业、设施农业，加快构建高原特色多元化食物供给体系，在全国率先打造践行大食物观先行区。

二要增强乡村振兴动力。实施乡村振兴战略，建设农业强省，科技创新是首要驱动力。要以农业关键核心技术攻关为引领，以产业急需为导向，聚焦核心种源、关键农机装备、绿色生产、精深加工、智慧农业等重要领域，整合全省农业科研、推广单位和创新型企业，构建现代农业科技创新体系。要高水平建设云南种子种业实验室，提升省内国家级、省级重点实验室、技术创新中心、野外科学观测研究站、种业基地等科技创新平台运行水平，增强农业科技园区创新效能，积极融入国家种子实验室等国家科研平台建设。要建立省、州（市）、县（市、区）三级贯通的农业科技推广机制，实施"百团千员助农增收"行动，组织科技人员下基层、到田间、进企业，集成运用先进实用的科技成果，建立示范推广基地，培养产业发展人才，创新多种乡村振兴服务模式，打通科技入户"最后一公里"。要在投入、评价、人才等方面持续发力。农业科技创新周期相对较长，构建有效的长期稳定支持机制，在加大省级财政支持力度和强化州（市）财政科技投入的同时，完善企业投入扶持和补助政策体系。建立以应用为导向的科技创新评价体系，引导鼓励科技人员把论文写在大地上。持续加强农科人才引进、培养、使用，构建全省农业科技核心人才团队，争取使一批科技人员和团队成为国家农业科技战略力量。

三要激发乡村振兴活力。实施乡村振兴战略，建设农业强省，必须立足云南基本农情，培育新型经营主体，发展农业适度规模经营，激发各类市场主体活力。要基于"一县一业"，培育壮大县域富民产业，率先建设一批现代农业强县（镇），打造农业强省的支点和抓手。要优化营商环境，强化农业龙头企业内培外引，扶持本土企业做大做强做优，提升国家、省级等农业龙头企业竞争力，积极引进"新主体"，吸引国内外有实力涉农企业落户。要深入推进农民合作社规范发展、质量提升，培育和带动一批示范社创建；发展壮大家庭农场，开展高质量家庭农场示范创建，强化典型引领带动，鼓励家庭农场联合形成规模化、专业化程度更高的合作农场；引导区域农业龙头企业领办或入股农村专业合作组织，强化联农带农的利益联结机制。

四要发挥乡村振兴优势。习近平总书记指出"各地推动产业振兴，要把'土特产'这3个字琢磨透"，为云南发展高原特色农业指明了方向。要基于云南低纬度高原地理、气候、生物多样优势，聚焦"1+10+3"重点产业，打造特色现代农业产业体系，推动重点产业转型升级、提质增效。要发挥特色资源优势，研发功能性食品、药食同源农产品等大健康相关产品；加强特色农产品标准化体系、认证体系建设，保障优质农产品生产与销售；推进特色预制菜产业发展，积极推广小包装净菜、预制滇菜等新产品新模式。要进一步延长农产品产业链，形成产业科技创新、生产加工、冷链物流、品牌体验等各环节主体链接协同、竞争力强的完整有机整体；统筹推进全省农产品初精深加工，改善储藏、保鲜、烘干、预冷、清选分级、包装等设施装备条件，夯实农产品初加工基础；实施"数商兴农"和"互联网+"农产品出村进城工程，鼓励发展"生产基地+电商"区域性行业电商平台，大力推动"云品出滇"。

五要打响乡村振兴品牌。实施乡村振兴战略，建设农业强省，必须推动高原特色农业与"建设生态文明排头兵"的结合、与云南丰富的少数民族原生态农耕文化的结合，实现三产融合，打响云南特色农业的生态牌、民族牌、文化牌。要大力发展生态农业，持续推进化肥农药减量化行动，以九大高原湖泊和赤水河、牛栏江流域为重点，推动实现农业生产、农村建设、乡村生活生态良性循环，强化政策供给，创建一批绿色、有机农产品生产基地和品牌。要立足乡土特征、地域特点、民族特色，提升乡村风貌；推进国家乡村振兴示范县创建，开展绿美乡村建设，高质量建设现代化边境幸福村。要进一步赓续农耕文明，挖掘和梳理云南民族丰富原生态农耕文化资源，科学合理规划县域民族传统农耕文化资源开发，培育特色生态农文旅品牌，发展乡村民宿、田园综合体、乡村文创等新产品新业态。

六要拓展乡村振兴空间。实施乡村振兴战略，建设农业强省，必须贯彻"面向南亚东南亚辐射中心"发展定位，抓住《区域全面经济伙伴关系协定》（RCEP）实施、中老铁路通车等重大机遇，扩大农业对外开放合作，构建农业对外开放新格局。要做大口岸经济。构建区域国际特色农产品交易中心、物流中心、期货市场，形成以云南省为中心的区域国际农产品贸易流通渠道，扩大出口规模，提高出口效益；充分利用多边和双边合作与交流机制，加大重要农产品进口；优化提升跨境物流便利化水平，巩固提高云南特色农产品出口竞争优势。要加强科技国际合作。加强和搭建高效的国际合作创新研究和协作平台，以多种模式推动与南亚东南亚国家农业全方位、多领域、深层次科技交流，建立境外科技示范基地，推广新品种新技术新模式，打造面向南亚东南亚的农业技术推广枢纽。要积极培育"走出去"市场主体。鼓励企业在农业多个产业领域加强境外农业投资合作，培育大型跨国农业企业和一批开放型农业领军企业，组建企业联盟，提升企业国际经营能力。

3. 政策方向

一是坚持党对"三农"工作的全面领导，为乡村全面振兴提供政治保障。实施乡村全面振兴，建设农业强省要坚持党领导"三农"工作原则不动摇。中国共产党科学擘画中国式现代化的宏伟蓝图，把握现代农业发展的战略方向，为农业改革发展提供了坚强保障。只有坚持党对农业农村工作的全面领导，才能使乡村全面振兴沿着社会主义现代化方向前进。要始终高度重视加强党对农业农村工作的领导，把实施乡村振兴战略摆在优先位置，不断健全党委统一领导、政府负责、党委农村工作部门统筹协调的农村工作领导体制，落实省市县乡村五级书记抓乡村振兴要求，进一步完善党领导农村工作的组织体系、制度体系、工作机制，充分发挥各级党委农村工作领导小组牵头抓总、统筹协调作用，进一步健全村党组织领导的村级组织体系，凝聚各方力量，形成齐抓共管的工作合力，提高新时代党全面领导农村工作的能力和水平，以更大的力度、更实的举措推动农业农村现代化快速发展，为全面实施乡村振兴战略提供坚强政治保证。

二是加大政策供给强度，激发农村发展活力。以实施乡村振兴战略为总抓手，真正落实重中之重战略要求，强化"优先发展农业农村"的政策供给，保证"生在乡村不低贱、学在乡村不犯难、干在乡村不吃亏、活在乡村不憋屈、病在乡村不惶恐、老在乡村不担心"。坚持把农业农村作为财政优先保障和金融优先服务的第一领域，从政策、人才、资金、医疗、教育、基础设施建设、社会福利保障等方面全方位加大对农业农村的投入。要挖掘"绿箱"政策，加大政府对农业科技、水利灌溉、交通道路、生态环保、病虫害防治、自然灾害救助、农业服务及流通设施等基础设施建设的投资力度，改善农业生产和经营的基础条件，降低农业生产成本，加速打通城乡要素平等交换机制通道，推动更多的资源要素流入农业农村，为乡村振兴创造平等、开放的良好发展环境。

三是发挥价格杠杆作用，提升农民种粮积极性。党的二十大报告明确提出"全方位夯实粮食安全根基"，进一步强调了粮食安全的重要性。要进一步完善惠及农业农民的体制机制和政策体系，突出政策导向，坚持农业农村优先发展，引导社会资本投向农业农村农民。同时，创新体制机制，使市场在资源配置中起决定性作用，更好发挥政府作用，并充分发挥农民的主体作用，全面调动农民积极性、主动性和创造性，使政府、市场和农民协同互补形成发展合力，通过稳定和加强种粮补贴、完善农产品最低收购价政策、推进粮食作物保险试点以及落实产粮大县支持奖励等一系列政策措施，让农民种粮有钱赚，让主产区抓粮不吃亏。要严防死守耕地红线，采取"长牙齿"的硬措施，落实最严格耕地保护制度。

四是完善利益联结机制，优化生产者收入比例。要充分利用区块链技术，将企业、合作社、小农户有机联合。将各级利益主体的基本信息、行为信息、财务信息等纳入联合体系，通过区块链实现全程留痕，促进各环节信息通畅，并保证利益分配的公平合理。同时，以生产技能和经营管理水平提升为重点，对农民开展定向、定岗、订单式转移就业免费培训，提高农民素质，满足利益联结需求，提升农民在

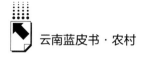

利益体系中的价值和地位。

五是坚持适度规模经营之路，提升农业产业竞争力。人多地少、农户分散承包经营是云南的农情，决定了云南农业现代化既不可能在短期内通过流转土地实现大规模集中经营，也不可能走发达国家高投入高成本、家家户户设施装备小而全的路子，必须充分发挥以家庭承包经营为基础、统分结合的双层经营体制的优势，走适度规模经营之路。一方面，积极培育发展壮大农民合作社、家庭农场等各类新型农业经营主体；另一方面，构建新型农业经营主体与小农户之间的利益联结机制，将现代生产要素有效导入小农户生产，帮助小农户解决一家一户干不了、干不好的事情。通过适度规模经营，既要有效解决小农户生产存在的效率效益低下、与市场对接能力较弱、科技推广难度大等问题，又要结合人均耕地少、土地资源分布不均衡等实际情况，有效促进小农户与现代农业的有机衔接。

六是立足人与自然和谐共生，加速农业农村绿色发展。要牢固树立和践行"绿水青山就是金山银山"的理念，以生态优先、绿色发展为导向，坚定不移走人与自然和谐共生的现代化农业农村发展之路。站在人与自然和谐共生的高度，谋划农业农村绿色发展，守住绿水青山，让生态农业、绿色农业、低碳乡村进一步成为云南现代农业农村的鲜明底色。同时，深化生态保护补偿制度改革，推动生态产品价值实现，让农村生态优势变成产业效益和农民收入，走生产生活生态良性循环的农业发展之路。要从制约农业绿色发展的关键环节入手，探索重金属污染耕地治理、农业面源污染治理等有效支持政策，稳步推进化肥农药减量增效、循环利用农业废弃物。加快调整农业产业结构，积极发展循环农业、生态畜禽养殖，培育绿色低碳农业产业链，强化农产品质量安全监管，增加绿色优质农产品供给，提升农业生态产品价值。积极开展农村生态环境保护修复，推动产业生态化与生态产业化融合发展，将农村生态资源转化成生态资产，将生态效益转化为经济效益和社会效益，让良好生态环境真正成为农村的最大优势和宝贵财富。

七是加速推进农民农村共同富裕，实现全省人民共同富裕。促进共同富裕最艰巨最繁重的任务依然在农村，加快建设农业强省必须把提高农民收入、促进农民农村共同富裕摆在突出位置。要进一步强化以工补农、以城带乡，推动形成工农互促、城乡互补、协调发展、共同繁荣的新型工农城乡关系，坚持农业农村优先发展，坚持城乡融合发展，畅通城乡要素流动，以此破解城乡发展不平衡、不充分的难题，实现城乡共同富裕。要着力推动城乡在要素配置、产业发展、安全标准、公共服务、生态保护等方面相互融合和协同发展，促进城乡生产要素平等交换、双向自由流动和公共资源合理配置，逐步缩小城乡发展差距和居民生活水平差距。

八是传承弘扬优秀农耕文化，为乡村振兴提供精神文化滋养。农耕文化是乡村社会留存的独特文化，在漫长的传统农业经济社会里不断演变发展，深刻影响着中华民族的历史进程，时至今日仍渗透在乡村社会生活的方方面面。加快乡村振兴，必须在乡风文明建设和农村社会治理中弘扬优秀传统农耕文化，进一步挖掘传统农耕文化中蕴含的优秀成分，使其成为塑造新时代家风和新型农民精神世界的有益元素，为乡村全面振兴提供丰厚的精神文化滋养。

九是全面深化改革，为乡村振兴提供不竭动力。要在巩固完善农村基本经营制度基础上，进一步深化农村土地制度改革，保持承包关系稳定并长久不变，释放土地"三权分置"制度效应，发展多种形式适度规模经营。要积极探索适合云南农业农村发展的现代农业经营体系，既坚持家庭生产的基础性地位、保护小农户利益，又积极培育新型农业经营主体，扶持壮大龙头企业，以联农带农实现强农富农。要将县域作为推动农业现代化的主阵地，不断探索人才、土地、资本等要素在城乡间双向流动和平等交换，实现城乡融合发展，激活农业

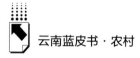
农村发展的内在活力。要加快推动农业生产应用数字化技术,发展智慧型农业,强化科技创新全面赋能农业生产要素的能力,提高农业劳动生产率、土地产出率及生产工具智能化水平,为乡村全面振兴提供不竭的改革发展动力。

专题篇 ⮡

B.2
以产业振兴为支撑夯实乡村振兴之基础

宋媛 谭政*

摘 要： 农业是乡村最本质的特征，也是乡村最核心的产业。自深入实施"3815"战略以来，云南省牢牢把握中国式现代化的中国特色、本质要求和重大原则，立足云南实际，聚焦瓶颈补短板，突出关键强弱项，深挖潜能扬优势，以高质量跨越式发展推进云南农业农村现代化。经过五年多的努力，在推动农业产业升级、农民增收方面做出了创新性的探索，积累了一些好的做法和经验，取得了显著成效。但是，与发达省（市）相比，云南省还面临着农业基础设施建设滞后、产业发展质量不高、竞争力不足，农业产业体系和支持体系发展水平较低等困难和挑战，建设特色农业强省、实

＊ 宋媛，云南省社会科学院农村发展研究所三级研究员，主要研究方向为农村发展、贫困问题与乡村振兴。谭政，经济学博士，云南省社会科学院农村发展研究所副研究员，主要研究方向为农村经济、乡村产业以及人口资源与环境相关主题研究。

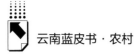
现农业农村现代化还任重道远。未来云南将全方位夯实粮食安全根基，牢固树立大食物观，以发展乡村特色产业为重点，推动乡村产业提质升级。

关键词： 产业振兴　基础设施　农业农村现代化

一　政策举措

党的十九大以来，云南省实施乡村振兴战略，持续高位推动。建立健全政策支撑体系，加快完善农业基础设施，增强农业科技和装备支撑，稳面积增单产确保粮食供给安全，强链补链全面推进乡村优势重点产业高质高效发展，万亿级高原特色现代农业产业体系加快构建，绿色优质农产品供给能力稳定提高。云南高原特色农业正在努力成为更有效益、更有奔头的产业。

（一）持续高位推动，强化顶层设计

2017年以来，云南省委、省政府成立书记、省长任双组长，4位省领导任副组长，37个省级有关部门负责人为成员的省委农村工作领导小组，聚焦"1+10+3"优势重点产业①，以种业、设施、加工、冷链物流、"旅游+"等5个方面作为发力重点，明确责任分担，建立健全每个重点产业成立一个工作专班、组建一个专家团队、制定实施一个三年行动方案及配套支持政策、建设一批重点基地、培育一批龙头企业、运行一个定期调度机制的"六个一"工作机制。

---

① "1+10+3"优势重点产业："1"是粮食，"10"是茶叶、花卉、蔬菜、水果、坚果、咖啡、中药材、牛羊、生猪、乡村旅游等10个特色优势产业，"3"是烟草、蔗糖、天然橡胶等3个传统重要产业。

2023 年以来，云南省聚焦全力保障粮食和重要农产品稳定安全供给、把巩固拓展脱贫攻坚成果摆在压倒性位置、持续加强农业基础设施建设、深入实施农村居民和脱贫人口持续增收三年行动、加快建设特色农业强省、扎实推进宜居宜业和美乡村建设、健全完善党组织领导的乡村治理体系、加大政策保障和体制机制创新力度等方面持续发力。全力实施"一二三"行动，从抓产品到抓产业、从抓生产到抓链条、从抓环节到抓体系转变，全面推动云南高原特色现代农业产业转型升级、提质增效、实现全产业链发展。围绕"绿色高效、做优一产，加工增值、做强二产，融合发展、做强三产"的发展思路，强化政策支撑体系，先后印发系列涉农专项规划、农业现代化三年行动方案、7 个产业三年行动方案，出台"茶十条""牛九条""猪九条""咖六条""奶六条"等政策措施①，并正在制定设施农业、产业基地支持政策。实施倍增计划、育强主体，强化科技创新、促进动能转换，扩大开放合作、增强发展活力，全力推动良田沃土工程、绿色发展引领工程、设施农业提升工程等 16 项重点工程落地见效，促使重点产业持续做强、新主体蓬勃发展、新平台支撑有力。

（二）严格制度与提升收益并重，保障粮食供给

云南严格落实粮食安全党政同责，细化明确各级党政领导班子及其成员粮食安全工作职责任务，逐级分解粮食生产底线任务，强化考核措施，确保粮食面积产量只增不减。深入实施藏粮于地、藏粮于技战略，持续推进高标准农田建设和耕地保护，全省划定耕地保护

---

① 《"开好局、强信心、促发展——贯彻落实党的二十大精神"系列新闻发布会省农业农村厅专场发布会》，云南省农业农村厅网，2023 年 7 月 14 日，https：//nync.yn.gov.cn/html/2023/xinwenfabu_0714/398800.html。

7858.46 万亩、永久基本农田保护 5731.25 万亩①。落实通报、挂牌、约谈、冻结、问责"五项机制",整治乱占耕地;科学规划、规范管理、持续稳步推进高标准农田建设,推广改良土壤、培肥地力、保水保肥等技术,促使耕地质量持续提升。强化各项强农惠农政策落实,创建玉米、大豆、水稻、马铃薯等主要粮食作物单产提升示范县,抓好灾害防御、病虫害防控等关键环节,推广大豆玉米带状复合种植,探索"烤烟+玉米+油菜""果+粮+豆""粮+菜"粮经协同发展模式。各类市场主体充分发挥自身优势,为农户提供从种子、栽插、收割到销售全程生产托管服务,不断提升粮食综合生产能力和种粮收益。

(三)聚焦重点产业,多渠道加大投入力度

云南省将农业农村作为财政优先保障领域,撬动更多金融和社会资本投入。聚焦 14 个农业重点产业,"政、企、银、担、保"共同发力,为全省高原特色现代农业发展提供有力支撑。2022 年,全省农业投资 2000 多亿元,同比增长 32.5%,投资总量和增速均居全国前列,占全省投资的比重达 12.0%。②

1. 省级财政统筹各类资金发展重点产业

2022 年中央及省级财政共统筹投入重点产业资金 467.18 亿元。其中,保障粮食和重要农产品供给安全统筹投入 128.73 亿元,占 27.55%,分别是:资金新建和改造提升高标准农田 58.2 亿元;农机购置与应用补贴资金 5.33 亿元,支持农户购置先进适用的农业机械;支持种质资源保护、良种良法技术推广和农作物重大品种推广等

---

① 《我省共划定耕地保护目标 7858.46 万亩 永久基本农田保护任务 5731.26 万亩》,开屏新闻网,2023 年 6 月 28 日,https://www.ccwb.cn/web/info/20230628224343N43UL2.html。

② 《2023 年云南省人民政府工作报告》,《云南日报》2023 年 1 月 24 日。

8.14 亿元；耕地地力保护和实际种粮农民补贴 44.26 亿元；支持实施大豆玉米带状复合种植、杂交稻旱种、重点作物绿色高效行动等方面 4.05 亿元；生猪调出大县奖励资金 2.36 亿元，抗旱救灾、农作物重大病虫害防治及动物防疫 6.39 亿元。建立联农带农富农机制，统筹中央衔接资金 178.3 亿元和省级衔接资金 80 亿元，占 55.29%。其余中央和省级财政支持重点产业资金投入分别为：整体提升农业产业链供应链现代化水平争取中央资金 3.3 亿元，支持农业市场主体能力的提升和发展壮大 16.24 亿元（其中省级直补经营主体奖补资金 7.6 亿元），重点支持渔业资源养护、水产养殖绿色发展、农作物秸秆综合利用和地膜科学回收利用等 2.86 亿元，政策性农业担保投入 57.75 亿元，分别占中央和省级财政重点产业资金投入的 0.71%、3.48%、0.61%、12.36%。[①]

2. 持续加大金融支持力度

2019 年以来，鼓励支持金融机构创新推出"一部手机云企贷""云花货""活牛贷"等金融产品，探索抵押贷向信誉贷转变的实现路径。截至 2022 年底，全省涉农贷款余额 14495.19 亿元，同比增长 14.4%，高出全省各项贷款平均增速 4.5 个百分点；涉农企业贷款余额 10023.66 亿元，同比增长 13.4%。[②]

3. 深化"政银担"联动机制

引导政府性融资担保机构降费让利，省财政兜底对建立政银分担机制的县，执行零担保费率。2022 年，云南新增担保 1.87 万

---

① 《"开好局、强信心、促发展——贯彻落实党的二十大精神"系列新闻发布会省农业农村厅专场发布会》，云南省农业农村厅网，2023 年 7 月 14 日，https：//nync. yn. gov. cn/html/2023/xinwenfabu_ 0714/398800. html。

② 《"开好局、强信心、促发展——贯彻落实党的二十大精神"系列新闻发布会省农业农村厅专场发布会》，云南省农业农村厅网，2023 年 7 月 14 日，https：//nync. yn. gov. cn/html/2023/xinwenfabu_ 0714/398800. html。

户，新增担保金额 57.75 亿元（上述财政资金中已包含），办理"零费率"担保业务 984 笔，实现融资 11 亿元，免除担保费 1800 万元。①

4. 持续推进政策性保险

2022 年，落实中央和省级农业保险保费补贴资金 12.61 亿元，农业政策性保险为全省农业提供风险保障 311.13 亿元，同比增长 8.4%，为全省计划投保的 1756.79 万头牲畜、2777.53 万亩农作物提供风险保障。②③ 此外，云南还加大国外省外招商引资力度。开发了"云南省绿色食品招商引资重点企业服务平台"，现已入驻重点企业 156 户，涉及招商引资项目 168 个，项目协议总投资 1115 亿元，实际落地金额达 121 亿元；2023 年 9 月全省已引入涉农领域外资企业 570 家，实际利用外资累计达 6.6 亿美元，较 2012 年增长 60%，引资规模创历史新高。④

（四）着力完善农业生产基础设施，夯实生产基础

为加快高原特色现代农业发展，近年来全省各地大力推进农田水利建设，农田灌溉条件不断改善。

在农田水利设施方面，2022 年，全省水利工程蓄水总量 90.75

---

① 《"开好局、强信心、促发展——贯彻落实党的二十大精神"系列新闻发布会省农业农村厅专场发布会》，云南省农业农村厅网，2023 年 7 月 14 日，https：//nync. yn. gov. cn/html/2023/xinwenfabu_ 0714/398800. html。
② 《"开好局、强信心、促发展——贯彻落实党的二十大精神"系列新闻发布会省农业农村厅专场发布会》，云南省农业农村厅网，2023 年 7 月 14 日，https：//nync. yn. gov. cn/html/2023/xinwenfabu_ 0714/398800. html。
③ 《2023 年云南省人民政府工作报告》，《云南日报》2023 年 1 月 24 日。
④ 《"云南这十年"系列新闻发布会·高原特色农业专场发布会》，云南省人民政府网，2023 年 8 月 24 日，https：//www. yn. gov. cn/ynxwfbt/html/twzb/945. html。

亿立方米（大、中、小型水库及坝塘），比上年提高 6.6%①。2021
年，全省拥有水库 7189 座，比 2017 年增加 805 座；水库库容量
146.55 亿立方米，比 2017 年增加 14.13 亿立方米；有效灌溉面积
3034.05 万亩，比 2017 年增加 256.95 万亩。②

在农业机械化方面，云南围绕提高粮食作物生产机械化作业质量
促单产提升，持续开展主要农作物生产全程机械化示范点建设。围绕
春耕、"三夏"、"双抢"、"三秋"重要农时以及强化防灾减灾能力，
抓好农机作业服务组织调度。加快绿色环保机械化技术装备推广应
用。以产业需求为导向，坚持研发制造和推广应用两端发力，推动研
产推用全链条协同发展。加大农机购置与应用补贴政策实施力度，实
行优机优补。鼓励支持农机作业服务组织积极开展农机生产托管和跨
区作业服务；提升农机安全监管综合治理效能。

在设施农业发展方面，云南聚焦高标准农田建设，加大农业投资
力度，喷滴灌、温室大棚等设施农业显著增加，在一定程度上提高了
农业生产效率和农产品质量。

（五）延链补链强链并举，推进重点产业高质高效发展

实施乡村振兴战略以来，云南省加强森林、湿地、草地和生物物
种资源可持续利用。聚焦粮食以外的"10+3"农业优势重点产业，
按照产业化、规模化、标准化、绿色化、品牌化的思路，加大政策引
导和资金投入，快速拉动农业投资。强化"菜篮子"市长负责制，

---

① 《云南省 2022 年国民经济和社会发展统计公报》，云南省统计局网站，2023 年
4 月 7 日，http：//stats.yn.gov.cn/pages_ 65_ 3320.aspx。

② 《喜迎二十大系列报道之十八大以来云南农业发展报告》，云南统计微信公众号，
2022 年 8 月 29 日，https：//mp.weixin.qq.com/s?＿＿biz＝MzIyNDc4NDAyOQ
＝＝&mid＝2247493007&idx＝1&sn＝899b96f8bc623b9dfb48ca9a3392d289&chksm＝
e80b1e7ddf7c976b02823351618d2934472e3c80be8f03878a2c9845088b6cece36a3f9b
beb4&scene＝27。

建立健全重点产业"六个一"工作机制。推进重要农产品品种培优、品质提升、品牌打造和标准化生产。提升规模化水平，强化主体培育，优化提升农产品加工业，构建高效的流通体系，加快建设多元产业融合发展载体。加快推进农村一二三产业融合发展，推进高原特色优势重点产业全链条升级。

1. 产业集群化发展格局基本形成

2018 年以来，云南持续创建国家农业现代化示范区，加快一县一业、一村一品、农业产业强镇、优势特色产业集群建设，以示范创建为引领，开展现代农业园区、产业集群、产业强镇建设，持续推进品牌打造和产业融合发展，延伸产业增值收益。云南蔬菜、花卉现代产业集群建设稳步启动，特色农产品优势区深入创建，现代农业产业园、农业绿色发展先行区、农村产业融合示范园、农业产业强镇等产业融合新载体、新平台加快培育。截至 2022 年底，云南创建蔬菜、咖啡、花卉、肉牛等国家级优势特色产业集群 4 个，国家级现代农业产业园 5 个，省级"一县一业"示范县 30 个、特色县 30 个，国家级产业强镇 43 个，全国"一村一品"示范村镇 127 个、国家农业绿色发展先行区 6 个。茶叶入选全国全产业链重点链，蒙自市、文山市分别以石榴、三七入选全国全产业链典型县。7 个乡镇获 2022 年"全国乡村特色产业十亿元镇"称号、13 个村获 2022 年"全国乡村特色产业亿元村"称号，初步形成"功能区+产业集群+产业园+一县一业+产业强镇+一村一品"大中小结合产业发展格局，成为全国在建的产业集群绩效评价为 A 档的唯一省份。①

2. 挖掘"土特产"，绿色化品牌化提升产业效益

2017 年以来，云南省委、省政府以实现农业农村现代化为总目标，以实施乡村振兴战略为总抓手，以农业供给侧结构性改革为主

---

① 《2023 年云南省人民政府工作报告》，《云南日报》2023 年 1 月 24 日。

线，全力挖掘"土特产"，高原特色农业产业的质量效益和国际国内市场竞争力明显提升。实施了为期3年的农业种质资源普查，新征集农作物种质资源8417份，新采集制作畜禽、水产遗传材料22144份，规范保存种质资源16万余份。瞄准粳稻、热带血缘玉米、花卉、蔬菜、茶花鸡等品种，全力开展育种创新攻关，102个主要农作物品种、840个非主要农作物品种通过国家审定和登记，2403个主要农作物品种通过省级审定，尤其是花卉产业自主培育新品种累计达598个，引进推广新品种800余个，品种创新能力位居全国第一。全面梳理全省各地具有独特生态环境、独特品质特征、特定生产方式和深厚历史人文的农产品资源，建立地域特色农产品资源目录，持续强化全产业链扶持，全省累计获准国家地理标志保护产品65个，注册地理标志证明商标347件，登记农产品地理标志86个，关联产业产值达128.59亿元，初步形成涵盖茶叶、花卉、蔬菜、水果、坚果、咖啡、中药材、牛羊及生猪等重点产业的地理标志保护创新工作格局。自2018年起，云南连续5年评选"10大名茶""10大名花""10大名菜""10大名果""10大名药材"，评选绿色食品"10强企业"和"20佳创新企业"，树立了一批云南农业企业标杆[1]。2021年在原来的茶、花、果、菜、药五大类的基础上增加粮油、畜禽和区域公用品牌的评选，评选维度由产品向品牌转变，支持注册"绿色食品牌"LOGO。实施"区域品牌+企业品牌+产品品牌"战略，依托特优区创建，加强传统品牌的整合，2022年制定"绿色云品品牌目录管理办法"和"消费指南"，支持绿色食品、有机农产品、地理标志农产品和森林生态标志产品等的申请认证和扩展，集中建设一批影响巨大、效应明显的区域公用品牌作为特优区的"地域名片"，打造一批国内

---

① 《云南省农业农村局长会议：云南"十四五"期间将实施"一二三行动"加快打造世界一流"绿色食品牌"》，昆明市农业农村局网站，2021年1月26日，https://nyncj.km.gov.cn/c/2021-01-26/3817531.shtml。

外知名的农产品品牌，形成"绿色食品"品牌集群效应。在昆明、大理、丽江、西双版纳等机场开设"10大名品"展示销售中心，举办"四季云品·产地云南"系列宣传推介活动，持续加强品牌推介。茶叶、花卉、蔬菜、水果、坚果、咖啡、中药材、肉牛8个"绿色食品品牌"重点产业综合产值保持了年均16%的高速增长[1]，实现量效齐增，走出了一条彰显云南特色的农业发展之路，为促进现代农业发展换挡升级打下了坚实的基础。

3. 强化科技支撑培强新型主体

实施高原特色农产品精深加工延链、加工园区建设工程，支持重点产业规模化、组织化、专业化、市场化、绿色化发展，全产业链打造云南绿色食品拳头产业。与中国农业大学国家农业绿色发展研究院合作，在云南省绿色食品发展中心挂牌成立中国绿色食品产业发展研究院，全新打造科技支撑平台。培强市场主体，强化龙头带动作用，截至2023年6月，全省有农业企业12.63万户，其中，农业产业化龙头企业6672户、国家级龙头企业58户、销售收入亿元以上企业494户，规上农产品加工企业超过1300家，其中规上食品加工企业达到1075家。累计培育农民专业合作社6.8万个，其中国家级示范社289个、省级示范社1198个；累计培育家庭农场8万余个，其中省级示范家庭农场500个。[2] 还引进了一批国内外知名种植、养殖、农产品加工企业落地云南。探索建立产业发展联农带农机制，农业产业化现代化发展规模逐步扩大。

---

[1] 《云南省农业农村局长会议：云南"十四五"期间将实施"一二三行动"加快打造世界一流"绿色食品牌"》，昆明市农业农村局网站，2021年1月26日，https://nyncj.km.gov.cn/c/2021-01-26/3817531.shtml。

[2] 《"开好局、强信心、促发展——贯彻落实党的二十大精神"系列新闻发布会省农业农村厅专场发布会》，云南省农业农村厅网，2023年7月14日，https://nync.yn.gov.cn/html/2023/xinwenfabu_0714/398800.html。

4. 加快构建农产品流通体系

随着大数据、物联网、云计算、移动互联网等新一代信息技术向农业农村领域快速延伸，农村电子商务已经成为农产品销售重要渠道，并推动农产品供应链体系迭代升级，农产品市场流通、物流配送等服务体系不断完善。截至 2022 年 8 月，云南健全了农产品进城服务体系，建成 112 个县级电子商务服务中心，1154 个乡镇级电子商务服务站，7278 个村级服务网点，各中心（站点）集品控、品牌、认证、孵化、培训等服务于一体，推动电商集聚发展。构建了农村物流服务体系，现建成 103 个县级电商物流配送中心，1373 个乡镇快递网点，快递覆盖 7356 个行政村。组织返乡农民工、大学生、贫困户等开展电商普及和技能培训，培育农村电商人才累计超 50 万人次。[①] 全省物流集散网络覆盖 125 个县、市、区，县级物流集散网络覆盖率 95%，乡镇快递网点覆盖率 100%，快递服务进村覆盖率 80.12%。[②] 2016~2021 年，云南省农村网络零售额从 141.95 亿元增长到 732.86 亿元，年均增长 50.74%，高出全省网络零售额年均增幅 11.15 个百分点；农产品网络零售额从 60 亿元增长到 358.24 亿元，年均增长 56.32%，高出全省网络零售额年均增幅 16.73 个百分点。[③] 2022 年，云南省出台《云南省县乡村物流体系改革实施方案》，健全完善农产品流通网络，加快农村流通服务体系建设。目前，全省共有较大的农产品批发市场 134 家，年成交量超 7500 万吨，年成交总额

---

① 《"云南这十年"系列新闻发布会·数字经济专场发布会》，云南省人民政府网，2022 年 8 月 26 日，https：//www.yn.gov.cn/ynxwfbt/html/2022/fabuhuiyugao_0825/1618.html。

② 《云南农产品出口额十年增长 111.7%排名西部第一》，云南网，2022 年 8 月 24 日，https：//yn.yunnan.cn/system/2022/08/24/032246192.shtml。

③ 《"云南这十年"系列新闻发布会·数字经济专场发布会》，云南省人民政府网，2022 年 8 月 26 日，https：//www.yn.gov.cn/ynxwfbt/html/2022/fabuhuiyugao_0825/1618.html。

超 2200 亿元；共有城区及乡镇农贸市场 2011 个。盒马鲜生、永辉超市、麦德龙、7-Eleven 等一批大型知名连锁品牌在云南省落地发展，全省连锁便利门店增至 3932 家。咖啡、花卉、肉牛、橡胶、食用菌、茶叶、坚果、中药材、食糖、天麻、三七等云南特色大宗商品国际现货交易中心建设发展有序推进。① 持续完善农村物流网络，加快构建县乡村三级物流配送体系，在全省全面布局县级物流配送中心、乡镇和行政村快递网点，开展统仓共配，提高物流时效，农业生产租赁业务、农商直供、产地直销、食物短链、社区支持农业、会员配送等新型经营模式不断涌现，"综合超市+电商+服务+物流"的农村新型商业模式逐渐普及，带动传统农村集贸市场交易向现代流通方式转变。2021 年，云南省已建冷库 6500 余座，库容 620 万立方米，营运冷链运输车 1620 辆，初步形成以蔬菜、水果、花卉生产基地为基础，以区域性和综合性冷链物流市场为依托，以大型冷链物流项目为支撑的冷链物流设施网络。

（六）新业态新模式不断涌现，产业融合发展初见成效

打造乡村休闲旅游精品线路，多元农文旅融合发展加快推进。党的十九大以来，云南省依托自身文化旅游资源优势，以国际化、高端化、特色化、智慧化为发展方向，打造以"文、游、医、养、体、学、智"为主要内容的全产业链。全省开发建设 150 多个民族特色村、200 多个旅游特色村、500 多个休闲农庄和 1 万余家农家乐，开创了"非遗+旅游""农耕庆典+旅游""民族赛事+旅游""民族特色+产业融合"等农文旅融合新形式。2022 年，云南省乡村旅游接待

---

① 《"云南这十年"系列新闻发布会·高原特色农业专场发布会》，云南省人民政府网，2023 年 8 月 24 日，https：//www.yn.gov.cn/ynxwfbt/html/twzb/945.html。

游客 3.12 亿人次，乡村旅游收入达 2564 亿元[1]，已经成为农民稳定增收的重要来源。截至 2021 年，全省约 13% 的村（社区）开展乡村旅游，观光休闲农业、农产品电商等新模式层出不穷，产业发展逐步由原来单纯的观光游拓展到民俗文化、农事节庆、科技创意等，能开展网上销售农产品的户数约 2 万户，开展休闲农业和乡村旅游的约 2 万户，约 59% 的村（社区）有电子商务配送点。2012~2021 年，云南省乡村旅游接待游客从 0.56 亿人次增加到 3.22 亿人次、年均增长 21.35%，乡村旅游总收入从 263.80 亿元增加 1793.98 亿元、年均增长 23.74%，文化旅游累计带动 80.85 万贫困人口增收脱贫，占全省脱贫人口的 12.2%。2022 年，云南省首批认定省级非遗工坊 35 家，创建劳务品牌 131 个，从业人员规模达 215 万人，"剑川木匠"品牌将"指尖绝技"转化为"指尖经济"，年产值达 5.3 亿元；"蒙自过桥米线制作师""临沧茶师""普洱咖啡工""楚雄彝绣工"等一大批劳务品牌正在引领传统工艺向现代产业转变，进一步带动了农村一二三产业融合发展。

二 成效初显

乡村振兴战略实施以来，云南省农业综合生产能力持续提升，农民收入水平、生活质量快速提升，农民组织化程度不断提高，城乡融合发展稳步推进，农村生产、生活和发展环境明显改善，农业农村现代化阶段性成效显著。

（一）农业现代化水平明显提高[2]

生产基础设施是农业现代化水平的最直接反映。云南农田水利条

---

[1] 《发展特色产业　带动农民增收》，《人民日报》2023 年 4 月 23 日。

[2] 本部分数据引自《希望的田野——中国农业农村十年发展成就》，中国统计出版社，2022，第 208~209 页。

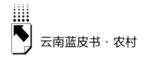

件明显改善、农业机械化水平以及设施农业快速发展，农业现代化生产水平明显提高。

1. 科技成果转化推广明显加快

科技部启动 2023 年度"三区"科技人才认定工作后，云南省开展针对性认定工作，经认定备案云南省"三区"科技人才达 2728 人，认定人数、国家经费支持数额均为全国第一。2021 年，云南省农业科技进步贡献率达 60%，农作物综合机械化水平达到 50% 以上，主要农作物良种覆盖率达 96%[①]。

2. 农田水利条件明显改善

2022 年，全省水利工程蓄水总量 90.75 亿立方米（大、中、小型水库及坝塘），比上年提高 6.6%。2021 年，全省拥有水库 7189 座，水库库容量 146.55 亿立方米，分别比 2012 年增加 1599 座、32.36 亿立方米；有效灌溉面积 3034.05 万亩，比 2012 年增加 517 万亩，农业生产设施不断完善，全省高原特色现代农业发展质量显著提升。

3. 农业机械化水平明显提高

云南省 90% 以上地区为山区地貌，机械化耕作虽然还未能得到普及，但农业机械化拥有量快速增长，农作物机械化率大幅提高。2021 年，全省农业机械化总动力 2839 万千瓦；2020 年全省机耕面积 4452.75 万亩，机播面积 435.3 万亩，机收面积 1016.7 万亩。

4. 设施农业迅速发展

近年来，云南喷滴灌、温室大棚等设施农业显著增长，在一定程度上提高了农业生产效率和农产品质量。2021 年，全省设施农业种植占地面积约 150 万亩，设施林业经营占地面积约 110 万亩，设施畜

---

① 《"云南这十年"系列新闻发布会·高原特色农业专场发布会》，云南省人民政府网，2023 年 8 月 24 日，https：//www.yn.gov.cn/ynxwfbt/html/twzb/945.html。

牧养殖占地面积约 10 万亩，设施水产养殖占地（水面）面积约 25 万亩。

（二）农业综合生产能力和竞争力持续提高

1. 粮食和重要农产品供给水平稳步提升

实施乡村振兴战略以来，云南围绕粮食安全和重要农产品供给持续发力，粮食产量始终保持平稳增长态势，粮食产能逐年提升。2022 年，云南累计建成高标准农田 3413 万亩，占耕地面积的 42%。粮食播种面积达 6316.5 万亩，比 2021 年增长 0.47%。完成大豆玉米带状复合种植 50.09 万亩，实施杂交稻旱种 53.12 万亩，试点实施粮经协同发展模式 5 万亩。筹措 130.15 亿元支持粮食生产，种粮补贴惠及实际种粮农民 708 万余户、新型经营主体 655 个。[①] 2022 年，全省粮食总产量 1957.96 万吨，大豆产量 32.23 万吨，分别同比增长 1.44%、0.2%，粮食产量再创历史新高、实现"十一连增"，稳居全国粮食产销平衡区第 1 位；[②] 2017～2022 年，粮食综合单产从 289.3 公斤提升至 309.98 公斤，五年增幅 7.14%，年均增长 1.74%；人均粮食产量从 402 公斤提升至 417 公斤，年均增长 0.92%，高于国际公认的人均 400 公斤粮食安全标准线。2023 年全省粮食生产再获丰收，其中，粮食作物总播种面积 6364.83 万亩，比 2022 年增加 48.38 万亩，增长 0.77%；粮食综合单产 310.14 公斤/亩，比 2022 年增长 0.05%；粮食总产量 1974 万吨，比 2022 年增加 16.04 万吨，

---

① 《云南省建成高标准农田 3413 万亩　占耕地面积 42%》，云南省农业农村厅网，2023 年 1 月 13 日，https：//nync. yn. gov. cn/html/2023/yunnongkuanxun－new_0113/394050. html。

② 《云南省建成高标准农田 3413 万亩　占耕地面积 42%》，云南省农业农村厅网，2023 年 1 月 13 日，https：//nync. yn. gov. cn/html/2023/yunnongkuanxun－new_0113/394050. html。

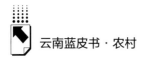

增长 0.82%①。

在确保粮食生产的同时，云南不断探索蔬菜、茶叶、花卉、水果、坚果、咖啡、中药材等特色产业发展新模式，在政策扶持、气候适宜、结构调整到位等有利条件下，大力推动标准体系建设，持续推进全国重要"菜篮子"供应基地和全国中高端水果一流产区建设，指导蔬菜生产区合理安排品种和上市茬口，蔬菜、水果和肉蛋奶等重要农产品品类丰富，供应充足，保障了市场全品类、全周期均衡供应，成为国家重要的蔬菜、水果生产供应基地和肉类食品供应大省，为全国重要农产品稳产保供作出积极贡献。

2022 年，云南省蔬菜总产量 2857.92 万吨，居全国第 10 位，人均蔬菜产量 609 公斤，近七成销往全国 150 多个大中城市、40 多个国家和地区；水果总产量 1289.05 万吨，居全国第 9 位，全年水果产量均有明显增长，柑橘、葡萄、蓝莓等果品全年时鲜供应；甘蔗产量 1553.70 万吨，居全国第 2 位；猪牛羊禽肉产量 520.33 万吨，同比增长 6.9%，高于全国 3.1 个百分点，居全国第 5 位，外调生猪 443.4 万头，同比增长 39%，禽蛋产量 43.28 万吨，同比增长 3.7%，牛奶产量 69.01 万吨，同比增长 0.9%。②

2023 年上半年，云南省蔬菜种植面积为 1083.02 万亩，产量达 1432.33 万吨，分别较 2022 年同期增长 2.8% 和 3.3%，蔬菜产量占全国蔬菜总产量的 3.57%，居全国第 11 位；猪牛羊禽肉产量 251.1 万吨，较 2022 年同期增长 4.5%，其中，猪、牛、羊、禽肉产量分别增长 4.9%、3.3%、1.0%、2.8%；牛奶产量较 2022 年同期增长 6.1%；禽蛋产量较 2022 年同期增长 2.3%。猪、牛、羊、禽出栏分

---

① 胡晓蓉：《全省今年粮食生产再获丰收　播种面积、单产、总产均实现增长》，《云南日报》2023 年 12 月 18 日。

② 《2023 年云南省人民政府工作报告》，《云南日报》2023 年 1 月 24 日。

别增长 3.8%、2.2%、0.7%、2.6%。①

2. 乡村重点产业量效齐增

随着产业化的快速推进，云南省重点突出茶叶绿色化、花卉设施化、蔬菜和水果差异化、咖啡精品化、中药材道地化、蔗糖和天然橡胶机械化，农业产业、产品结构持续优化，主要农产品生产集中度明显提高，产业类型和产品品种丰富多元，一二三产业融合发展加快，产业发展质量不断提升，产业综合竞争力明显增强，高原特色农业重点产业发展从追求产量的增长向实现效益的提高转变。2021 年，粮食以外的 13 类乡村特色重点产业均实现量效齐增。其中，咖啡种植面积、产量、产值均占全国 98% 以上；橡胶产量 50.71 万吨，占全国天然橡胶总产量的比重超过 50%，2012~2021 年年均增长 3.4%；花卉面积和产值增速全球第一，在全国 80 多个大中城市中占据 70% 的市场份额，斗南花卉成为亚洲乃至世界鲜切花风向标，被誉为中国花卉价格"晴雨表"②。

2022 年，云南省鲜切花产量 180 亿枝；咖啡精品率由 8% 提升到了14.3%，精深加工率由 20% 提升到了 43%。③ 2023 年前三季度，蔬菜、花卉、水果、咖啡等产业继续保持质效齐升的态势，蔬菜、鲜切花、水果、茶叶产量分别同比增长 3.9%、8.0%、8.0%、5.5%，咖啡生豆价格创造了 37 元的历史新高。④ 云南已成为世界上最大的鲜切花产

① 《2023 上半年云南经济保持持续恢复向好态势》，云南省统计局网，2023 年 7 月 21 日，http://stats. yn. gov. cn/tjsj/jjxx/202307/t20230721_ 1090306. html。

② 《"云南这十年"系列新闻发布会·高原特色农业专场发布会》，云南省人民政府网，2023 年 8 月 24 日，https://www. yn. gov. cn/ynxwfbt/html/twzb/945. html。

③ 《"开好局、强信心、促发展——贯彻落实党的二十大精神"系列新闻发布会省农业农村厅专场发布会》，云南省农业农村厅网，2023 年 7 月 14 日，https://nync. yn. gov. cn/html/2023/xinwenfabu_ 0714/398800. html。

④ 《2023 年前三季度全省农业经济平稳增长》，云南省统计局网，2023 年 10 月 30 日，http://stats. yn. gov. cn/tjsj/jjxx/202310/t20231030_ 1094218. html。

区，茶叶、花卉、坚果、咖啡、中药材、烟草、天然橡胶等特色产业种植规模和产量稳居全国第1位，甘蔗面积、产量位居全国第2，蔬菜、水果、肉牛、生猪、蔗糖等产业规模居全国前列；茶叶、花卉、蔬菜、水果、中药材、牛羊、生猪、烟草等8个产业全产业链产值突破1200亿元①，绿色高效的高原特色现代农业产业体系基本形成。

2022年，农产品加工业产值突破1.2万亿元，农产品加工业产值与农业总产值之比提高到2.1∶1②；2021年，云南重点产业农产品加工产值与农业总产值之比为1.9∶1，农村一、二、三产业比例达到28∶50∶22③；优质特色农产品市场占有率稳步提升，农产品已销往全国150多个大中城市，以及出口110多个国家和地区，出口额从2012年的20.4亿美元增加到2021年的43.2亿美元，增长111.7%，多年来出口总额排名西部第一、全国前列，具有较强资源优势的水果、蔬菜、烟草、咖啡、茶叶、精油、花卉等大类重点农产品，占全省农产品出口总额的85%以上，果品出口额均保持在全省农产品出口总额的40%以上，占全国果品出口额的25%以上④。

3.农业绿色化品牌化发展成效凸显

2021年，云南省有机茶园认证面积跃居全国首位，绿色食品有效获证产品数由2017年全国第11位升至第7位，农产品地理标志累计登记86个，居全国第20位；拥有"两品一标"农产品

---

① 《"开好局、强信心、促发展——贯彻落实党的二十大精神"系列新闻发布会省农业农村厅专场发布会》，云南省农业农村厅网，2023年7月14日，https：//nync. yn. gov. cn/html/2023/xinwenfabu_ 0714/398800. html。

② 郜晋亮：《云南特色农业强省建设成效渐显》，《农民日报》2023年7月13日。

③ 《"云南这十年"系列新闻发布会·高原特色农业专场发布会》，云南省人民政府网，2023年8月24日，https：//www. yn. gov. cn/ynxwfbt/html/twzb/945. html。

④ 《云南农产品出口额十年增长111.7%排名西部第一》，云南网，2022年8月24日，https：//yn. yunnan. cn/system/2022/08/24/032246192. shtml。

5000 多个，"两品一标"农产品基地面积 1700 多万亩，认定"绿色食品牌"产业基地 1888 个，绿色有机农产品供给能力得到极大提升。

普洱茶、保山小粒咖啡、文山三七、宣威火腿等 10 个产品入选中欧地理标志协定保护名录，成为驰名中外的名品；昭通苹果进入国家农业品牌精品培育计划，芸岭鲜生被推介为 2022 年农业品牌创新发展典型案例，楚雄州永仁县的香橙、沃柑、鲜食红樱桃和永善县的沃柑、脐橙、枇杷、白桔等 6 个产品入选全国名特优新农产品名录。[1] 普洱祖祥、自然之星、芸岭鲜生、云南农垦等一大批企业已在茶叶、蔬菜、水果、粮食等产业深耕绿色有机，成为产业高质量发展的引领。[2]

"云系""滇牌"品牌影响力持续提升，"饮云茶、赏云花、品云果、喝云咖"成为新生代人群消费清单，"无云药、难成方"成为业界共识，"绿色云品"极大地满足消费升级的需求。2022 年，云南有机农产品有效认证数和获证市场主体数均由 2017 年全国第 8 位升至第 1 位。2017~2022 年，云南绿色食品重点产业综合产值年均增长 15% 以上。[3]

（三）农业优势和生产效率持续提高

实施乡村振兴战略以来，在特色产业的推动下，云南第一产业

---

[1] 《"云南这十年"系列新闻发布会·高原特色农业专场发布会》，云南省人民政府网，2023 年 8 月 24 日，https：//www. yn. gov. cn/ynxwfbt/html/twzb/945. html。

[2] 《"云南这十年"系列新闻发布会·高原特色农业专场发布会》，云南省人民政府网，2023 年 8 月 24 日，https：//www. yn. gov. cn/ynxwfbt/html/twzb/945. html。

[3] 《近五年云南经济总量年均增长 6.4%》，人民网，2023 年 1 月 11 日，http：// yn. people. cn/n2/2023/0111/c378439-40262371. html。

增加值和农林牧渔业总产值均持续快速增长,"土特产"已成为推动云南省经济发展的重要支撑和助力农民持续稳定增收的重要源泉,云南实现资源大省向农业大省的转变,并持续朝着现代农业强省迈进①。

2017~2022 年 6 年间,云南省第一产业产值从 2338.37 亿元增长到 4012 亿元,排名从全国第 13 位升至第 10 位,增长了 71.57%,年均增长 11.40%,高出 2012~2017 年的第一产业产值年均增幅 4.05个百分点,高出全国 4.10 个百分点,占全省 GDP 的比重从 2017 年的 12.65% 提高到了 2024 年的 13.86%,占全国第一产业产值的比重从 3.77% 提高到了 4.54%,详见表 1。2023 年上半年,云南第一产业增加值 1195.33 亿元,同比增长 4.5%,高出全国 0.8 个百分点②。

表 1 云南省与全国第一产业发展情况

单位:%

指标	2017 年	2018 年	2019 年	2020 年	2021 年	2022 年
云南 GDP/全国 GDP	2.22	2.27	2.35	2.42	2.37	2.39
云南一产增加值/全国一产增加值	3.77	3.86	4.31	4.63	4.66	4.54
云南一产增加值/云南 GDP	12.65	11.97	13.08	14.68	14.26	13.86
云南一产增加值相对增长率	5.07	6.86	21.57	18.48	7.54	3.66

资料来源:2018~2023 年《中国统计年鉴》。

2017~2021 年 5 年间,云南农林牧渔业总产值从 3872.9 亿元增长到 6351.8 亿元,增长了 64.00%,年均增长 13.17%,高出全国 5.48 个

---

① 《"云南这十年"系列新闻发布会·高原特色农业专场发布会》,云南省人民政府网,2023 年 8 月 24 日,https://www.yn.gov.cn/ynxwfbt/html/twzb/945.html。

② 云南省统计局、国家统计局云南调查总队:《上半年云南经济保持持续恢复向好态势》,云南省统计局网,2023 年 7 月 21 日,http://stats.yn.gov.cn/pages_65_3318.aspx。

百分点。2021 年，云南省农林牧渔业总产值占全国比重达到 4.32%，比 2017 年提高了 0.78 个百分点。其中，农业产值为 3441.5 亿元，占全国的比重达到 4.39%，牧业产值为 2113.3 亿元，占全国的比重达到 5.30%，渔业产值为 112.4 亿元，占全国的比重达到 0.77%，分别比 2017 年提高了 0.98 个、0.91 个和 0.01 个百分点；林业产值占全国的比重虽然下降了 0.02 个百分点，但是占全国比重高达 7.64%，具有明显的发展优势，详见表 2。2022 年，云南省农林牧渔业总产值达到 6635.80 亿元，比上年增长 5.5%；2023 年上半年，云南农林牧渔业总产值 2267.08 亿元，同比增长 4.5%，高出全国 0.6 个百分点①。

一方面，云南省第一产业和农林牧渔业的发展在全国第一产业和农林牧渔业发展中的地位和重要性在持续上升，相较于全国而言具有一定的领先优势；另一方面，尽管云南省和全国的第一产业增加值占 GDP 的比重均有所下降，但在云南三次产业结构中的地位要高于全国，第一产业对于云南经济社会发展具有更加重要的地位。

表 2　2017 年、2021 年云南省农林牧渔业总产值与全国对比情况

单位：亿元，%

分项	全国 （2021 年）	云南 （2021 年）	占全国比重	
			2017 年	2021 年
农林牧渔业总产值	147013.4	6351.8	3.54	4.32
农业产值	78339.5	3441.5	3.41	4.39
林业产值	6507.7	497.3	7.66	7.64
牧业产值	39910.8	2113.3	4.39	5.30
渔业产值	14507.3	112.4	0.76	0.77

资料来源：2018 年和 2022 年《中国统计年鉴》。

① 云南省统计局、国家统计局云南调查总队：《上半年云南经济保持持续恢复向好态势》，云南省统计局网，2023 年 7 月 21 日，http：//stats. yn. gov. cn/pages_ 65_ 3318. aspx。

随着云南高原特色农业效益不断提升，云南农业的土地产出率和劳动生产率持续快速提升。2017～2022 年，云南农业的亩均一产增加值、亩均农林牧渔业总产值分别从 2295.63 元、3802.13 元增加到了 3656.00 元、5646.90 元，年均增速分别为 12.34%、12.08%，分别高出全国 5.17 个、4.77 个百分点。2019 年云南农业的亩均一产增加值、2020 年云南农业的亩均农林牧渔业总产值先后由低于全国平均水平转变为高于全国平均水平。同期，云南农业的劳均一产增加值和亩均农林牧渔业总产值的绝对值虽然低于全国平均水平，但是年均增幅分别达到 17.51%、17.78%，分别高出全国平均增速 5.48 个、5.07 个百分点。[①]

（四）农民收入水平和生活质量同步提升

1. 农民收入快速增长，城乡差距持续缩小

2017～2022 年，云南农村居民收入持续保持较快增长态势，农村居民人均可支配收入从 9862 元持续增长到 15147 元，增加了 5285 元，年均增速 8.96%，增速比同期全国农村居民人均可支配收入平均水平高出 0.53 个百分点，云南农村居民人均可支配收入与全国农村居民人均可支配收入平均水平的差距持续缩小，详见表 4。2023 年上半年，云南农村居民人均可支配收入 7008 元，同比增长 8.0%，扣除价格因素实际增长 7.5%。[②] 与同期全国农村居民人均可支配收入平均水平相差 3543 元，与 2022 年的差距相比减少了 1443 元。

从云南农村居民收入结构看，2022 年云南省农村居民人均工资性收入、经营净收入、财产净收入和转移净收入分别为 4928 元、7379 元、230 元和 2610 元。虽然以家庭经营净收入为主的状况没有

---

① 根据 2018～2022 年《中国统计年鉴》相关数据计算。

② 《2023 年上半年云南居民收支平稳增长》，云南省人民政府网，2023 年 7 月 25 日，https：//www.yn.gov.cn/sjfb/sjtj/202307/t20230725_266949.html。

根本改变，但工资性收入和转移净收入快速稳定增长，经营净收入和财政净收入也保持较快增长。2017~2022年，云南省农村居民人均工资性收入、经营净收入、财产净收入和转移净收入分别增加了2133.10元、1966.46元、53.46元和1131.81元，年均增速分别为12.01%、6.39%、5.43%和12.04%，对农村居民人均可支配收入增收贡献率分别为40.36%、37.21%、1.01%和21.42%，分别拉动收入增长21.73个、20.04个、0.54个、11.48个百分点，详见表3。

表3 2017~2022年云南省农村居民收入结构变化

单位：元，%

指标	2017年	2018年	2019年	2020年	2021年	2022年	年均增速
可支配收入	9862	10768	11902	12842	14197	15147	8.96
工资性收入	2795	3260	3601	3975	4697	4928	12.01
经营净收入	5413	5599	6214	6523	6876	7379	6.39
财产净收入	177	187	189	198	211	230	5.43
转移净收入	1478	1722	1899	2147	2413	2610	12.04

资料来源：2018~2022年《云南调查年鉴》和《云南领导干部手册（2023）》。

云南农村居民的人均可支配收入的稳定持续增长，主要得益于长期以来的农业优势重点产业的快速发展、农村劳动力转移就业以及乡村建设。同时，当前处于巩固拓展脱贫攻坚成果与乡村振兴有效衔接的过渡期，脱贫地区仍然维持着多渠道提高到户到人的各种政策性转移支付水平。其中，高原特色现代农业重点产业的发展对农村居民增收提供了强有力的支撑。2022年，云南农村居民的经营净收入占人均可支配收入的比重达48.7%，比全国高出14个百分点，对收入增长贡献率达53%；2017~2022年，云南农村居民的经营净收入中第一产业收入比重一直在80%以上，2022年，云南农村居民从第一产业获得的收入为5963元，比全国平均水平高1369元。云南农村居民收入构成中工资性收入和经营净收入占比合计为81.25%，但是经营净收入占农村居民人均收入近一半，且相较于工资性收入而言更为稳定。因此，发展高原特色农业是促进云南农村居民收入持续增长的重要措施和关键环节。

实施乡村振兴战略以来，云南农村居民收入实现了持续、快速增长的同时，城乡居民收入差距持续缩小。2017~2022 年，云南农村居民人均可支配收入增长速度连续多年高于城镇居民，农村居民收入年均增速比城镇居民收入增速（6.25%）快了 0.10 个百分点，城乡居民收入水平的差距逐年缩小，从 2017 年的 3.14 缩小到了 2022 年的 2.78，缩小了 0.36，相较于全国城乡居民收入比的缩小程度快了 0.10。分阶段看，脱贫攻坚期间和过渡期间，云南城乡居民收入比降低的程度分别比全国高了 0.53、0.03，详见表 4。但是，随着脱贫攻坚结束，云南省农村居民收入的增长速度下降，说明随着扶持的减少，云南农村农业发展水平和自我发展能力仍然薄弱，加快云南农业农村现代化还任重道远。

表 4　2017~2022 年云南省与全国城乡居民收入变化

单位：元，%

项目	区域	2017 年	2018 年	2019 年	2020 年	2021 年	2022 年	年均增速		
								2017~2022 年	2017~2020 年	2020~2022 年
城镇居民人均可支配收入	全国	36396.2	39250.8	42358.8	43833.8	47411.9	49283.00	6.25	6.39	3.98
	云南	30995.9	33487.9	36237.7	37499.5	40904.9	42168.00	6.35	6.56	3.99
农村居民人均可支配收入	全国	13432.4	14617.0	16020.7	17131.5	18930.9	20133.00	8.43	8.45	5.53
	云南	9862.2	10767.9	11902.4	12841.9	14197.3	15147.00	8.96	9.20	5.66
城乡居民收入比（农村为1）	全国	2.71	2.69	2.64	2.56	2.50	2.45	-0.26	-0.15	-0.11
	云南	3.14	3.11	3.04	2.92	2.88	2.78	-0.36	-0.22	-0.14

资料来源：根据 2018~2022 年《中国统计年鉴》和《云南领导干部手册（2023）》相关数据整理计算。

2. 农村居民生活质量明显提升

2017~2022 年，云南农村居民人均生活消费支出从 8027.3 元增长到了 13309 元，增加了 5281.7 元，年均增速达到 10.64%。从消费结构看，云南农村居民的人均消费 7 项支出都持续增长，其中，食品烟酒、衣着、居住、医疗保健消费支出持续增长较快，年均增长率均高于 10%。2022 年，农村居民的人均食品烟酒、居住、交通通信、教育文化娱乐、医疗保健支出分别达到 4589 元、2626 元、2013 元、1508 元、1218 元。农村居民的恩格尔系数曲折上升，从 2017 年的 32.55% 持续下降到 2019 年的 31.82%，又提高到了 2021 年的 35.78%，再次下降到 2022 年的 34.48%，最高的 2021 年比最低的 2019 年提高了 3.96 个百分点，2022 年较 2021 年下降了 1.30 个百分点，但仍然维持在 35% 以下。食品烟酒、居住、交通通信、教育文化娱乐、医疗保健支出成为促进农村居民消费增长的主要拉动力量，2017~2022 年年均增长率分别达到 11.92%、11.72%、9.00%、7.63% 和 12.31%，衣着、生活用品及服务、交通通信、教育文化娱乐的消费支出则是占比下降，详见表 5。云南农村居民随着收入快速增长，生活消费支出水平提升较快，尤其是居住、教育文化娱乐、医疗保健、交通通信等发展型消费支出增长较快，农村地区在脱贫地区农村"两不愁三保障"得到有效保障的基础上，农民的生活质量明显提升。受疫情的影响，大量劳动力滞留在家中不能外出务工，对食品烟酒的消费快速增加，恩格尔系数出现波动。但是，从各项消费支出的绝对值和年均增幅来看，均呈现快速增长的趋势，农民生活质量的提升对全面推进乡村振兴、实现农业农村现代化具有重要贡献。

表 5　2017~2022 年云南农村常住居民人均消费支出结构变化

单位：元，%

指标	2017 年	2018 年	2019 年	2020 年	2021 年	2022 年	年均增长
消费支出	8027.3	21626.4	10260.2	11069.5	12386	13309	10.64
食品烟酒	2612.8	5845.8	3264.8	3797.1	4431.2	4589	11.92
衣着	320.6	1392.1	396.2	451.7	495.2	530	10.57

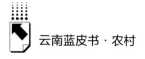

续表

指标	2017 年	2018 年	2019 年	2020 年	2021 年	2022 年	年均增长
居住	1509.1	4803.9	2053.1	2115.4	2450.0	2626	11.72
生活用品及服务	459.6	1293.0	574.1	569.9	607.5	644	6.98
交通通信	1308.6	3227.9	1663.0	1691.7	1835.2	2013	9.00
教育文化娱乐	1044.0	2664.1	1254.1	1324.2	1346.4	1508	7.63
医疗保健	681.5	1875.0	936.3	980.6	1059.2	1218	12.31
其他用品及服务	91.1	524.6	118.6	138.8	161.7	180	14.59

资料来源：根据 2018~2023 年《中国统计年鉴》相关数据整理。

三　问题和挑战

尽管云南顺利实施完成第一个乡村振兴规划，但是，产业发展基础仍不够稳固，农业质量效益不高、竞争力不强，农业农村外部发展环境不稳定性、不确定性因素增加，推进农业农村现代化面临复杂严峻的环境。实现由特色农业大省向现代农业强省跨越还面临诸多困难和挑战。

（一）发展基础仍然薄弱，产业发展严重受限

第三次全国国土调查结果显示，云南坡度在 15°以上的陡坡耕地占耕地面积的 45.90%，比第二次全国国土调查时上升 1 个百分点，从数量上说优质耕地减少，加上受化肥农药滥用、耕地资源过度利用等因素影响，地力下降明显。2022 年，云南累计建成高标准农田 3413 万亩，占耕地面积的 42%[①]，比同期全国平均水平低了 10.14

---

① 《云南省建成高标准农田 3413 万亩占耕地面积 42%》，云南省农业农村厅网，2023 年 1 月 13 日，https：//nync. yn. gov. cn/html/2023/yunnongkuanxun-new_0113/394050. html。

个百分点。2021 年，云南农田有效灌溉率为 37%，低于全国平均水平近 18 个百分点，脱贫家庭土地有效灌溉率仅为 9%；农村土地流转率为 20.80%，低于全国平均水平 14.20 个百分点；主要农作物耕种收综合机械化率为 50%，低于全国平均水平 21 个百分点；全省还有 7.64 万个自然村未通硬化道路，硬化率仅为 51.53%，水利配套建设严重不足，产业路、机耕路缺口较大。特别是农村地区冷链物流基础设施建设滞后，农村产地批发市场、鲜活农产品直销网点等设施相对落后。农村垃圾集收运和污水处理能力有限，先进技术要素向乡村扩散渗透力不够。绝大多数村庄地处山区、半山区，农业农村基础设施建设一方面投入成本高、历史欠账多，另一方面管护难度大、使用效率和周期受限。

（二）产业体系发展滞后，农产品质量效益不高、竞争力不强

农业产业体系主要反映的是重要农产品供给保障、农业产业链以及农业产业结构情况。当前，云南农业劳动生产率和土地产出率低，第二、第三产业发展不到位，农产品精深加工能力不足，第三产业发展不充分，乡村产业存在产业层次较低、产业链条较短、经济效益相对低下、资源利用较为粗放等问题，呈现出农业质量效益总体不高，农产品质量跟不上、难以实现适销对路，商品率低、品牌少、附加值低、综合效益低等困境，在国内外市场竞争力弱，与全国的差距仍然较大。2021 年，云南省重点产业茶、中药材种植面积均居全国第一位，蔬菜种植面积、产量居全国前列，但是，茶、中药材、蔬菜的亩均产值分别是 4525.58 元、5085.02 元、4297.00 元，仅分别相当于同期全国平均水平的 54.90%、64.96%、53.31%，均低于西南地区的广西、四川、贵州等西部省份，详见表 6。

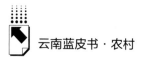

表6 云南与全国及部分省份代表性重点农产品亩产值比较

单位：元，%

地区	2021年亩产值			云南相当于同期全国及各代表性省份平均水平的百分数		
	蔬菜	中药材	茶	蔬菜	中药材	茶
全国	8059.95	7827.85	8243.63	53.31	64.96	54.90
福建	6277.21	3595.21	10495.87	68.45	141.44	43.12
山东	10404.23	4126.18	57087.38	41.30	123.24	7.93
广西	5445.51	7017.03	8322.06	78.91	72.47	54.38
四川	9478.97	8658.96	5130.05	45.33	58.73	88.22
贵州	6587.43	5564.67	5457.88	65.23	91.38	82.92
云南	4297.00	5085.02	4525.58	—	—	—

资料来源：根据《中国农村统计年鉴2022》相关数据计算。

究其原因，一是长效投入不足。由于城乡二元结构和资本的逐利影响，乡村基础设施、产业发展、公共服务等投入渠道单一，仅靠政府投入，社会资本投入较少。尤其是山区农村基础设施、产业发展和公共服务所需成本更高，但云南各级财政投入严重不足。二是以劳动力为核心的农业成本不断攀升，生产资料价格上升较快，尤其是人工成本高，成为农业产业增效难的主要原因。2022年，云南土地产出率和劳动生产率分别为6204.03元和54169.80元，虽然土地产出率略高于全国平均水平1.36个百分点，但是劳动生产率仅相当于全国平均水平的61.31%，比2020年下降了0.78个百分点。[①] 三是发展空间和技术受限。农村生产经营以小农户为主，尤其是山区农村土地破碎，生产规模小，农用机械使用较难，也缺乏社会化服务主体，新型经营主体普遍存在散小弱的情况，农产品加工转化率低，生产科技

---

① 土地产出率=农林牧渔业总产值/农作物播种面积；劳动生产率=农林牧渔业总产值/第一产业从业人员数。根据2023年《中国统计年鉴》相关数据整理计算。

含量低，仍然以出售原料产品为主，产业提质增效难。2022年，云南省农产品加工产值与农业总产值之比为2.1∶1，低于全国2.5∶1的平均水平。四是农村产业融合水平不高，产业体系存在产业链条短、融合度低、农产品增值能力不强等问题，使农产品在国内外市场上缺乏竞争力。五是过于追求规模扩张和数量增长，农产品生产从适宜区向次适宜区甚至不适宜区转移和扩张，加剧同质竞争和产能过剩，新型经营主体规模小、层次低、竞争力弱、带动农民增收致富的能力不足，导致产业总体品质下降、品质分化加剧、竞争力弱，许多乡村产业包括特色产业大而不强的问题迅速凸显。六是乡村市场发育程度依然较低。山区农村远离中心市场，市场信息来源较少。农民市场意识、品牌意识淡薄。市场主体单一，市场体系不健全，尤其是流通领域，冷链物流设施少、破损率高，出现了农产品原料"卖难"和农业减收的问题。

（三）农业支持体系发展水平较低，产业振兴后劲不足

农业产业的科技转化率和贡献率较低。云南省农村实用技术示范、推广滞后，良种良法推广应用率和科技成果转化率低，良种基地建设数量不足，良种供应能力较弱。与现代农业产业相关的行业科技创新机制不健全，新产品研发能力不足，产品开发层次低，产业链短、附加值低，市场竞争力不强。高素质科技和管理人才不足，科技研发与市场消费需求脱节，科技成果转化慢，适用技术普及率低。与发达国家和我国现代农业产业体系发展较好的省份相比，云南省在人才存量、创新性成果、转化率、农业推广体系等方面还较薄弱，农业领域的科技进步贡献率存在较大差距。2021年，云南农业科技进步贡献率为60%，低于全国平均水平10个百分点。

农业社会化服务水平低。技术指导、种苗保障、加工销售、金融信贷等相关服务比较薄弱，尚未形成产、供、销一体化的生产经营体

系，在专用物资配套供应、良种、种植技术、采后处理、植保、土壤消毒、运输、营销、资金信贷和信息等方面缺乏统一的社会化服务体系的支持，多数经营者缺乏新经营理念，他们在品质选择和规模控制方面缺乏合理规划，也无法适时根据市场状况的变化调整和制定其营销策略。检验检疫检测体系不健全，标准体系不完善；仓储保鲜、分拣包装、产地初加工、精深加工和冷链物流建设相对滞后；信息服务网络体系缺乏，生产供应与市场需求信息不对称。2022 年，云南农林牧渔服务业产值仅占农林牧渔业总产值的 3%，低于全国 2 个百分点。2021 年，云南整体互联网普及率为 67.8%，低于全国平均水平5.2 个百分点。

四 展望和建议

2022 年 10 月 16 日，习近平总书记在党的二十大报告中指出："全面建设社会主义现代化国家，最艰巨最繁重的任务仍然在农村。坚持农业农村优先发展，坚持城乡融合发展，畅通城乡要素流动。加快建设农业强国，扎实推动乡村产业、人才、文化、生态、组织振兴。"① 这是我国首次把"建设农业强国"作为"三农"工作的战略目标，对新阶段全面推进乡村振兴提出了新要求，作出了新部署，即未来"三农"工作要全面推进乡村振兴，到 2035 年基本实现农业现代化，到本世纪中叶建成农业强国。2022 年 12 月召开的中央农村工作会议进一步强调，"全面推进乡村振兴，加快建设农业强国，是党中央着眼全面建成社会主义现代化强国作出的战略部署。强国必先强农，农强方能国强。没有农业强国就没有整个现代化强国；没有农业

---

① 习近平：《高举中国特色社会主义伟大旗帜　为全面建设社会主义现代化国家而团结奋斗——在中国共产党第二十次全国代表大会上的报告》，人民出版社，2022，第 30~31 页。

农村现代化，社会主义现代化就是不全面的"①。"全面推进乡村振兴是新时代建设农业强国的重要任务，人力投入、物力配置、财力保障都要转移到乡村振兴上来。"② 会议明确指出，农业强国是社会主义现代化强国的根基，要依靠科技和改革双轮驱动加快建设农业强国，保障粮食和重要农产品稳定安全供给始终是建设农业强国的头等大事，农业现代化是内在要求和必要条件。2023 年中央一号文件又强调科技和制度创新是建设农业强国的重要抓手。

2023 年 3 月，云南省根据中央的精神和部署、结合云南省情，出台了《关于做好 2023 年全面推进乡村振兴重点工作的实施意见》，明确指出，全面推进乡村振兴，聚焦"1＋10＋3"重点产业，提速特色农业强省建设，保障粮食和重要农产品稳定安全供给始终是头等大事，巩固拓展脱贫攻坚成果是压倒性的底线任务。按照中央和云南省的新要求新部署，针对当前云南省全面推进乡村振兴、加快农业现代化面临的主要困难和挑战，未来云南农村产业振兴应着力强化农业支持体系建设，提高农业支持体系对现代农业发展的保障能力，加大农业产业结构调整力度，拓展和延伸农产品价值链，持续推进农业产业体系建设。

（一）提升基础设施是根基

要补齐农业农村基础设施这个短板。按照先规划后建设的原则，编制多规合一的实用性村庄规划，加大投入力度，创新投入方式，引

---

① 《习近平在中央农村工作会议上强调 锚定建设农业强国目标 切实抓好农业农村工作》，新华网，2022 年 12 月 24 日，http：//www. news. cn/politics/2022-12/24/c_ 1129230368. htm。

② 《习近平在中央农村工作会议上强调 锚定建设农业强国目标 切实抓好农业农村工作》，新华网，2022 年 12 月 24 日，http：//www. news. cn/politics/2022-12/24/c_ 1129230368. htm。

导和鼓励各类社会资本投入农村基础设施建设和公共服务，逐步建立全域覆盖、普惠共享、城乡一体的基础设施和公共服务网络。一要完善乡村道路交通网络，确保生产道路及生活道路全部流动畅通，健全垃圾处置设施，促进再生资源回收处理，特别是要推进农作物秸秆和畜禽粪便综合利用，妥善处理农业生产以及养殖业带来的环境问题。二要加强县域流通服务网络建设，建立完善以流通骨干企业为支撑、县城为枢纽、乡镇为节点、村级为终端的县域流通服务网络。三要加快建设农田水利、田间生产设施、农田气象服务等农业基础工程。

（二）着力统筹城乡融合发展是突破

全面推进乡村振兴，仅仅就乡村谈振兴，就农业谈发展，就农民谈致富，是不完整的。要跳出"三农"谈"三农"，从城乡融合发展、加快城市化进程的角度全面推进乡村产业振兴。一是推动城乡产业融合发展。县城产业发展要为农业生产、农民生活、农村人居环境改善等提供经济实惠的产品和服务。乡村产业发展要适应县城居民的新需求，提供高品质农产品和生活空间。二是推动城乡生态融合发展。生态产品的外部效应不仅体现在市场主体之间，也体现在城乡两个空间之间，需要推动城乡共建共享。要以市场化方式促进绿水青山转化为金山银山，让消费者购买生态产品和生态服务，完善绿色产品的定价机制，促进信息对称。三是推动城乡要素市场融合发展。要更好激活人、地、钱等资源要素，创新政策机制，促进农民进城，推动进城农民深度融入城市；同时，鼓励城里有资金有技术的企业、人才以及外出创业的农民到农村投资、创业，促进人口的城乡双向流动。四是加快改革创新，改变人才单一从农村流向城市的现状，有针对性地面向特定群体进行人才引进，畅通人才回流渠道，完善小额融资、人才创业保险等政策支持，有计划地组织城市专业人才通过下乡挂职投资兴业。

（三）全面推动产业提质升级是核心

发展乡村产业要通过全产业链拓展产业增值增效空间，创造更多就业增收机会。要积极发展农产品加工业，优化产业布局，把增值收益更多留在县域。发展新产业新业态，既要有速度，更要高质量，实现健康可持续。一要在产业生态化和生态产业化上下功夫，要在保护好生态环境的前提下，从耕地资源向整个国土资源拓展，宜粮则粮、宜经则经、宜牧则牧、宜渔则渔、宜林则林，形成同市场需求相适应、同资源环境承载力相匹配的现代农业生产结构和区域布局。继续做强做大有机农产品生产、乡村旅游、休闲农业等产业，搞好非物质文化遗产传承。二要培强新型经营主体，完善利益联结机制。每个县都要引进或培育1~2个农业龙头企业，在技术、标准、品牌、质量、服务等方面具有较强竞争优势，能够引领农业特色产业高质量发展，也要培强其他新型农业经营主体，大力支持农业小微企业、家庭农场加快发展，充分发挥不同类型的新型经营主体的功能作用，引导不同类型的乡村企业和产业组织公平竞争、优势互补，协调推动乡村产业优质高效发展，完善新型经营主体与农户的紧密型利益联结机制，带动农民稳定增收和发展。三是强化科技服务支撑体系，完善农业支撑体系制度。科学统筹抓好耕地地力培育、农机农艺融合、适度规模经营、农业组织化建设等服务工作，不断探索完善良种繁育推广、高产栽培种植、高效节水灌溉、病虫害绿色防控等技术标准体系，以重点产业为核心，深入实施重大农业科技项目攻关和现代种业提升工程，推进农业科技园区和研发平台建设，加大新品种、新技术、新产品引进示范与推广力度，不断提高粮食和重要农产品供给质量效益和竞争力。四是壮大农村集体经济，引领农民实现共同富裕。要稳步推进农村集体产权制度改革，全面开展清产核资，进行身份确认、股份量化，推动资源变资产、资金变股金、农民变股东，建立符合市场经济

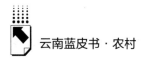

要求的集体经济运行新机制，确保集体资产保值增值，确保农民受益，增强集体经济发展活力。

（四）加强乡村产业人才队伍建设是支撑

乡村振兴，关键在人、关键在干。一要建设一支政治过硬、本领过硬、作风过硬的乡村振兴干部队伍。各级干部要加强理论学习和调查研究，增强做好"三农"工作的本领。要把乡村振兴作为培养锻炼干部的广阔舞台，选派一批优秀干部到乡村振兴一线岗位，对在艰苦地区、关键岗位工作表现突出的干部要优先重用。二要鼓励科研人员到农村一线开展技术指导和人才培养，将农业生产或科技企业的新技术、新方法带回农村。鼓励科研人员要把论文写在大地上，让农民用最好的技术种出最好的粮食。三要把农民培养成新型职业农民。抓好农民职业技能培训，整合培训资源，在村内举办各类培训班，同时组建一支高素质农技帮扶队伍，在田间地头手把手指导教学，为群众答疑解惑，引导农户科学种植并增产增收。四要广泛依靠农民、教育引导农民、组织带动农民，激发广大农民群众积极性、主动性、创造性，投身乡村产业振兴，建设美好家园。发挥好乡贤的独特作用，为乡贤与家乡的畅通交流搭建平台。

B.3
以乡风文明为抓手推动乡村
文明程度整体提升

张源洁*

摘　要：　2023 年以来，云南省紧紧围绕乡村振兴战略，坚持把党建引领乡风文明作为推进精神文明建设工作的重要抓手，牢牢把握培育和践行社会主义核心价值观这个根本任务。在城乡文明互动中整体把握乡村进步的内在规律。在尊重历史、弘扬传统、挖掘特色、提升乡村文化自觉自信和文化产品精准有效供给等方面持续发力，实现满足人民文化需求和增强人民精神力量相统一，不断提升农村群众素质和乡村社会文明程度，持续推进农村移风易俗，为推动乡村全面振兴提供坚强思想保证、强大精神力量、丰润道德滋养和良好文化条件。

关键词：　乡村振兴　乡风文明　乡村文化

一　多措并举推动乡风文明建设

　　长期以来，云南省委、省政府把乡村精神文明建设放在农村发展的重要位置，立足实际，强化顶层设计，创新方式方法。以提高乡村社会文明程度为目标，发挥党组织核心引领作用，大力培育和弘扬社

---

　　*　张源洁，云南省社会科学院农村发展研究所副研究员，主要研究方向为乡村社会治理。

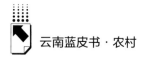

会主义核心价值观；加强乡村公共文化阵地建设，满足群众多样化精神文化需求；扎实开展移风易俗，在陈规陋习治理上持续发力；弘扬优秀传统文化，增强新时代乡村文化自信自觉；深化群众性精神文明创建，营造崇德向善社会氛围。

（一）强化顶层设计

长期以来，云南省委、省政府在贯彻落实中共中央关于乡风文明建设精神的基础上，突出政治引领，结合实际积极推进乡风文明建设制度化。2018年，云南省纪委、省监察委下发《关于规范农村操办婚丧喜庆事宜的通知》，整治农村大操大办红白喜事的问题。其中规定了宴请的操办标准：婚事双方宴请总人数控制在200人（20桌）以内，宴请每桌菜品不超过12个，其中荤菜不超过总数的一半，每桌费用控制在200元以内，还明确随礼上限，参加宴请的赠送礼金或礼品价值不超过100元等。这是第一份从省纪委层面对农村婚丧喜庆事宜作出的规定。

为整体推动新时代乡风文明建设，云南先后出台《云南省精神文明建设"十三五"规划纲要》《云南省精神文明建设"十四五"发展规划》等一系列支持促进乡风文明建设的规划。同时把加强农村精神文明建设列为年度全省精神文明建设三项重点工作之一部署安排，省文明委制定《云南省农村精神文明建设三年行动计划（2022—2024年）》印发全省16个州（市）和53家省文明委成员单位。

2022年4月，由省文明办牵头召开农村精神文明建设工作协调会，会同省农业农村厅、省民政厅、省乡村振兴局，制定《云南省2022年移风易俗领域突出问题专项治理行动方案》，围绕开展高价彩礼专项治理、厚葬薄养专项治理、封建迷信专项治理、黄赌毒专项治理和财富积累观念宣传教育5个方面，突出工作重点推动移风易俗工作。并将推进农村精神文明建设工作情况作为一项重要内容纳入

2022 年意识形态考核。通过建立党委统一领导、文明委统筹协调、各行业部门各司其职工作机制，加强统筹，推动落实。

为深入贯彻落实习近平总书记关于加强农村精神文明建设重要指示精神及中央一号文件部署要求，深化农村移风易俗重点领域突出问题专项治理工作。2023 年 4 月，云南省农业农村厅、中共云南省委宣传部、云南省精神文明建设指导委员会办公室、中共云南省委农村工作领导小组办公室、云南省民政厅、云南省妇女联合会、云南省乡村振兴局七部门联合印发《农村移风易俗重点领域突出问题专项治理倡议书》，倡导全社会自觉践行社会主义核心价值观，树立文明健康的生活方式，广泛传播文明社会的新思想、新观念。结合出台的一系列政策和规划，全省各地深入推进培育和践行社会主义核心价值观"十大行动"和"十百千万"工程，形成多样化的乡风文明群众共建实践模式。

（二）坚持党建引领

培育文明乡风需要党员、干部示范引领。移风易俗是一场思维的更新与行动的变革，群众一时可能难以接受，这就需要充分发挥党员干部的先锋模范作用。近年来，全省各地纷纷发扬党的组织能量、组织功能，搞好大众宣传、凝聚群众力量，将群众组织起来参与到乡风文明建设工作中。坚持治理创新，采用"党建+"的组织策略，加强红白理事会、村民议事会、道德评议会等群众组织建设，积极开展邻里互助、道德评议等活动，对人情攀比、铺张浪费等陈规陋习说不，带动村集体树立文明乡风。大理州宾川县罗官村就是这方面的典型代表。该村党总支积极带头，采用"党建+"的组织策略，通过立规矩、重宣传、强监督、敢担当，旗帜鲜明地提出严禁大操大办、严禁违规乱办、严禁大碑大墓和严禁聚众赌博、酗酒闹事、不文明闹婚等行为的"四个严禁"措施。村组党员干部积极参与红白理事会管理，理事长主要由党员担任，村级理事分别联系挂钩小组一级的理事长，带头执行红白理事会规定，从自家开始简办客事，形成了"大理事+小理事"红白理事会网格化组织模式。通过党建引领村民向上向善，对群众进行无形约束，遏制铺张浪费和攀比之风，破陈规除陋习。由少数带动多数，引导群众自觉做移风易俗的建设者、守护者，确保农村地区移风易俗落到实处取得成效，把客事简办的倡导内化成全村村民的自然选择。疏堵并举，党员干部率先垂范，正党风促民风，推动文明乡风在基层落地生根。2017年3月至2020年6月，全村共简办（8菜一汤、荤素各半）婚丧客事413场次，按每场5000元计算，节约办客资金206.5万元；制止不该办的满月、乔迁、开业、升学等客事共426场，按每场2万元计算，节省资金852万元。全村杜绝大碑大墓节约土地5.8亩，为72家农户节约修建墓碑资金136.8万元。① 罗官村也因此成为21个全国首批村级"乡风文明建设"优秀典型案例之一。

（三）强阵地优服务

新时代文明实践中心是乡风文明建设的有效载体。云南认真贯彻落实党中央决策部署，扎实开展新时代文明实践中心试点建设工作。各级文明实践中心、所、站，将专业力量与志愿服务相融合，建立健全制度措施，全力推动新时代文明实践活动向纵深发展。

一是深入实施全覆盖工程。2018年11月，云南印发试点工作实施意见，确定昆明市安宁市、保山市腾冲市和曲靖市麒麟区3个市（区）为省级重点试点，同步在10个县级全国文明城市提名城市开展试点工作。2019年10月，云南省20个县（市、区）被纳入全国试点，40个县（市、区）被列为省级试点。2020年，中央文

---

① 罗官村相关资料由省文明办提供。

明办又将云南省9个国家挂牌督战的未脱贫摘帽贫困县纳入新时代文明实践中心建设试点工作布局，把人员资金、平台载体、项目活动向决战决胜脱贫攻坚聚焦。在推进全国试点和省级试点工作的同时，各州（市）在试点之外的县（市、区）积极探索，以点带面，全面铺开文明实践中心建设。在全国率先制定新时代文明实践中心试点工作测评体系，对试点进行验收评估。不断加强农村公共文化建设，深入实施"云南省公共文化服务体系建设补短板三年行动计划"。

二是常态化推进志愿服务。建强新时代文明实践志愿服务队伍，广泛开展文明实践活动，全省129个新时代文明实践中心共组建县级志愿服务队伍13620支，乡镇级志愿服务队伍33261支，村级志愿服务队伍26085支。依托新时代文明实践站，每月结合居民需求确定1~2个主题至少开展1次集中实践活动，通过善行义举榜、文化长廊、道德讲堂等载体，把社会主义核心价值观融入社区文明创建全过程，将社区打造成和谐稳定、群众称赞的幸福家园。怒江州易地扶贫搬迁安置社区新时代文明实践工作就是最好的例证。如何做好占全州近1/5人口大规模易地搬迁后的稳定及后续发展工作，怒江州把安置社区新时代文明实践站建设放在突出位置。按照"八有"标准（有牌子、有经费、有办公场地、有专人负责、有志愿服务队、有社区活动品牌、有新时代文明实践广场、有新时代文明实践宣传栏）建设具有怒江特色的易地扶贫搬迁安置社区新时代文明实践站，以"村村有宣讲、天天有歌舞、月月有评比、年年有培训、常常有暖心"的"五有"志愿服务，持续深化"志智双扶"工作，以文化人、成风化俗营造文明乡风，助力搬迁社区的乡村振兴。

（四）推进移风易俗

移风易俗是乡风文明建设的基本途径。党的十八大以来，全省各地通过制度保障、实践探索等多种方式，创新治理方式、形成长效机制，推动农民群众自觉践行移风易俗，既改变行为，又提升认知。

一是创新农村移风易俗的方法路径。大力推广积分制，找准文明积分、道德超市、红黑榜等做法，评选新时代"十星级文明户"，发挥文明家庭、五好家庭、最美家庭等示范带动作用，加强正向引导，对农民群众的文明行为给予相应的精神和物质奖励，引导农民群众广泛参与移风易俗，积极向上向善。组织基层干部群众"学理论、学政策、学科技、学法律、学普通话"，提高综合素质，增强发展能力，激发精神力量。为培育文明乡风、良好家风、淳朴民风注入新动能。

二是立村规民约让移风易俗有章可循。培育文明乡风要有规章作保障。古人云，无规矩不成方圆。乡风民俗可以通过制定村规民约，成为农村群众共同的行为遵循。全省各地深入推进移风易俗，修订完善村规民约，充分发挥村民议事会、道德评议会、红白理事会、禁毒禁赌协会等群众组织作用，破除大操大办、薄养厚葬等陈规陋习。开展个人卫生、家庭卫生、公共卫生、健康卫生饮食、主动遵规守法"五大习惯养成行动"，大力倡导"社交距离、勤于洗手、分餐公筷、革除陋习、科学健身、控烟限酒"健康文明生活"六条新风尚"，培养文明健康生活方式。作为入选第三批全国村级"文明乡风建设"典型案例的昆明市嵩明县小街镇积德村，将推进移风易俗作为农村精神文明建设关键举措，成立移风易俗工作领导小组，签订党员移风易俗承诺书。把"节俭办婚丧"纳入村规民约，公布"婚丧喜庆公约"，形成红白宴席操办规模、时间和惩戒处罚规则，发挥红白理事会指导督促作用。普洱市思茅区倚象镇干海子村将革新"杀猪饭"作为移风易俗的着力点，商定集中杀猪日期，排出村民小组各户杀猪次序，限制规定菜单经济标准，做到既尊重"杀年猪"习俗，又解决吃"杀猪饭"带来的一系列社会问题，让民俗活动中的"民负"变成"民富"，不但破除了陈规陋习，还树立了风清气正的文明新风尚。富宁县开展以村民小组为基本单元的"一约四会"村民自治试点工作，通过制定村规民约，组建村民议事会、道德评议会、红白理事会、禁毒禁赌会，突出"管、教、奖、惩"相结合，"约"出了新风尚、"会"出了新活力。富宁县也因此入选第四批全国"文明乡风建设"典型案例。

三是营造移风易俗良好社会氛围。各地通过村晚民歌、喜剧小品、短视频等群众喜闻乐见的方式，加强宣传教育成风化俗，统筹开展常态化宣传和集中宣传。指导各地用好新时代文明实践中心、县级融媒体中心、村广播、村宣传栏等农民群众身边的各类阵地加强正面宣传，积极选树农民群众身边的移风易俗先进典型，深入基层贴近农民开展宣讲、培训、巡演等活动，在乡村公共空间广泛使用宣传标语、横幅、宣传画等，推动移风易俗观念深入人心。

（五）弘扬优秀传统文化

习近平总书记指出："一个地区的文化建设内容很多，有一个重要的着眼点就是要弘扬地方的传统文化。"[①] 近年来，云南深入挖掘、继承、创新优秀传统乡土文化，让有形的乡村文化留得住。一是充分挖掘具有农耕特质、民族特色、地域特点的建筑、饮食、服饰、文艺、技艺、民俗等文化资源，进一步挖掘文化资源中蕴藏的精髓，使其内涵能够得到丰富并结合精神文明、社会主义核心价值观等内容，提高宣传力度，并将具备特色的文化元素开发成文化产品，树立特色文化品牌。二是注重良好家风教育传承。培育良好家风是弘扬中华民

---

① 习近平：《摆脱贫困》，福建人民出版社，1992，第17页。

族传统文化的现实需要，也是乡风文明建设的重要组成部分。曲靖师宗县淑基村将"窦氏家风"有机地融入文明乡风建设，走出了一条"诗礼传家、与人为善、敬业守纪"的文明乡风新路子，成功入选第二批全国村级"文明乡风建设"典型案例。该村还依托深厚的历史文化底蕴，对窦氏宗祠、窦垿故居等历史建筑进行修缮，建立道德园、老年活动室、二十四孝文化长廊，打造"楹联文化村"，以家风家训的教育传承为抓手，建立"一约两会三堂"的乡风治理体系，充分彰显自治"润物无声"、法治"定分止争"、德治"春风化雨"。三是实施民族文化"双百"工程，即打造100个全国知名的带动民族文化产业发展的民族文化精品，推出100名全国知名的民族民间文化传承创新带头人。以点带面，带动少数民族传统文化全面保护传承。

（六）深化文明创建

深入实施公民道德建设工程，推进社会公德、职业道德、家庭美德、个人品德建设。弘扬劳动最光荣、劳动者最伟大的观念。弘扬中华孝道，强化孝敬父母、尊敬长辈的社会风尚。加强典型示范，持续深入推进"道德模范""云岭楷模""云南好人""最美人物"等评选表彰活动，加大先进典型和感人事迹宣传力度，建立健全先进模范发挥作用的长效机制。

深化群众性精神文明创建。深入推进农村文明素质提升工程，以文明村镇创建为牵引，组织开展十星级文明户、好邻居、好公婆、好媳妇、好妯娌等评选活动，对获得"十星"的家庭，通过召开村民大会、披红挂花的形式进行授牌表彰，激励农村群众求知、求富、求善、求美，鼓励艰苦奋斗、勤俭持家。深入推进农村文明素质提升工程，建立善行义举榜，组织开展"奋斗杯"农民手机摄影大赛，评选农村精神文明建设典型案例，在省内媒体广泛开展移风易俗征文活动。在全省广大乡村开展寻找"最美村规民约"等活动，通过挖掘、展示、宣传、推广优秀村规民约、居民公约，引导各乡镇（街道、农场）加强和完善基层治理，深化移风易俗，弘扬文明新风。

二　新时代文明乡风蔚然成风

云南在全面培育乡村文明新风、加强农民思想道德建设、不断激发群众内生动力、完善乡村公共文化服务体系、有效提升农村社会文明程度、弘扬优秀传统文化、推动新时代农村精神文明建设高质量发展方面取得了显著成效。

（一）社会主义核心价值观凝心聚力

社会主义核心价值观在全省广大乡村地区得到大力弘扬，形成了以社会主义核心价值观引领乡风文明建设的良好氛围。建立起了省市县三级宣讲团和"艾思奇百姓宣讲团""郑垧靖基层宣讲团""德宏州'五用'宣讲团""大理大本曲宣讲团"等一批"大众宣讲团"。新时代文明实践中心、所、站作用得到充分发挥，采取农民夜校、院坝会、火塘会等方式，用总书记的亲切关怀殷殷嘱托、脱贫攻坚的生动实践、全面小康的伟大成就、乡村发生的深刻变化，紧密结合群众生产生活，用老百姓听得懂的语言开展面对面宣讲解读，推动党的创新理论走进千家万户，入脑入心。让基层群众听得懂、能领会、可落实，各族群众团结奋斗创造美好生活的精气神得到全面激发。

时代楷模、道德模范、最美人物、身边好人等评选表彰和学习宣传活动的广泛开展。时代楷模张桂梅、高德荣、朱有勇，全国道德模范农加贵、吴建智等重大先进典型的大力推出，在全社会营造了崇德向善、见贤思齐的浓厚氛围。2016 年以来，选树"云岭楷模"22 人，评选表彰"云南省道德模范"及提名奖获得者 192 名，评选"云南好人"348 人。组织开展"新时代西畴精神"、时代楷模、"七一"勋章获得者张桂梅先进事迹以及张从顺、张子权父子英烈先进事迹等巡回宣讲和学习宣传活动，树立可亲、可信、可学的榜样，推动形成人人学习先进模范、人人争当先进模范的良好社会风尚。

（二）乡村新风正气全面焕发

随着将移风易俗纳入各级党委绩效考核，弘扬文明乡风的宣传触角不断向农村延伸，农村乡风正气得到弘扬，天价彩礼和婚丧喜事大操大办、铺张浪费等陈规陋习得到有效治理。移风易俗、弘扬时代新风大大减轻了农民负担，婚事新办、丧事简办、小事不办，正逐步成为越来越多农民群众的自觉行动。广大人民群众反映，各级党委政府以全面治理天价彩礼、婚丧喜事大操大办、铺张浪费等陈规陋习为推动社会主义精神文明建设的重要抓手，抓住了移风易俗、弘扬时代新风的"牛鼻子"，有效提升了群众文明素质和农村文明程度，让文明新风落地生根，让社会风气持续向善向上。此外，云南部分农村地区还推行"禁塑禁燃"、以鲜花代替冥币，严格限制治丧时间、婚葬车队规模，大力推行以村级为主体统一配备不锈钢餐具、可循环桌布、电子鞭炮等红白事办事用品，不仅践行了勤俭节约，还保护了生态环境。移风易俗的全面深入开展，使广大农村地区自觉践行移风易俗的长效机制基本形成，中华优秀传统美德得到更好弘扬传承，婚事新办、丧事简办、孝老爱亲、勤俭节约等文明风尚更加浓厚，乡村焕发社会主义文明新风尚。

通过农村文明素质提升工程的实施，各地文明村镇、十星级文明户、最美楼栋、文明家庭等评选活动的开展，农村传统家庭美德得到大力弘扬，群众精神面貌、文明素质得到大幅提升。截至 2021 年末，全省共创成全国文明村镇 178 个、省级文明村镇 1049 个，县级以上文明村镇占比超过 50%。①

（三）公共文化服务水平显著提升

乡村公共文化服务体系不断完善。以"千里边疆文化长廊建设"为载体，通过点线面结合、上下联动、城乡统筹等方式，推进公共文化服务标准化均等化建设，全面完成贫困地区百县万村综合文化服务中心示范工程、全覆盖工程建设，基本实现省、州（市）、县（市、区）、乡（镇）、村五级公共文化服务设施网络全覆盖，满足了群众多样化精神文化需求。2020 年全省共有公共图书馆 151 个，县均拥有量达 1.17 个；文化馆 149 个，县均拥有量达 1.16 个；农家书屋 13994 个、国门书社 19 个，以及文化惠民示范村 235 个、农村文化产业合作社 300 个、非遗中心 27 个；已达标乡镇综合文化站 1450 个，覆盖率为 102.6%；村级综合性文化服务中心 14455 个，村级覆盖率达到 95% 以上；文化信息资源共享工程乡镇以上全覆盖，县级基本公共文化服务标准化建设完成率 100%。保山市、楚雄州、曲靖市、昆明市先后创建国家公共文化服务体系示范区，全省实施了 4 批 8 个国家公共文化服务体系示范项目。截至 2023 年 2 月，全省建成新时代文明实践中心 129 个、乡镇（街道）文明实践所 1416 个、行政村（社区）文明实践站 15374 个②，中心、所、站实现全覆盖，逐步形成了有场所、有队伍、有活动、有项目、有机制的

---

① 张丽君：《阔步向前　云南加快迈向文化高地》，中国网，2022 年 6 月 10 日，http：//union. china. com. cn/txt/2022-06/10/content_ 41999281. html。

② 徐鑫雨、张勇：《云南建设新时代文明实践中心纪实：云岭大地盛开文明之花》，党建网，2023 年 2 月 19 日，http://www. dangjian. com/shouye/dangjiangongzuo/wenmingshijianzhongxin/202301/t20230119_ 6545352. shtml。

"五有"标准化建设，阵地共建、队伍共育、活动共联、资源共享、平台共融的"五共"文明实践综合体，推动责任落实到位、效能发挥到位、工作保障到位、督促检查到位、示范引领到位的"五推动"工作格局。

群众文化生活丰富多彩。高质量完成中宣部、中央文明办向贫困地区赠送电视机活动，全省11.8万户农村贫困家庭受益。全省公共美术馆、图书馆、文化馆（站）、博物馆的公共空间场地、基本服务项目全部向社会公众免费。"彩云之南等你来"夜间群众文艺演出、"建设者之歌"农民工文化节、群众文化"彩云奖"、"戏曲艺术进校园"、"文化大篷车千乡万里行"、"三下乡"集中示范文艺演出等成为群众性文化活动知名品牌。"十三五"期间，全省各级文艺院团完成惠民演出49396场，观众人数达7000万人次；从2009年开展"戏曲进乡村"活动以来，采取了"送文化上门"的服务方式。2019~2021年，全省"戏曲进乡村"完成2.5万场，服务基层群众1800万人次，省级院团共完成"戏曲艺术进校园"演出156场，农村电影放映工程常态化开展，让文化热在基层、亮在基层、暖在民心。

各级新时代文明实践中心、所、站，将专业力量与志愿服务相融合，建立健全制度措施，全力推动新时代文明实践活动向纵深发展，满足广大农民群众的文化生活需求。通过"社区吹哨、单位报到"的志愿服务模式，形成百姓"点单"、中心"派单"、志愿者"接单"、群众"评单"相贯通的运转模式。"新时代文明实践超市""幸福超市""爱心超市""道德小屋""动力小站"等，采取积分兑换制，吸引群众广泛参与活动，激发群众内生动力。群众对新时代文明实践工作的认知度和满意度不断提升。安宁市"流动书包"和会泽县"为搬迁群众解难题"两个案例入选中央文明办《建设新时代文明实践中心工作方法100例》。

（四）优秀传统文化保护利用成效显著

民族文化传承保护成绩突出。党的十八大以来，云南扶持并实施少数民族优秀文化保护传承工程项目 2120 个、少数民族文化精品工程项目 330 个、民族文化"百项精品"工程项目 102 个，民族文化"百名人才"培养工程项目 100 人，建设 85 个民族传统文化生态保护区、29 个少数民族特色乡镇、780 个少数民族特色村寨。有效推动了民族文化的传承保护和创新交融，夯实了铸牢中华民族共同体意识的思想基础。[①]

申报世界文化遗产工作取得突破性进展，以红河哈尼梯田为代表的农耕文化申遗成功并入选"中国十大魅力湿地"，景迈山茶林文化景观成为我国 2022 年世界遗产申报唯一项目。截至 2022 年全省有三江并流、石林、澄江化石地 3 项世界自然遗产，丽江纳西族《东巴经》手稿 1 项世界记忆遗产，有国家级和省级历史文化名城（镇、村、街）91 处，有中国传统村落 708 个（居全国第 2 位）。国家级非遗代表性项目 105 项（居全国第 12 位，目前还有 23 个非遗项目入选第五批国家级非物质文化遗产代表性项目公示名单）、代表性传承人 125 人，并有"傣族剪纸"和"藏族史诗《格萨尔》"两个项目入选联合国教科文组织"人类非物质文化遗产代表作名录"，14 个传统技艺入选第一批国家传统工艺振兴项目。成功创建 2 个国家级文化生态保护区、85 个省级民族传统文化生态保护区，命名 28 个云南省非遗保护传承基地，4 家传承人企业列入国家非遗生产性保护示范基地。

[①] 云南省民族宗教委：《云南扶持实施少数民族优秀文化保护传承工程成效明显》，云南省委统战部网，2022 年 8 月 17 日，http：//www.swtzb.yn.gov.cn/mzzj/gzdt/202208/t20220817_ 1078947.html。

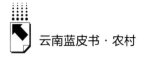

三 乡风文明建设仍存在短板弱项

经过多年的不懈努力，云南乡风文明建设取得了显著成就，文明新风成为云岭农村地区的主旋律。然而，与新时代农村居民对美好生活的需求之间还存在一些差距。如农民主流价值观认同偏低，公共文化供给成效有限，一些与现代文明不相适应、与农村社会进步相背离的陈规陋习还没有得到根治，制约着云南乡村精神文明建设的全面提升。

（一）文化阵地建设供需未能有效对接

不同于利用市场手段进行资源分配、平衡供求和调节再生产比例的运作方式，现阶段农村公共文化服务供给仍然对计划经济体制时代的政府包办模式存在较强的"路径依赖"，政府兼具文化生产与分配的角色，这种"格式化"的公共文化供给模式看似公平却难以兼顾农民多样化的文化需求以致效率低下。[①] 云南"边疆、民族、山区"的省情实际，注定了民族间和区域间的文化差异，而文化差异进而形成多样化的文化消费需求与选择。首先，供给与需求的错配。在乡村文化建设中，各级各部门加大公共文化服务和产品的供给，但大多是自上而下、固定内容的"格式化"供给，输送的文化服务和产品没有充分考虑针对地域、民族、年龄等需求差异进行精准投放，公共文化服务的供给与群众的需求不能及时有效对接，出现地方政府习惯性"端菜"与群众不能按自己的需求"点菜"之间的供需错位问题。其次，基层文化阵地建管用脱节。对照22项国家基本公共文化服务指

---

① 傅才武、刘倩：《农村公共文化服务供需失衡背后的体制溯源——以文化惠民工程为中心的调查》，《山东大学学报》（哲学社会科学版）2020年第1期。

导标准、49 项云南省基本公共文化服务实施标准以及 19 条基层综合性文化服务中心建设指导标准，部分已建成的基层综合性公共文化服务中心仍存在规划不科学、布局不合理的情况。有的远离人口密集区和群众集中居住区，有的建在乡镇（街道）政府办公区和村委会所在地，导致群众不方便去、不愿意去、不经常去，影响服务功能发挥。有的乡镇文化站，村文化室、图书室存在重于建、疏于管、轻于用的情况，无专人管理、未能正常开放，活动组织不起来，群众参与不进来，文化生活供给"少口粮、缺营养"。随着农村物质生活水平提高，基层群众的美好生活需要发生了深刻变化，不仅对物质生活提出更高要求，而且精神文化方面的需求也迅速增长。加之网络信息化的飞速发展，越来越多的人习惯通过智能手机获取信息，网络游戏、微信微博、网络视频等逐渐成为农村文化娱乐的主要载体，传统模式已难以适应群众日益增长的精神文化需要。

（二）对乡风文明建设重视和投入不足

有的地区和部门对推进农村移风易俗工作在乡村振兴中的重要性认识不足，导致农村精神文明建设边缘化。在统筹经济社会发展工作中，抓农村精神文明建设工作的力度不大，不同程度存在"乡风文明建设说起来重要，做起来次要，忙起来不要"的现象。一些乡镇干部自身思想觉悟不到位，认为移风易俗本身不具有"硬指标"，并且与自己的政绩不挂钩，无关紧要，一旦遇到上级突击检查，便安排村民开展一些形式化活动，使得移风易俗的效果大打折扣。

在活动形式上也缺乏创新性，对农民没有较强的吸引力。如村镇移风易俗活动大多集中在公益广告的宣传或是宣讲会的开展，活动形式简单雷同，并没有结合自己村庄的实际去开展相应的活动，使得当地农民参与感很低。部分村民集体观念不强，对乡风文明建设认识不到位，只关心自己的土地和宅基地，只在乎自己能从各种政策优惠中

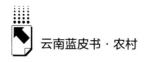
获利多少，而在公共事务的参与上，积极性不高，对于全村的集体利益十分冷漠。长此以往，会逐渐消解群体的社会道德责任感。

乡风文明建设工作投入保障还有短板。调研发现，越是经济发展相对滞后的地区，用于乡风文明建设的专用资金越有限，有的县财政收入有限，主要用于保运转保工资，基层文化建设更多靠中央、省级财政投入，乡一级财政基本上没有用于精神文明建设的专用资金。农村基层文化队伍薄弱，专业人才匮乏，导致农村精神文明建设活动难以开展。农村基层文化工作人员编制较少，人员不足，专业人才匮乏且专职不专用，难以创造性地开展农村文化工作。再加上农村业余文化团体和文化人才匮乏，农村文化活动无人引领和带动，难以满足农民群众日益增长的文化需求。特别是随着城镇化进程的加快，农村青壮年人口大量流失，农村精神文明建设又缺少了参与的主体。尽管广大农民渴望丰富多彩的文化活动，但由于农村文化人才匮乏，当前大多数农民的精神文化生活依然很单调。

（三）村规民约执行力和约束力有待提升

村规民约每一个村、每一个社区都有，但一些行政村和社区对村规民约的重要意义缺乏足够认识，仅仅将其视为抓村居民管理的"土规矩"，只注重怎么"管住"，而忽略了如何"引领"，出现了个别村规民约条款与法治精神相违背的问题。部分"村规民约"制定过程不规范。有的地区村民会议的举行、"村规民约"的制定由村干部直接进行或者照搬其他村的规章，大部分村民未实际参与，没有充分体现村民意愿，影响了村民参与自治的积极性，进而导致"村规民约"落实不畅。部分"村规民约"内容不合理。一方面，有些地区由于地理位置、经济发展等因素影响，部分村干部思想观念落后，在"村规民约"制定过程中未能很好地吐故纳新，直接导致了一些过时"民约"，甚至是不符合法律法规的内容进入"村规民约"。另一方面，有的村干部对具体问题的认识分析能力不足，制定"村规民约"时生搬硬套而没有直观反映村民利益，或者"村规民约"内容薄弱，无法全面覆盖村务内容，故而无法协调村民内部矛盾和指导村民事务的开展。一些农村自治组织和村规民约、"红黑榜"等工作载体流于形式，在农村精神文明建设、巩固脱贫攻坚成果和推动乡村振兴中的宣传教育作用未得到充分发挥等现象普遍存在。

（四）一些地区陈规陋习还不同程度存在

部分农村陋习依旧存在。由于受到落后思想的影响，一些不合时宜的陈规陋习依然存在，加之一些农村居民文化水平相对不高，对移风易俗的重要性认识相对欠缺，使得某些不良风俗依旧盛行。[①] 如不少农村地区，婚丧陋习、重男轻女、铺张浪费、封建迷信、讲面子排场等一些不良习俗还不同程度地存在，少数农村地区仍然存在红白喜事盲目攀比、大操大办、天价彩礼、薄养厚葬等陈规陋习，天价彩礼"娶不起"、豪华丧葬"死不起"、名目繁多的人情礼金"还不起"还时有发生，"因客返贫""餐桌上的浪费""舌尖上的安全"和"民风社风腐化"等问题不容忽视，群众落后观念未完全转变，一些地区推进火化殡葬改革困难重重。有的农村群众花费大量钱财，用于"普度"、"叫魂"、算命、求神拜佛、烧香祭祀等封建迷信活动，造成很大负担。部分农村群众精神文化生活单调，参与公共文化活动的积极性和主动性不高。一些村庄群众喜闻乐见的传统民间文艺后继乏人、渐渐失传。据省文明办 2022 年针对全省农村精神文明建设的问卷调查，33% 的村民认为互相攀比现象比较严重，30% 的村民认为大

---

① 赵廷阳、张颖、李怡欣：《乡村振兴背景下的乡风文明建设——基于全国村级"乡风文明建设"典型案例分析》，《西北农林科技大学学报》（社会科学版）2021 年第 3 期。

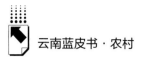

操大办比较突出，28%的村民认为等靠要思想仍然存在，18%的村民认为乱倒垃圾、随地大小便等不文明行为比较普遍。

不良信息的传播冲击着移风易俗。随着互联网技术的进步和农村网络通信的发展，农村基本实现网络化，农民对外交往不断扩大，视野不断开阔，但网络中也混杂着大量虚假和不真实的信息，大家对信息辨别能力较弱，容易受到干扰，这极大妨碍着移风易俗。部分社交媒体上流传的一些宣扬陋俗恶习的信息，倘若不加限制地任其肆意传播，将会对农民的思想观念和日常行为产生不良影响。

（五）农村优秀传统文化传承面临挑战

乡村振兴过程中，随着社会开发力度的加强和城乡居民文化融合性的增加，工业化和城市化进程如浪涌般推进，农村地方社会的血缘关系和地域特征逐渐减弱，一些农村优秀传统文化逐渐消失，这给传承具有地方特色的农村优秀传统文化带来了一定挑战。部分地区乡土文化地标遭到损毁、破坏和消失。一些带有地方特色的古寨、古镇、祠堂等建筑不加保护地进行改造和整治，打造不少雷同的村落民居。大量农民工外出务工，继而在城镇定居，很多地区出现"空心化"现象。

此外，一些村落因为城镇化的需求，被纳入城市的范围之内，导致乡土文化标志消失。同时由于保护责任不明确，政府财政资源有限，许多乡土文化标志的保护已成为形式。在这一过程中，许多自然村落、文物古迹、传统建筑等具有怀旧情感和乡村记忆的地方性文化地标遭到损毁、破坏甚至消失。随着工业化和城镇化的不断推进，许多农民跟随子女进城居住抑或被纳入城市居民的范畴之中，那种传统的农村生活逐渐被淡化，农村居民数量不断减少。大量农民工进城务工后选择在城镇定居，不愿再返回农村。而随着高等教育的普及，很多农村出身的大学生在大学毕业后也主要选择留在城市，这就导致农村居民数量锐减，相应地，农村优秀传统文化的传承主体也就日益缺位。

四 文明乡风的新趋势

文明乡风，绵绵用力，久久为功。涵养文明乡风是一项长期工程，治理陈规陋习不可能一蹴而就。对照《中共云南省委 云南省人民政府关于做好 2023 年全面推进乡村振兴重点工作的实施意见》中关于加强农村精神文明建设的要求，我们要全面审视乡村振兴战略推进的现实境遇，精准把脉乡风文明建设的时空场域，不断为其更新发展内容，优化实践进路，提升建设实效。唯有始终抓住乡风文明建设的内在目标不放手，扎实推进农民的思想政治教育、价值理念培育和文明行为养成等，才能让文明乡风蔚然成风，使其真正成为乡村振兴的灵魂和保障。

（一）乡风文明建设长效机制建立健全

要把培育和践行社会主义核心价值观作为长期任务。认真贯彻落实《新时代爱国主义教育实施纲要》《新时代公民道德建设实施纲要》。要推动理想信念教育常态化制度化，继续在乡村开展听党话、感党恩、跟党走宣传教育活动，注重把讲道理与讲故事结合起来，采取嵌入式、互动化、接地气的方式，利用时代的发展、社会的进步、生活的变化，引导群众从内心深处拥护党的路线方针政策。增强农民的集体意识、社会责任意识和大局意识，培育健康向上的诚信文化，创建诚实守信的和谐社会。

修订完善云南省群众性精神文明创建测评体系及操作手册。持续深化文明家庭创建，继续开展"最美家庭"、五好家庭、党员示范户、星级文明户创建活动，组织好母亲、好媳妇、好公婆、好妯娌等身边典型的评选活动，广泛开展"传家训、立家规、扬家风"活动，弘扬传统家庭美德、现代家庭理念。持续深化文明村镇创建，把握不同类型村镇在自然环境、区位条件、经济状况、发展定位和发展趋势等方面的多样性、差异性，因地制宜、突出特色抓创建。到2025年，全省文明村镇创建覆盖面和参与度不断扩大，切实消除创建盲区和空白点。

完善移风易俗落实机制。县、乡要加强移风易俗日常监督，指导村级组织认真落实移风易俗相关措施，督促婚庆、殡葬等机构规范服务行为，及时纠正不正之风。充分发挥村民自治作用，加强对红白理事会、村民议事会、妇女议事会、道德评议会等群众组织的指导，通过教育、规劝、批评、奖惩等方式推动婚丧礼俗倡导性标准的执行。并将专项治理开展情况纳入全国文明城市、文明村镇创建内容。对专项治理工作开展不力的，则取消其参与基层组织类、社会治理类、精神文明类等选优评优资格。

（二）社会主义新风正气全面树立

坚持不懈把弘扬社会主义文明新风尚作为移风易俗的主旋律，采取有力措施抵制腐朽思想和落后文化，既赓续老习俗，又植入新风尚。持续发挥道德评议会、禁赌禁毒会、红白理事会等群众性组织作用，发动农民群众对陈规陋习进行评议，引导农民群众自我教育、自我管理、自我服务、自我提高。发挥新乡贤群体的示范引领作用，大力培育新乡贤文化，积极引导农村党员干部、道德模范、身边好人等改旧俗、移旧风，用乡贤们的嘉言懿行垂范乡间邻里，涵育社会新风。到2025年，高价彩礼、人情攀比、厚葬薄养、铺张浪费等陈规陋习在部分地区持续蔓延势头得到有效遏制，农民群众在婚丧嫁娶中的人情、宴席、彩礼等支出负担明显减轻，中华优秀传统美德得到更好弘扬传承，婚事新办、丧事简办、孝老爱亲、勤俭节约等文明风尚更加浓厚，乡村焕发文明新气象。

（三）建强用好文化阵地实践活动深入人心

进一步加强新时代文明实践中心、所、站建设，大胆实践创新，完善机制体制，有效整合资源，确保实现全覆盖基础上的正常运行。完善云南省新时代文明实践中心建设评估办法，实现网络覆盖更广、功能定位明确、管理运作规范、区域特色鲜明。注重"两个中心"协同推进，把县级融媒体中心作为新时代文明实践中心一个非常重要的平台资源，着力从物理对接向化学反应转变，推动"两个中心"平台、终端、渠道互联互通，阵地、内容、人员相互融合，真正做到统筹谋划、统筹建设、统筹使用，使网上网下相互促进、相得益彰。要精心设计主题活动项目和常态化活动项目，广泛开展接地气、聚人气、扬正气、有活力、可持续的文明实践活动，让群众乐于参与、便于参与。要充分利用好传统媒体和网络新兴媒体，向农民群众广泛宣传具有乡村及民族特色的家风古训、睦邻传统等优秀传统民俗。利用好典型宣传，把农民群众身边的道德人物、文明家庭、好人模范通过广播、村社宣传栏等形式进行宣传，让群众真真切切地感受到文明乡风就在自己的身边。创新打造农村文化礼堂，以教育教化、乡风乡愁、礼仪礼节、家德家风和文化文艺"五进"文化礼堂为建设内容，丰富农民群众文娱生活。

（四）乡村公共文化服务体系实现乐民惠民育民

"硬件"建设和"软件"建设要有机结合，充分发挥文化乐民、文化惠民、文化育民作用，加快补齐基层综合性文化服务中心建设短板。到 2025 年，对已建成达标的，重在加强管理，提高使用效率；

对建成但没有达标的，重在查缺补漏，全面完成达标工作；对尚未建设的，因地制宜统筹规划建设，按时保质全面建成。以边疆文化长廊建设为重要抓手，推进城乡公共文化服务体系一体建设，加强应急广播体系建设，实施智慧广电建设工程，推进国门文化建设和数字公共文化建设，加大对脱贫地区、边境地区公共文化服务建设支持力度。积极创新基层公共文化服务阵地服务内容和形式，开展教育引导、生产发展、健康生活、文化娱乐等方面的对象化、分众化服务。针对农家书屋、农村电影放映、文化资源共享等与农村居民实际需求不完全相符、效果不够理想等问题，对基层各类现有资源进行科学评估，该调整归并的调整归并，该优化升级的优化升级，切实提高适用性和利用率。深入开展群众性文化活动，持续打造云南省新剧目展演、花灯滇剧艺术周、民族民间歌舞乐展演、少数民族文艺会演。持续开展"我们的中国梦　文化进万家""文化大篷车　千乡万里行""文化科技卫生'三下乡'""'云之南'民族团结艺术团慰问演出"等品牌文化活动，以文化人，寓教于乐。

（五）乡风文明建设主力军作用日渐凸显

党员、干部带头推进移风易俗，抵制陈规陋习，扎实开展高价彩礼、大操大办等重点领域突出问题专项治理。依据党内有关法规和制度，完善农村党员、干部带头移风易俗的规定，严格落实农村党员、干部操办婚丧喜庆等事宜报备制度。村党支部要组织全村党员和村民代表，参与细化村规民约，开展村规民约制修订，充实婚事新办、丧事简办、孝亲敬老等移风易俗内容，出台约束性措施，明确告诉农民群众提倡什么、反对什么，红白喜事等应该怎么操作、不该做什么，并带头率先垂范。

新乡贤是在情怀上心系乡土，在道德品行方面具有楷模示范作用，在资本人脉方面具有较好基础，在实践上能为乡村发展作出力所能及奉献的贤能人士。[①] 乡风文明建设推进过程中，要充分发挥新乡贤的文明乡风引领者、参与者和倡导者的作用。要充分利用其德高望重、公德心强的优势，为乡村治理出谋划策，协助政府引导群众，能大力发挥其柔性治理的功能。注重征求民意、集聚民智，充分调动农民参与精神文明建设的积极性主动性。注重发挥农村优秀基层干部、道德典型、乡村教师、文化能人、返乡创业人士等"新乡贤"在践行核心价值观中的示范作用、在乡村公共事务管理中的沟通协调作用、在和谐家庭邻里关系中的促进作用，以自己的言行展现乡村文化价值导向，强化与践行正确的价值理念和行为方式，进一步带动周围村民增强对乡村文化和文明的自觉自信。此外，还要加强乡村文化人才队伍建设。按要求配齐配强乡镇（街道）党委宣传委员、综合文化站工作人员、村宣传员，确保事有人干、责有人担。深入实施"三支一扶"计划，为基层及时补充乡村文化建设急需人才。在民族文化"双百"工程、"云岭文化名家工程"中适当增加优秀乡村文化人才名额，通过成立传习所、在职业院校开设相关专业等方式，大力培养传统文化传承人才和文化骨干。积极搭建平台、组织活动，让乡村文化队伍在实践中锻炼提高。

（六）优秀传统文化传承保护全面提升

深入实施农耕文化传承保护工程，持续加大对古镇、古村落、古建筑、民族村寨、文物古迹、革命遗址、农业遗迹的保护力度。深入挖掘民间艺术、民族服饰、民俗活动等非物质文化遗产，弘扬优秀农耕文化的时代价值，让有形的乡村文化留得住、传下去。

加强乡村数字化文化基础设施建设。通过建设具有当地文化特色

---

① 谭志满、罗淋丹：《乡村振兴背景下新乡贤参与民族地区乡风文明建设的路径》，《民族学刊》2022 年第 8 期。

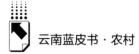
的数字化乡村文化馆、乡愁馆等，运用文字、图片、音频、视频等打造数字化乡村公共文化空间。建立当地的网络文化信息共享平台，让本村村民和外出工作、读书、生活的人们可以通过相关平台或公众号快速、及时地了解本村的文化生活，进一步增进文化情感和价值共识，坚定文化自信。

不断加强对农民的科学文化教育，培养一支懂文化、爱文化的农村优秀文化传承队伍。充分发挥乡村精英在乡村文化振兴中的作用。邀请老村干部、老党员、致富带头人、文化能人等每年定期为村里的青少年讲述村庄发展史、脱贫致富史，以及村规民约和村风民俗的历史变迁等。让青少年一代熟悉自己的村庄发展史及传统文化，提升其对乡村文化的自信和认同。

B.4

以生态宜居为目标建设美丽乡村

胡 晶　陈亚山*

摘　要：　党的二十大报告进一步提出"全面推进乡村振兴"，强调"建设宜居宜业和美乡村"，反映了广大人民群众对美丽家园的向往和对美好生活的期盼，是全面建设社会主义现代化国家的重要内容。云南省深入贯彻习近平生态文明思想，牢固树立和践行绿水青山就是金山银山的理念，加强乡村生态保护与修复，加快转变生产生活方式，打造生活环境整洁优美、生态系统稳定健康、人与自然和谐共生的生态宜居美丽乡村。通过建设"产业生态化、居住城镇化、风貌特色化、特征民族化、环境卫生化"的美丽宜居村庄。坚持尊重自然、顺应自然、保护自然，加大乡村生态保护与修复力度，建立健全良性保护和发展机制，发挥自然资源多重效益形成美丽经济，实现"生态美、百姓富"。

关键词：　美丽乡村　生态保护　宜居乡村

乡村生态宜居建设是乡村振兴的重要内容之一，具有重要的意义。第一，乡村生态宜居建设是提高农民生活质量的需要。随着城市化进程的加速，越来越多的农民选择到城市生活和工作，导致农村人口流失和老龄化问题日益严重。大力推进乡村生态宜居建设，可以提

---

* 胡晶，云南省社会科学院农村发展研究所副研究员，主要研究方向为乡村生态建设、农业农村绿色发展与乡村可持续发展。陈亚山，云南省社会科学院农村发展研究所副研究员，主要研究方向为贫困问题、乡村治理与可持续发展。

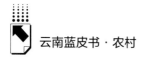

高农村的生活质量，吸引更多的农民回流乡村，促进农村人口的稳定和发展。第二，乡村生态宜居建设是保护生态环境的需要。乡村是生态环境的重要组成部分，乡村生态宜居建设可以促进农村生态环境的保护和修复，减少农村环境污染和生态破坏，保障农村可持续发展。第三，乡村生态宜居建设是促进城乡融合发展的需要。乡村生态宜居建设可以促进城乡之间的资源共享和互动，推动城乡一体化发展，缩小城乡差距，实现城乡共同繁荣。

一　大力推进乡村生态宜居建设

建设宜居宜业和美乡村，生态宜居是基础、是重点。云南省深入贯彻习近平生态文明思想，牢固树立和践行绿水青山就是金山银山的理念，以"两污治理"和"厕所革命"为抓手加大农村环境卫生基础设施改善，围绕生态安全屏障建设和生态环境治理加强乡村生态保护与修复，加快生产生活方式转变，通过实施"美丽乡村建设万村示范行动"示范带动打造了一批生活环境整洁优美、生态系统稳定健康、自然资源有效利用的生态宜居美丽乡村，农村生态安全屏障功能持续发挥，乡村人居环境明显改善，农业农村发展方式逐渐转变，构建起了人与自然和谐共生的乡村发展新格局，实现了生态美、百姓富的统一，为全面推动乡村振兴提供了有力支撑。

（一）示范带动引领乡村科学发展

云南省充分利用财政衔接资金，支持有条件、有需求的村庄根据自身特点和发展方向编制村庄规划，在摸清资源家底的前提下深入挖掘地方特色，通过科学规划明确了村庄发展方向和资源优化配置的关键所在，找到了村庄未来促进协调发展、增强竞争力、保障农民利益的乡村振兴路径。

1.强化村庄规划推动有序建设

2021年4月云南在全国率先开展"干部规划家乡行动"。中共云南省委组织部、云南省农业农村厅等8部门联合印发了《关于开展"干部规划家乡行动"的通知》,积极动员出生地或者生长地在云南本地的在外工作干部回到自己的家乡,利用三年时间,完成全省行政村、农村社区村庄规划编制,帮助巩固拓展脱贫攻坚成果,让"土生土长"的公职干部为家乡高质量发展尽心出力,接续推进乡村振兴战略。2022年7月云南省委、省政府印发《云南省推进乡村建设行动实施方案》,提出了云南省乡村建设的目标和重点任务,包括加强乡村规划建设管理、改善农村基础设施、整治农村人居环境、提升农村基本公共服务、加强乡村治理等方面。根据方案,各地搭建村庄规划综合服务平台,引导专家学者、大专院校、规划设计单位深入村庄一线,提供驻村技术指导。

2.挖掘特色推动村庄差异化发展

以传统村落和民族特色村寨保护工作为抓手,突出民族文化特色,推动农旅融合发展是云南省大力推进乡村生态宜居建设的又一重要举措。在村庄规划中,各地注重保护民族特色,传承民族文化,挖掘民族文化元素,打造特色民族村寨。一方面,出台《云南省人民政府办公厅关于加强传统村落保护发展的指导意见》,实施中国传统村落挂牌保护工作,并建立起省级传统村落数字化信息平台。截至2022年,云南省有708个中国传统村落,居全国第二位,还有280个省级历史文化名村名镇、1100个中国少数民族特色村寨。另一方面,云南省通过实施"一县一业""一村一品",打造一批特色农业产业村,推动村庄差异发展;通过打造一批特色小镇、田园综合体、生态农庄等,促进农业与旅游、文化、教育等产业融合发展。

3.分类推进提升乡村生态服务功能

云南制定出台了《云南省乡村振兴战略规划(2018—2022

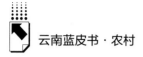

年）》，将乡村分为城郊融合型、集聚提升型、特色保护型、搬迁撤并型、守边固边型5种类型，针对不同类型村庄的特点，分类有序推进乡村振兴。

通过深入学习推广浙江"千万工程"经验，以乡村全面振兴推进美丽云南建设。大力实施乡村建设行动，推进农村生活垃圾、污水治理，加大农业面源污染治理力度，高质量整治提升农村人居环境。大力推进绿美乡村建设，坚持生态优先、绿色发展，让乡村从"一处美"变为"处处美"。加强农村重点领域公共基础设施建设，提升农村公共服务能力水平，不断开创城乡融合发展新局面。

（二）保护优先夯实乡村生态基础

通过加强自然生态系统保护、推进农村环境综合整治、加强农业面源污染防治、推进生态循环农业发展、加强生态文化建设等方面的工作，云南夯实了乡村生态基础。

1. 加强制度建设保障生态建设持续性

2018年制定的《云南省农村人居环境整治三年行动实施方案（2018—2020年）》，提出了农村"厕所革命"、农村生活垃圾治理、农村生活污水治理、村庄规划编制与管理等重点任务，全面提升农村人居环境。2019年出台的《关于努力将云南建设成为中国最美丽省份的指导意见》，提出了"生态美、环境美、城市美、乡村美、山水美"的目标，全面推进生态文明建设。2019年《云南省美丽乡村评定工作方案》下发实施，明确了美丽乡村评定的内容和标准，推动美丽乡村建设工作规范化、制度化。建立了农村人居环境整治成效"红黑榜"制度，定期对各州（市）农村人居环境整治工作进行评价，并将评价结果进行通报，激励先进，鞭策后进。2020年制定的《云南省创建生态文明建设排头兵促进条例》，对生态文明建设的目标、任务、措施等进行了明确规定，为云南省生态文明建设提供了法律保障。

2022 年 6 月 27 日发布的《云南省绿美乡村三年行动计划（2022—2024 年）》以乡村振兴为目标，以城乡统筹发展为方向，以农民为主体，以整治提升农村人居环境为标准，以推进乡村振兴"百千万"工程建设为抓手，大力开展乡镇、村庄绿化美化三年行动，推动生态产业发展，通过加快建设一批生态宜居宜业宜游美丽乡村，不断增强农民群众获得感、幸福感和安全感，为将云南建成全国生态文明建设排头兵提供了有力支撑。

2. 实施生态工程加强生态系统功能

为加强生态系统功能，云南省实施了以下重要的生态工程。

天然林保护工程：云南省自 1998 年开始实施天然林保护工程，对全省天然林进行全面保护。

退耕还林工程：云南省自 2000 年开始实施退耕还林工程，对坡耕地进行退耕还林，恢复和改善生态环境。

湿地保护工程：云南省自 2004 年开始实施湿地保护工程，对全省湿地进行保护和恢复。

石漠化综合治理工程：云南省自 2008 年开始实施石漠化综合治理工程，对石漠化地区进行综合治理，恢复和改善生态环境。

野生动植物保护及自然保护区建设工程：云南省自 2000 年开始实施野生动植物保护及自然保护区建设工程，对全省野生动植物进行保护和管理。

农村能源建设工程：云南省自 2006 年开始实施农村能源建设工程，推广农村沼气、太阳能等清洁能源，减少农村能源消耗对生态环境的影响。

生态公益林建设工程：云南省自 2009 年开始实施生态公益林建设工程，对全省生态公益林进行保护和管理。

这些生态工程的实施，有效地加强了云南省生态系统功能，促进

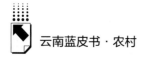

了生态环境的保护和修复，为云南省的可持续发展提供了有力的支撑。

3. 强化污染治理修复农村生态环境

云南省在强化污染治理、修复农村生态环境方面做了以下工作：

一是制定出台相关政策。随着《云南省"十四五"农村生活污水治理规划》《云南省农村生活污水治理攻坚三年行动方案（2023—2025年）》《关于开展农村生活污水治理试点的指导意见》等政策的出台实施，云南省进一步加强了对各地重点流域和坝区、山区、半山区等不同类型地区的农村生活污水治理工作的指导。

二是总结推广治理模式。例如牟定县采取"五个"聚焦，镇区村庄生活垃圾治理通过城乡一体化模式实现全覆盖；禄劝县因地制宜推进城乡、镇村一体化，加快农村生活垃圾治理；西畴县推动实施"5分钱"工程，推动乡村人居环境整治蝶变；麒麟区"以点带面、示范引领"，采取集中和分散相结合的方式推动镇区污水治理。

三是积极推动绿色发展。加强生态环境风险隐患排查化解，优化营商环境，为全面推进乡村振兴、加快农业农村现代化、建设美丽中国贡献力量。

4. 绿色发展发挥自然资源多重效益

一是优化国土空间开发保护格局，通过加强国土空间规划编制和实施，优化生产、生活、生态空间布局，加强生态保护红线、永久基本农田、城镇开发边界等空间管控。

二是加强自然资源保护与利用。加强对土地、矿产、森林、草原、水等自然资源的保护与利用，推动资源节约集约利用，提高资源利用效率。

三是推动绿色产业发展。通过积极推动绿色产业发展，加快发展生态农业、生态工业、生态服务业等绿色产业，促进产业结构优化升级。

四是加强生态环境保护修复。通过加强对生态环境的保护修复，推进山水林田湖草沙一体化保护和修复，加强生物多样性保护，提高生态系统质量和稳定性。

五是推动绿色生活方式。积极推动绿色生活方式，推广绿色建筑、绿色交通、绿色消费等，增强居民环保意识和绿色生活水平。

通过以上措施，云南省在促进绿色发展、发挥自然资源多重效益方面取得了一定的成效，为推动全省高质量发展提供了有力的支撑。

（三）建治并重改善农村人居环境

云南省在改善农村人居环境方面，除了设施建设，还形成了一些治理制度，包括：建立农村人居环境整治工作领导小组，明确职责分工，加强组织协调。制定工作方案，明确工作目标、任务和措施，加强工作指导。建立考核制度，对各地农村人居环境整治工作进行考核评估，加强工作监督。建立资金保障制度，加大资金投入力度，保障农村人居环境整治工作的顺利开展。建立宣传教育制度，加强对农村居民的宣传教育，增强他们的环保意识和参与意识。建立长效机制，加强日常管理和维护，确保农村人居环境整治工作的长期效果。

1. 推进"厕所革命"提升环境意识

云南省在推进"厕所革命"方面取得了显著成效。2018～2020年，通过农村"厕所革命"，新建改建农村无害化卫生户厕339.37万座、行政村村委会所在地无害化卫生公厕11194座，超额完成了原定的三年行动目标任务。[①] 2023年，云南省进一步加大了"厕所革命"的推进力度，截至2023年10月底，全省共改建完成农村卫生户厕42.18万座，完成自然村卫生公厕3468座，已提前完成2023年年

---

① 《云南省超额完成农村"厕所革命"三年行动目标任务》，中国政府网，https：//www.gov.cn/xinwen/2021-04/10/content_ 5598781.htm。

度农村厕所革命目标任务。[1]

2. 建强村镇基础设施加强污染治理

云南省将九大高原湖泊流域、饮用水源地保护区、以赤水河为重点的长江流域纳入优先治理区域，加快推进基础设施建设，加强村庄生活污水治理，加强运行管护。持续推行城乡一体化、镇村一体化和就地就近治理三种农村生活垃圾治理模式，建立完善农村生活垃圾收运处置体系，使得农村生活污水、垃圾治理水平稳中有升。

3. 完善长效机制促进可持续发展

云南省通过建立长效机制，推动农村人居环境整治工作常态化、制度化，进一步巩固整治成果，全面提升农村人居环境质量。

建立长效管护机制。通过实行乡干包村、村干包组、网格员包户制度，逐步建立完善有制度、有标准、有队伍、有经费、有监督的农村人居环境长效管护机制，推动农村厕所、生活污水、垃圾处理设施设备和村庄保洁等一体化运行管护。

建立监督奖惩机制。开展"随手拍"等活动，建立"日常督导、季度通报、年终考核"的监督奖惩机制，进一步激励各村组比学赶超、勇争一流，实现"人人监督人居环境"的良好氛围。

建立县、乡、村农村人居环境长效管护机制。将"门前四包"、自然村村庄保洁、公厕保洁等制度纳入村规民约中，每月评选并公示。

4. 强化科技赋能增强环境治理能力

云南省生态环境厅印发了《云南省生态环境科技创新三年行动计划（2023—2025 年）》，提出到 2025 年生态环境科技创新能力实现新提升的目标，并在高原湖泊及重点区域流域保护、大气污染防

---

[1] 《云南多模式推进农村厕所粪污处理利用》，云南省生态环境厅网站，https：//sthjt. yn. cn/ywdt/xxywrdjj/202312/t20231227_ 236580_ wap. html。

治、土壤污染防治等领域取得新进展。这些行动包括生态环境科技创新支撑行动，旨在支撑生态绿色高质量发展、污染防治攻坚战、生态安全屏障建设以及环境治理体系和治理能力现代化建设。[①]

5.注重公众参与凝聚环境治理合力

云南省在注重公众参与农村人居环境建设方面，主要采取了以下举措：第一，通过广播、电视、网络等媒体，广泛宣传农村人居环境整治的重要意义，增强农民的环保意识和参与意识。第二，组织开展各种形式的农村人居环境整治活动，如村庄清洁行动、美丽庭院创建等，引导农民积极参与。第三，建立激励机制，对积极参与农村人居环境整治的农民和村庄给予表彰和奖励，以提高农民的积极性。同时，加强监督，建立农村人居环境整治的监督机制，对工作进行监督和检查，确保工作落到实处。第四，通过引导村民自治，让村民参与农村人居环境整治的决策和管理，提高农民的参与度和责任感。这些举措，增强了农民的环保意识和参与意识，推动了农村人居环境整治工作的深入开展。

二 生态宜居美丽乡村建设成效明显

云南坚持"保护为先、治污为重、扩绿为基、转型为要、发展为本"的总体思路，围绕绿美乡村建设，不断筑牢西南生态安全屏障、夯实生态绿色本底。农村生态环境明显好转，人居环境显著改善，环境保护与治理能力进一步提升，农村整体面貌发生巨大转变，生态宜居的美丽乡村为乡村振兴奠定了坚实的环境基础。

[①] 《云南实施五大行动加快推进生态环境科技创新》，云南省生态环境厅网站，https：//sthjt. yn. gov. cn/ywdt/xxywrdjj/202401/t20240105_ 236662. html。

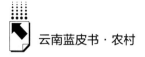

（一）乡村布局进一步优化

秉持"乡村振兴为农民而兴"理念，坚持规划先行和一张蓝图绘到底，云南省各地鼓励回乡干部、相关业务部门、农村群众、规划专业技术人员等为主的四类群体积极参与村庄规划工作，使规划接地气、看得懂、能实施。以红河州为例，坚持将美丽乡村建设作为"一把手"工程，形成州县两级书记牵头抓总、乡村基层书记主导推进、干部人才回乡规划、人民群众广泛参与的工作格局。通过"六个一"方式，全州摸排公职人员 19074 人，动员 9906 名干部回乡参与规划。坚持片区化、专题式、现场推做法，全州总结提炼出 4 类 16 个可推广可复制的村庄规划、建设典型案例。个旧戈贾、蒙自窑房、弥勒花口、绿春牛弄等村庄入选全省优秀村庄规划典型案例，建成云南省乡村振兴"百千万"工程示范乡镇 1 个、精品村 19 个、美丽村庄 140 个，建成省级绿美乡镇 13 个、绿美村庄 16 个和州市级绿美村庄 924 个①。

（二）乡村生态资源质量显著提高

1. 农业生态环境明显改善

全省通过大力推广测土配方施肥、有机肥替代、粪污还田利用，农作物病虫害统防统治和绿色防控等技术模式，化肥农药减量增效取得良好效果，大大改善了农业生态环境。乡村振兴战略实施以来，云南省的化肥施用总量从 2018 年的 217.37 万吨降到了 2022 年的 183.4 万吨，降低了 15.63%，高于全国平均降幅（10.16%）。亩均化肥施用量也从 2018 年的 21.03 公斤降到了 2022 年的 17.15 公斤，降低了 18.45%，同样高于全国平均降幅（12.32%），详见表 1。农业相关

---

① 《红河州共建宜居宜业和美乡村》，云南省人民政府网站，https：//www.yn.gov.cn/ztgg/jjdytpgjz/xwjj/202309/t20230915_ 285848.html。

部门每年组织技术培训 4000 余场次、30 万人次以上，提高农户科学施肥用药水平；开展畜禽粪污、农膜和秸秆等农业生产废弃物综合利用，提高回收利用率。2019 年以来，全省共组织实施秸秆综合利用重点县项目 58 个，安排中央资金 2.15 亿元，2021 年全省秸秆综合利用率达 90%。实施畜禽粪污资源化利用整县推进项目和绿色种养循环项目，推动畜禽规模养殖场废弃物处理利用配套设施建设，全省畜禽粪污综合利用率达 82%。开展废旧农膜回收试点工作，先后在 13 个州（市）的 43 个县（市、区）试点推广加厚高强度地膜 300 万亩，在 10 个州（市）的 22 个县（市、区）试点推广全生物降解地膜 50 万亩，全省地膜回收利用率达 83%[①]。2022 年，长江流域云南段实现化肥农药使用量零增长，畜禽粪污综合利用率达 82%、农膜回收率达 83.1%、秸秆综合利用率达 89% 以上，圆满完成国家下达的各项目标任务[②]。

表 1　2018~2022 年云南省和全国化肥施用变化情况

年份	农作物播种面积（千公顷）		化肥施用量折纯（万吨）		亩均化肥施用量（公斤）	
	全国	云南	全国	云南	全国	云南
2018	165902	6890.8	5653.40	217.37	22.72	21.03
2019	165931	6938.9	5403.60	204.03	21.71	19.60
2020	167487	6989.7	5250.7	196.7	20.9	18.76
2021	168695	7057.2	5191.3	187.3	20.5	17.69
2022	169991	7130.6	5079.2	183.4	19.92	17.15

数据来源：国家统计局官网，http：//www.stats.gov.cn/。

[①] 数据来源：《关于对政协云南省十三届一次会议第 0555 号提案的答复》，云南省农业农村厅网站，https：//nync.yn.gov.cn/html/2023/tianjianyibanli2023_0512/397098.html？cid＝5617。

[②] 数据来源：《对政协云南省十三届一次会议第 079 号提案的答复》，云南省农业农村厅网站，https：//nync.yn.gov.cn/html/2023/tianjianyibanli2023_0425/396663.html？cid＝5617。

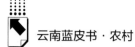

除此之外，2018 年以来，全省积极推动高标准农田建设，截至 2022 年底，全省共建成高标准农田 3449 万亩，占全省耕地面积 8093 万亩的 42.62%。农业生产条件明显改善，节水节肥节药效果明显，抗御自然灾害能力也显著增强，土地利用率和产出率大大提高，不仅大大提高了粮食产量，为全省粮食产量 10 连增稳定粮食产能做出了积极贡献。据统计，高标准农田建设项目区每亩可增收 200～300 元。高标准农田建设的有序推进，对保障粮食安全、增进人民群众福祉、促进高原特色农业现代化起到了明显推动作用①。

2. 林草资源质量稳步提升

全省划定生态保护红线面积 11.84 万平方千米，占全省面积的 30.9%。其中，生物多样性重要区域划入红线面积 6.53 万平方千米，占红线面积的 55.2%。划建 11 类 362 处自然保护地，占全省面积的 14.32%。国家重点保护野生动植物种数保护率分别达到 83% 和 77%。一方面，通过实施天然林保护、退耕还林、长江与珠江防护林体系建设、陡坡地生态治理、国家储备林基地建设等重点生态工程，深入开展全民义务植树，森林资源总量实现快速增长，生态环境持续改善。2016～2020 年，全省森林覆盖率由 59.30% 提高到 65.04%，森林面积从 2273.56 万公顷增加到 2493.58 万公顷，森林蓄积量从 18.95 亿立方米增加到 20.67 亿立方米。森林资源总量、质量全面提升，森林面积、森林蓄积量均位居全国第二。森林生态系统涵养水源、水土保持、固碳释氧、净化大气环境、生物多样性保育等服务功能显著增强。另一方面，通过实施退牧还草、退耕还草、退化草原生态修复等工程，草原生态系统得到有效保护。截至 2020 年，全省实施草原禁牧面积 2731 万亩，草原综合植被盖度达 78.9%，高于全国平均水平

---

① 《对政协云南省十三届一次会议第 402 号提案的答复》，云南省农业农村厅网站，https：//nync. yn. gov. cn/html/2023/tianjianyibanli2023_ 0803/399417. html？cid＝5617。

22.9 个百分点，草原生态恶化势头得到初步遏制，草原生态质量得到改善①。相关研究显示，云南省草原通过光合作用固定的碳汇当量每年为 1885.44 万吨，相当于抵消全省碳排放量的 22.91%，"绿色碳库"总价值每年达 712.35 亿元。云南省草原生态系统生态效益总价值每年为 4979.58 亿元，相当于 2019 年全省 GDP 的 21.46%②。

3. 流域生态环境明显改善

云南省出台了九大高原湖泊保护条例，推动依法治湖，并通过完善立法保护九大高原湖泊，实现"一湖一条例"。泸沽湖水质稳定保持 I 类，洱海、程海、阳宗海、抚仙湖水质保持稳中向好，滇池、星云湖、杞麓湖、异龙湖富营养化水平持续降低。2010～2020 年，全省以小流域为单元，通过实施水土保持重点工程，共治理 560 条小流域，治理水土流失面积 45.15 万公顷。截至 2020 年，全省水土流失面积较 2011 年减少 0.89 万平方千米、减幅达 8.12%。"十三五"期间，云南省新增水土流失治理面积 2.56 万平方千米。各级水利部门完成国家水土保持重点工程建设 255 件，投入资金 18.42 亿元；完成水土流失治理面积 3164 平方千米；发展改革、财政、自然资源、农业农村、林草等部门以天然林保护、退耕还林（草）、防护林建设、土地整治、石漠化治理等项目为重点，完成水土流失治理面积 20552 平方千米；鼓励、支持和引导民间资本积极参与水土流失治理，完成治理面积 1837 平方千米，水土流失治理成

---

① 数据来源：《云南省重要生态系统保护和修复重大工程总体规划（2021—2035 年）》，云南省林业和草原局网站，https：//lcj.yn.gov.cn/html/2021/fazhanguihua_1202/64715.html。

② 数据来源：《云南率先在南方省区完成全省草原生态服务功能评估》，云南省林业和草原局网站，https：//lcj.yn.gov.cn/html/2021/zuixindongtai_0607/62819.html。

效显著①。2022年地表水环境质量监测，长江流域（云南段）201个国控、省控地表水监测断面（点位）水质优良比例为83.6%，较2021年（79.6%）提高4个百分点；劣Ⅴ类比例为1%，较2021年（2.5%）下降1.5个百分点②。此外，自2008年以来，全省共65个县实施了石漠化综合治理工程，通过实施林草植被恢复、坡耕地整治与修复、小型水利水保配套工程建设等措施，石漠化土地扩张趋势得到了有效遏制。2016年岩溶地区第三次石漠化监测结果与2011年第二次石漠化监测结果相比，石漠化土地面积减少48.80万公顷，年均减少9.76万公顷③。

（三）农村人居环境明显改善

1.农村环境基础设施全面改善

2019~2022年，省级共投入财政奖补资金48.42亿元用于农村"厕所革命"（其中中央资金23.29亿元，省级资金25.13亿元）。从2022年2月开始，又持续开展农村厕所问题排查整改"回头看"，对农村改厕中存在问题进行再排查、再梳理、再整改。2022年全省共改造建设完成农村卫生户厕47.7万座，常住户100户以上规模较大自然村、九大高原湖泊和赤水河流域自然村卫生公厕4042座，顺利完成全年目标任务。截至2022年底，全省行

---

① 数据来源：《云南省重要生态系统保护和修复重大工程总体规划（2021—2035年）》，云南省林业和草原局网站，https：//lcj. yn. gov. cn/html/2021/fazhanguihua_1202/64715. html。

② 数据来源：《对政协云南省十三届一次会议第079号提案的答复》，云南省农业农村厅网站，https：//nync. yn. gov. cn/html/2023/tianjianyibanli2023 _ 0425/396663. html？ cid＝5617。

③ 数据来源：《云南省重要生态系统保护和修复重大工程总体规划（2021—2035年）》，云南省林业和草原局网站，https：//lcj. yn. gov. cn/html/2021/fazhanguihua_1202/64715. html。

政村均达到了 1 座以上卫生公厕全覆盖，九大高原湖泊流域自然村卫生公厕已基本全覆盖，农民群众的如厕环境及条件得到明显改善①。

"两污"处理方面，云南省率先研发了农村生活污水治理信息管理系统，依托信息系统组织各地完成 4 轮农村生活污水现状底数调查。排查显示：全省 13262 个行政村、128253 个自然村，农村人口约占全省总人口的 48.95%。从人口规模看，自然村平均人口规模 300 人，其中 400 人以下的自然村占 80%左右，100 人以下的自然村占 20%左右。从分布区域看，山区、半山区村庄约占 83%，坝区村庄约占 17%。从区域生态环境敏感性看，非生态环境敏感区村庄约占 83%，生态环境敏感区村庄约占 17%。基本建立全省农村生活污水"现状底数清单""治理任务清单""问题设施清单"。同时印发《云南省"十四五"农村生活污水治理规划（2021—2025 年）》，指导 129 个县（市、区）制定县域农村生活污水治理专项规划并印发实施，规划明确农村生活污水治理"路线图""施工图"，以规划为引领，优先治理"九湖"和赤水河流域，重点治理集中式饮用水水源保护区、黑臭水体集中区域、城乡接合部和乡镇政府所在地的周边村庄、中心村和旅游风景区，分区分类施策，分期分批实施，梯次开展农村生活污水治理。截至 2023 年 3 月底，全省农村生活污水治理率达 40%。2016 年以来，全省争取中央农村环境整治资金 135563 万元，其中，92271 万元纳入涉农资金切块下达贫困县，43292 万元按照项目法支持中央项目储备库项目。2022 年省级财政积极争取中央预算内基建投资、筹措安排省预算内基建投资共计 6.98 亿元，推进各地"两污"处理设施项目建设。截至 2023 年 5 月，全省乡镇镇区

① 数据来源：《对政协云南省十三届一次会议第 13010198 号提案的答复》，云南省农业农村厅网站，https://nync.yn.gov.cn/html/2023/tianjianyibanli2023_0423/396571.html？cid=5617。

和村庄生活垃圾处理设施覆盖率分别达 78% 和 59%，乡镇镇区生活污水处理设施覆盖率达 53%[①]。

2. 农民环境保护意识明显增强

2022 年云南省召开新闻发布会通报全省农村生活污水治理工作情况，发布会通报内容显示，各地在推进农村生活污水治理中通过制作农村生活污水治理宣传片、动漫小视频，发放《云南省农村生活污水治理宣传册》等手段，图文并茂、通俗易懂地向广大农民群众宣传农村生活污水来源、乱排的危害、收集与处理、资源化利用原因、资源化利用方式、设施运行维护及节约用水等知识，大大促进了社会各界、群众共同参与农村生活污水治理，极大增强了农民群众的环境保护意识。在大理洱源县郑家庄村，当地村民对环境的保护已经逐渐变成自觉自愿的下意识行为。尽管有专门的保洁人员打扫卫生，但是整洁的村庄道路和清澈的村间流水还是促使村民们不仅做到自觉清理门前垃圾，而且会主动打扫没能及时清理干净的公共区域。

3. 农村环境治理能力全面提升

针对当前农村改厕技术指导不到位、施工不规范，部分农村公厕"建而不管、建而不用"等突出问题，云南省深入开展了农村改厕技术服务专项行动、农村公厕管护提升专项行动，加强指导农户提高厕所改建技术，做好后期管护，特别是不断提升农村公厕管护水平，坚持"先建机制，后建公厕"，确保公厕干净卫生、正常使用、长效管护。2023 年以来，省级组织开展线上和现场培训 4 期，各级共培训改厕指导员 3.67 万人次，做到县（市、区）级培训全覆盖。"两污"治理上，印发《关于进一步加强农村生活垃圾收运处置体系建设管理和做好乡镇镇区生活污水治理工作的通知》，持续推行城乡一体

---

① 数据来源：《对政协云南省十三届一次会议第 0288 号提案的答复》，云南省农业农村厅网站，https：//nync. yn. gov. cn/html/2023/tianjianyibanli2023_ 0524/397461. html？cid＝5617。

化、镇村一体化和就地就近治理三种农村生活垃圾治理模式，建立完善农村生活垃圾收运处置体系；印发《云南省农村生活垃圾处理技术指南》，加大各地建设小型化、分散化处理方式的技术指导。依托供销合作社网点在环卫清运网络覆盖的县城和部分乡村，探索再生资源回收利用网络与环卫清运网络"两网融合"，逐步建立废弃物资统一回收和集中处置体系。在全面调研、总结推广农村生活污水治理"牟定经验"的基础上，以规划为引领，分区分类施策推进治理，初步提出"纳管、集中或分散治理、资源化利用"三种模式，制定印发《云南省农村生活污水治理技术指南》，研究制定《云南省农村生活污水资源化利用技术指南》，对城镇周边的村庄生活污水采取就近纳入城镇污水管网统一处理；生态环境敏感区域的村庄，按照相关处理标准要求建设集中或分散式收集处理设施治理农村生活污水，鼓励处理后的尾水进行资源化利用；对居住分散、干旱缺水的山区、半山区的村庄，鼓励采用人工湿地、稳定塘、"小三格+大三格"化粪池等治理模式治理农村生活污水，达到相关标准后，就近就地用于农田、果园、林地灌溉等[1][2]。以环境治理为突破口，积分制、清单制、网格化体系等一系列制度创新不仅使得环境保护工作实现常态化、制度化，同时也大幅提升了农村村民参与社会治理的积极性和能力[3]。

---

[1] 《对政协云南省十三届一次会议第 019 号建议的答复》，云南省农业农村厅网站，https：//nync. yn. gov. cn/html/2023/tianjianyibanli2023_ 0425/396657. html？cid＝5617。

[2] 《对政协云南省十三届一次会议第 13010198 号提案的答复》，云南省农业农村厅网站，https：//nync. yn. gov. cn/html/2023/tianjianyibanli2023_ 0423/396571. html？cid＝5617。

[3] 邰晋亮：《云岭新村焕新颜》，云南省农业农村厅网站，https：//nync. yn. gov. cn/html/2023/yunnongkuanxun-new_ 0227/395050. html。

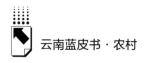

三　乡村生态宜居建设面临的挑战

云南省为推进和美乡村建设，印发了关于宜居宜业和美示范村创建的指导意见。宜居宜业和美示范村的创建，将有助于云南省提升农村住房功能，改善农村居住条件，提高基础设施完备度、公共服务便利度、人居环境舒适度，打造有形、有感、有效的宜居宜业和美示范村。云南省在推进乡村生态宜居建设过程中面临的主要挑战有以下几个方面。

（一）自然生态系统稳定性不够、质量不高

森林草原生态系统稳定性差。部分地区森林质量不高、结构不合理、以次生林为主，纯林比例大，林分退化问题突出。草原底数不清，过度利用导致部分草原退化严重，生态功能不强。石漠化和水土流失严重。全省石漠化面积304.3万公顷，其中，中重度以上石漠化面积159.7万公顷，石漠化治理形势依然严峻。全省水土流失面积为10.07万平方千米，占全省面积的25.56%，是全国水土流失最严重的省份之一。生态风险隐患依然存在。森林草原火灾、极端灾害天气、地质灾害、有害生物、外来物种入侵等易对局部生态系统造成毁灭性破坏，防治和应对难度大。

（二）高原湖泊生态系统保护恢复难度大

云南省高原湖泊多属断陷型湖泊，水源补给主要依靠大气降水和汇水区形成的地表径流。九大高原湖泊汇水面积小，来水主要靠降雨地表径流补给，补给区集雨面积小，入湖河道源短流少，湖面蒸发量较大，湖泊水位不同程度下降。湖泊水体交换周期长，自净能力弱，抗干扰和自我修复能力不强。九大高原湖泊流域人口负荷大、围湖开

发强度大，农业面源污染严重、入湖河流水质差，环湖截污治污不彻底、清污混流现象较为普遍，清水入湖难。输入物质在湖泊中积聚，污染负荷增加，污染控制难度大，水体富营养化治理难度大、成本高。湖泊生态环境受到破坏，九大高原湖泊中仍有 5 个湖泊的水质达不到国家Ⅲ类水标准。

（三）生态保护和修复系统性不足

生态保护理念仍有差距。准确把握山水林田湖草沙作为生命共同体的内在机理和规律还不足，对"生态是统一的自然系统，是相互依存、紧密联系的有机链条"认识不到位，征服自然、改造自然的传统思维仍然较重，落实整体保护、系统修复、综合治理理念和要求还有差距。从"要我保护"向"我要保护"认识转变有较大差距。生态系统修复体制机制有待完善。统筹山水林田湖草沙一体化保护和修复的项目管理与制度体系尚不完善，部分生态工程建设目标、建设内容和治理措施相对单一，从全局高度和系统角度统筹不足，没有按照生态要素系统谋划项目，各自为战、各管一摊，甚至顾此失彼的现象仍然存在，系统规划、整体施策、部门联动、协调推进的综合保护治理体系和体制机制框架尚未形成。生态保护支撑能力有待提升。自然生态和生物多样性监测监管能力仍然较弱，森林草原防火基础设施水平、外来物种防控能力仍然不高。生态保护和修复治理技术及模式单一，部分自然生态系统修复的主要机理和核心技术尚未取得突破。技术研发与成果转化、适用技术推广应用不够广泛，对生态保护和修复工程建设的科技支撑作用不足。生态建设长期依赖政府投入，社会资本进入意愿不强，投资渠道较为单一，资金投入整体不足。

（四）生物多样性保护压力依然较大

珍稀濒危物种保护形势严峻。部分物种栖息地（生境）被侵占

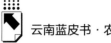

或破坏，种群数量下降和生境恶化的趋势没有得到有效缓解和控制。部分极小种群野生植物和大型野生动物的绝灭风险加大。人与动物的矛盾冲突不断，动物肇事造成人身伤亡和财产损失逐年上升。外来物种入侵威胁大。据《云南省外来入侵物种名录（2019 版）》，云南省外来入侵物种 441 种 4 变种，其中 Ⅰ 级恶性入侵类 33 种，Ⅱ 级严重入侵类 82 种，云南省已成为我国外来生物入侵威胁最严重的地区之一①。

针对这些挑战，云南省正在积极采取措施，加强基础设施建设，加大环境污染治理力度，增加资金投入，引进人才，加强文化传承等，以推进乡村生态宜居建设。

四　发展展望

云南省将全面贯彻党的二十大精神，深入贯彻习近平总书记关于"三农"工作的重要论述和考察云南重要讲话精神，坚持以人民为中心的发展思想。在完整、准确、全面贯彻新发展理念的基础上，将聚焦"农村基本具备现代生活条件"的目标，继续推进乡村振兴战略，努力实现"产业兴旺、生态宜居、乡风文明、治理有效、生活富裕"的总要求。

云南省已经制定并实施了一系列乡村振兴、生态宜居建设的战略规划和行动方案。《云南省乡村振兴战略规划（2018—2022 年）》明确提出全面实施"美丽乡村建设万村示范行动"，促进全省生态宜居美丽乡村建设。《云南省农村人居环境整治提升五年行动实施方案（2021—2025 年）》设定了到 2025 年农村人居环境显著改善的目标，

---

① 《云南省重要生态系统保护和修复重大工程总体规划（2021—2035 年）》，云南省林业和草原局网站，https：//lcj. yn. gov. cn/html/2021/fazhanguihua_ 1202/64715. html。

包括农村卫生厕所覆盖率、生活污水处理率等具体指标。这些政策和规划的实施，为乡村生态宜居建设提供了明确的指导方向和行动指南。未来工作中，云南省将注重推进农村人居环境整治提升，推动城乡融合发展，加快宜居宜业和美乡村建设，促进农村生态资源质量进一步优化，农村生态环境全面改善，生态环境系统功能总体提升，农村发展方式绿色转变，农村经济真正实现高质量发展。

云南省正积极推进和美乡村建设，展望前景非常光明。为此，建议继续增加财政支持，改善农村基础设施、公共服务和环境质量，同时吸引更多的人才和投资。支持特色产业发展，以促进农村经济增长，提高农民的收入水平和生活质量，推动农村就业。同时，加强人才培养计划，提升农民的技能和素质，以提高农业生产效率和创新能力，推进社会和经济的进步。特别地，还要加强环境保护和生态修复工作，提高农村的环境质量，确保可持续发展，进一步加强生态文明建设。相信在各方的共同努力下，云南将实现农村生态资源质量进一步优化，农村生态环境全面改善，农村生态环境系统功能总体提升，农村发展方式绿色转变，农村经济高质量发展。

B.5
以乡村善治为方向推动乡村治理有效

吴云梅　郭　慧*

摘　要：　社会稳定是发展的基础，离开了稳定，任何发展都无法进行。活力是发展的前提，缺乏活力就缺乏创新的源泉和发展的动力。乡村要振兴，必须建立在乡村社会秩序稳定又充满活力的基础之上。近年来云南围绕加强农村基层党组织建设；促进党组织领导的自治、法治、德治有机结合；加大数字化、智能化技术提升乡村治理能力；推进全国乡村治理示范村镇和乡村治理体系建设，经过多年的努力，云南乡村基本形成以党组织领导的自治、法治、德治相结合的乡村治理体系。平安乡村建设取得明显成效，各民族交往交流交融的广度和深度不断拓展，民族关系亲密融洽，乡村发展态势渐好。虽然还面临不少挑战，但是云南的乡村治理将会在已建立善治格局的基础上朝着提升社会治理效力的方向持续完善。

关键词：　乡村善治　社会稳定　农业农村现代化

基层社会治理有效是乡村振兴战略中的重要组成部分，是乡村振兴的基层基础，是固本之策。《云南省乡村振兴战略规划（2018—2022年）》提出到2022年云南省要初步构建起现代乡村治理体系，

---
* 吴云梅，云南省社会科学院社会学所研究员，博士，主要研究方向为法律社会学、社会治理。郭慧，云南省统计局信息景气中心管理七级职员，副高级统计师，主要研究方向为社情民意调查、统计法治建设。

也就是中国共产党领导的，坚持自治、法治、德治相结合，共建共治共享的乡村善治格局。善治的本质特征在于政府与公民对公共生活进行合作管理，体现了国家与公民的新型关系，与我国要打造的党委领导、政府主导、社会协同、公众参与的共建共治共享社会治理格局十分契合。在善治理论视角下，自治、法治和德治的不同元素恰巧与善治所要求的参与、责任、法治等要素相耦合。为了构建现代乡村治理体系，推进乡村治理有效，云南省自 2018 年以来，通过加强农村基层党组织建设，促进自治、法治、德治有机结合，加大智治支撑，开展乡村治理试点和示范村镇创建，以及推进民族团结进步示范创建五个方面系统推进乡村善治，取得了显著成效。

一 系统推进乡村善治

云南坚持系统推进乡村善治，构建现代乡村治理体系。2019 年云南省根据《中共中央办公厅国务院办公厅印发关于加强和改进乡村治理的指导意见》制定了相应的任务清单，把乡村治理 18 项重点任务分解为 53 项具体措施，逐项明确牵头部门、配合部门及落实单位。还印发了《中共云南省委农村工作领导小组办公室关于建立加强乡村治理体系建设省级联席会议制度的函》，建立了乡村治理工作协同运行机制，构建了党委领导，部门分工负责，统筹推进、协调配合的工作格局。在坚持系统推进，主动探索乡村治理创新做法的同时，积极学习借鉴省内外探索运用的务实管用的典型方式，并推广到全省各地，推动完善党组织领导的自治、法治、德治相结合的乡村治理体系。

（一）加强农村基层党组织建设

云南省委、省政府专门出台了《关于提升党建引领基层治理能力的意见》，成立云南省党建引领基层治理工作领导小组，高位推动党建引领基层治理工作。在领导小组下设有乡村治理工作组，负责党建引领乡村治理工作，从健全组织体系、加强带头人队伍建设、加强党员队伍建设、强化责任与保障四个方面加强农村基层党组织建设。同时云南各地结合实际，创新党建引领乡村治理方式方法，涌现出一批务实管用的党建引领治理模式。

1.健全组织体系

建强乡村基层党组织。云南省印发《关于持续深化抓党建促巩固拓展脱贫攻坚成果提升乡村振兴组织化程度的若干措施》等文件，常态化整顿软弱涣散基层党组织。在村"两委"换届选举中加大工作力度，提高村委会主任和村党组织书记"一肩挑"的比例。全面推行村级组织"大岗位制"，调动村级干部积极性。印发《关于全面推行村级组织"大岗位制"的通知》，对村干部定岗、定责、定酬，激励干事创业，2023年县级已完成"大岗位制"摸排及实施方案制定工作。

全省推行村级"小微权力清单"制度。印发《云南省保留的村（居）民委员会出具证明事项清单》，进一步减轻基层负担。根据云南省农业农村厅数据，到2023年，云南省各地运用设立小微权力清单、"党务村务财务"公开目录、村级事务清单、公共服务事项清单、审批服务事项清单、负面清单的村数占比达到95.29%。

2.加强带头人队伍建设

推进农村"领头雁"培养工程，加强村（社区）党组织书记队伍建设。2020年，云南省委组织部下发农村"领头雁"培养工程工作方案①，在全省部署开展选优配强村（社区）党组织书记专

---

① 《围绕决战脱贫攻坚进一步深化农村"领头雁"培养工程　我省开展选优配强村（社区）党组织书记专项行动》，云南省人民政府网站，2020年4月26日，https：//www.yn.gov.cn/ztgg/jjdytpgjz/xwjj/202004/t20200426_203051.html。

项行动。全覆盖分析研判村（社区）"两委"班子成员履职情况，按程序及时调整不能有效履职的班子成员，对新任村（社区）党组织书记，实行"导师帮带"制度，通过集中培训、"一对一"结对帮带、"手把手"帮带等措施帮助提升其履职能力。

实施"归雁"工程，回引农村优秀人才。自2018年起，云南在推进农村"领头雁"培养工作中，就启动实施了农村优秀人才回引计划，依托乡镇青年人才党支部发现、培养和储备村级后备力量。经过前期实践，2022年开始全面实施乡村人才"归雁"工程，持续回引农村致富带头人、外出务工经商人员、高校毕业生、退役军人等优秀人才返乡创业①。

实施"耕耘者"振兴计划，培养乡村治理骨干和新型农业经营主体带头人队伍。"耕耘者"振兴计划是首个全国性的政企合作农民培训项目，由农业农村部主导、腾讯公司具体出资共同实施。于2022年4月启动实施，计划实施期为三年（2022~2024年）。2022年，云南省完成线上培训3期298人次，线下培训3期281人次。2023年，云南省完成线下培训13期1264人次。

3. 加强党员队伍建设

加强农村党员发展、教育、管理、监督、服务、关爱帮扶等工作，激励引导党员不忘初心、奋力担当作为。注重发挥无职党员的作用，推行无职党员设岗定责、依岗承诺、志愿服务、积分管理等，推动农村党员在乡村治理中发挥先锋模范作用。无职党员设岗定责是指对未担任村组干部、具有履职能力的农村党员设立岗位，明确职责，并按程序上岗履职的制度。岗位根据各地的情况设立，有的设置思想教育类、经济发展类、公共事务类、民主监督类、文明创建类五种；

---

① 《"引雁归巢"助力乡村振兴　云南的做法亮了!》，云南网，2022年4月15日，https：//m. yunnan. cn/system/2022/04/15/032027868. shtml。

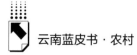
有的设置思想政治类、矛盾化解类、生态环保类、孝老爱亲类四大类。

4.强化责任与保障

推动全面从严治党向纵深发展、向基层延伸。强化乡村基层组织运转经费保障。实施村级集体经济强村工程，开展村级经济"擂台比武"，营造比学赶超浓厚氛围。2019年云南省委组织部、省财政厅、省农业农村厅联合印发《关于坚持和加强农村基层党组织领导深化村级集体经济强村工程的通知》，推动全省范围内5000余个行政村发展壮大村级集体经济。截至2022年5月，云南省共筹措中央和省级财政资金25.5亿元用于支持5101个村集体经济发展壮大[①]。

（二）促进自治法治德治有机结合

自治、法治、德治"三治"结合是乡村治理体系中的关键环节。党的十九大提出要健全自治、法治、德治相结合的乡村治理体系，十九届四中、五中全会又进一步提出要完善党领导的自治、法治、德治相结合的城乡基层治理体系，反映出自治、法治、德治"三治"结合在乡村治理体系中占有重要地位。乡村治理现代化不能依赖单一的方式和机制，必须有机结合自治、法治、德治三种治理方式和机制，以自治为基础、法治为根本、德治为先导系统应对乡村社会问题。

1.坚持自治为基

完善农村民主选举制度。云南省委、省政府高度重视2021年的村（社区）"两委"换届工作，精心组织谋划，成立由省委书记担任组长的全省换届工作领导小组高位统筹推进。省级层面研究出台村（社区）"两委"换届政策文件和群团组织换届、集体经济组织换届、人选资格联审等系列配套文件，形成"1+8"的村级组织换届政策体系，明确

---

① 云南省农业农村厅提供数据。

列出候选人资格条件"不准、不宜"负面清单和村（社区）"两委"成员任职近亲属回避情形。编印下发工作指导手册，明确选举程序和选举方式，制定工作流程图，细化关键环节操作流程和参考样本，形成村（社区）"两委"换届工作"一本通"。各地村（居）民选举监督委员会全程监督村（居）委会换届选举，全省累计派出 2.4 万个工作组 8.5 万人对重点地区驻点督导，全程护航换届全程。

创新村民议事形式，规范村务公开和村务监督。根据地方特色建立"村民说事"制度，创新"火塘会、院坝会"，"家话"制度，"吹哨报到机制"，发挥五老队伍作用，形成多层次基层协商格局。修订完善《云南省村务公开和民主管理暂行办法》，进一步规范村务公开，实现村务事项事前、事中、事后全过程公开。在已经普遍建立村务监督委员会的基础上，印发《关于建立健全村务监督委员会的实施意见》，进一步明确了村务监督的内容包括农村精神文明建设情况、建设文明乡风、执行村民自治章程和村规民约情况、妥善处置违规违约行为以及村组干部廉洁履职和作风情况等。

修订村规民约。2018 年正式启动新一轮村规民约修订完善工作，明确修订完善的主要内容和程序。目前，全省所有村委会已普遍建立或修订了村规民约。

推进爱心超市、积分制度等创新试点建设，激励村民自治热情。从 2017 年开始积极探索实践"积分制"试点工作，试点类型包括由民政部门牵头开展精准低保"积分制"、由乡村振兴部门牵头建设"积分制""爱心超市"、由组织和宣传部门牵头开展以党建促基层治理"积分制"、开展以农村人居环境整治为主要内容的"积分制"以及村级集体经济、农民专业合作社收益分配"积分制"试点。据云南省农业农村厅平台数据统计，2023 年云南省运用"积分制"的村占比为 52.66%。

培育发展农村社区社会组织，加强农村社区工作者队伍建设。

2021年云南省民政厅印发《培育发展社区社会组织专项行动实施方案（2021—2023年）》，要求各地把社区社会组织培育发展工作纳入城乡社区治理总体布局，加强农村社区社会工作人才队伍建设，每个县（市、区）至少选取3个基础较好的农村社区开展农村社区社会组织培育发展试点，争取到2023年，让社区社会组织成为居民参与社会治理的有效载体。第一批全国乡村治理体系示范点的安宁市借助社区、社会组织、社工"三社联动"丰富村民议事协商形式，培育了634个城乡社区社会组织。全省社会工作人才中，4.54万人直接在农村服务[1]。

2. 坚持法治为本

开展形式多样的乡村法治宣传教育。深入实施"八五"普法规划，加强宪法宣传周、民法典宣传月、全民国家安全教育日等主题宣传活动，开展群众性法治文化活动，加大基层法治文化阵地建设力度，不断丰富群众学法渠道。加强乡村"法律明白人"和农村学法用法示范户培育，夯实乡村普法根基。持续开展"法制宣传固边防"活动，将法治宣传教育与强边固防等工作结合起来。通过建立"少数民族妇女维权中心"、组建"国门警花服务队"、开设"法治夜校"、开展"车轮普法"等一系列措施，延伸边境地区法治宣传的触角[2]。依托"万名政法干警进万村"活动，建立起党委政法委和政法单位分级挂联、领导包片、干警联户到人的常态化普法工作机制。在普法强基补短板专项行动中突出农村这一重点区域，聚焦重点区域和对

---

① 《"云南这十年"系列新闻发布会·巩固脱贫攻坚成果和乡村振兴专场发布会》，云南省人民政府网站，2022年9月5日，https：//www.yn.gov.cn/ynxwfbt/html/2022/zuixinfabu_0902/4935.html。

② 《推动法治乡村建设提质增效 助力更高水平法治云南建设——专访云南省司法厅党委书记、厅长茶忠旺》，云南长安网，2023年8月29日，http：//www.yncaw.gov.cn/html/2023/xjsdsmjxd-xlft_0829/111132.html。

象，分类施策，提升普法的针对性和实效性。运用"五用工作法"（用民族干部、民族语言、民族文字、民族节庆、民族文化）开展法治宣传。实施"双语"普法人才培养工程，加强双语普法教材的供给，开办《民语亮典》等双语栏目，组建5000余支法治文艺宣传队，推动民族文化与法治文化相互交融。

探索建立乡镇（街道）综合执法平台。全面覆盖组建乡镇（街道）综合行政执法队，推进执法重心下移和执法端口前移。2023年，云南公布了《云南省乡镇（街道）行政职权基本目录（2023年版）》《云南省赋予乡镇（街道）部分县级行政职权指导目录（2023年版）》，梳理了法律法规规章等明确授权由乡镇（街道）行使的86项职权，县级部门可以下放给乡镇（街道）的142项行政职权。加强乡镇（街道）综合行政执法队伍建设，实体化组建乡镇（街道）综合行政执法队伍，配备与执法任务相适应的人员力量。

建立健全多元乡村矛盾纠纷化解机制。全省村（社区）均建立人民调解委员会。统筹抓好"矛盾纠纷定期排查、分析研判、协同化解、法治宣传"四项机制落实，年均调处化解矛盾纠纷20余万件，95%以上的矛盾纠纷在基层得以解决。州（市）、县（市、区）、乡镇（街道）三级综治中心建设达100%。推动综治中心、大调解中心、信访接待中心、网格化服务管理中心等平台融合，推动社会治理和服务重心向基层下移。推进"一站式"矛盾纠纷调解中心建设，把人民调解、行政调解、司法调解、其他社会组织等平台进行融合，确保矛盾纠纷"一窗受理、一站办理"。

建立健全覆盖乡村的公共法律服务体系。建成覆盖全省州（市）、县（区）、乡镇、村居的四级公共法律服务实体平台。打造了"云南智慧公共法律服务云平台"，统筹推进12348公共法律服务热线、12348云南法网、公共法律服务实体平台数据和服务方式深度融

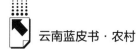
合。加强律师、公证、司法鉴定、仲裁、基层法律服务、法律援助等服务资源整合并主动向农村地区延伸，持续推进"全业务"一站式覆盖、"全资源"一站式共享。积极开展云南省法律服务行业"乡村振兴　法治同行""强边固防法治同行"等专项行动，在乡村依法自治、基层法治创建、集体产业发展、农村土地流转、帮扶政策落地等各个领域提供法律服务，全省已实现"一村（居）一法律顾问"全覆盖①。

加强基层法治村示范创建。加大"民主法治示范村（社区）"创建力度，通过典型示范带动法治乡村建设，教育引导农村干部群众办事依法、遇事找法、解决问题用法、化解矛盾靠法。截至2022年，已开展5批"云南省民主法治示范村（社区）"的评选工作，开展9批"全国民主法治示范村（社区）"的评选推荐工作。

3. 坚持德治为先

深入开展"听党话、感党恩、跟党走"宣传教育活动。多部门联合制定印发"听党话、感党恩、跟党走"宣传教育活动实施方案，成立宣讲指导组和宣讲团，突出云南特色，讲述习近平一以贯之关注农业、关心农村、关爱农民的生动细节，重点讲述习近平总书记给沧源佤族自治县班洪乡、班老乡边境村老支书们的回信和习近平总书记对怒江"两次回信、一次会见"的故事，教育引导各族群众发自内心感党恩、感恩总书记，坚定不移听党话、跟党走。

持续推进新时代文明实践工作。云南129个县（市、区）实现新时代文明实践中心（所、站）建设全覆盖。各地以新时代文明实践中心（所、站）为阵地，深入学习宣传贯彻习近平新时代中国特色社会主义思想，弘扬社会主义文明新风尚，弘扬中华民族传统美

---

① 《推动法治乡村建设提质增效　助力更高水平法治云南建设——专访云南省司法厅党委书记、厅长茶忠旺》，云南长安网，2023年8月29日，http：//www.yncaw.gov.cn/html/2023/xjsdsmjxd-xlft_0829/111132.html。

德，并通过常态化开展文明实践志愿服务，推动文明实践深入人心。

推广运用先进评选活动，建立道德激励约束机制。以文明村镇创建为牵引，组织开展文明家庭、十星级文明户、好妯娌等精神文明创建评选，发挥先进典型的示范引领作用。截至 2021 年，全省共创成全国文明村镇 178 个、省级文明村镇 1049 个，县级以上文明村镇总数超过 72%。全国文明家庭 21 户，省级文明家庭 231 户。到 2023年，全省农村开展"星级文明户""红黑榜""最美家庭"等评比方式推动乡村有效治理的村数占比为 84.37%。

培育新乡贤文化，发挥新乡贤作用。云南省在全国率先开展"干部规划家乡行动"，动员出生地或者生长地在云南本地的在外工作干部回到自己的家乡，利用三年时间，完成全省行政村、农村社区村庄规划编制，让"土生土长"的公职干部新乡贤参与到家乡的乡村振兴中①。到 2023 年，有超过 10 万名公职人员回乡参与规划，共计开展了 10000 余个行政村规划编制并完成阶段性工作。除了轰轰烈烈的干部规划家乡行动，云南各地还积极探索新乡贤参与乡村治理的多种模式。曲靖市麒麟区、富源县自 2019 年起利用乡贤熟悉基层、德高望重、时间灵活的优势，将一些涉及婚姻、抚养、借款等乡贤能够胜任、适合调解的民事纠纷案件交给乡贤，积极吸收乡贤参与人民调解，从源头上减少诉讼增量②。麒麟区建立乡贤列席村（社区）重要会议、参与重大项目和重大活动、与镇（街道）纪（工）委书记定期见面等制度，强化了乡贤对"三重一大"决策、执行民主集中制、

① 《走遍千山万水后，云南 10 万余干部为何又选择回乡？》，云南省乡村振兴局网站，2023 年 2 月 8 日，http：//ynxczx.yn.gov.cn/html/2023/zhenxingyaowen_0208/7021.html。

② 《乡贤好帮手提出"金点子"架起"连心桥" 云南曲靖推行乡贤参与村社平安法治建设》，中国长安网，2021 年 1 月 21 日，http：//www.chinapeace.gov.cn/chinapeace/c100061/2021-01/21/content_12441585.shtml。

"三资"管理等村级事务的监督，引导新乡贤发挥村级事务监督员、政策法规宣传员、矛盾纠纷调解员、民情民意收集员、乡风文明领航员、地方发展助推员作用。昆明、文山、玉溪等地开展新乡贤表彰活动，引导广大群众见贤思齐，传播文明乡风，营造浓厚的乡贤文化氛围。

集中开展移风易俗重点领域突出问题专项治理。将10月确定为移风易俗主题宣传月。利用新时代文明实践中心、县级融媒体中心、村广播、村宣传栏等各类阵地加强正面宣传，积极选树宣传移风易俗先进典型，开展宣讲、培训、巡演等活动，采用传统曲艺等农民喜闻乐见形式宣讲移风易俗政策，对高价彩礼、大操大办等农村移风易俗突出问题开展专项整治，加强农村精神文明建设。

4. 完善提升网格化服务管理体系

在总结各地实践经验的基础上，云南省印发了《中共云南省委关于完善提升全省城乡网格化服务管理工作的实施意见》，在全省范围内根据村社区规模合理划分网格单元。农村一般以村民小组为单位划分网格，基层再结合实际研究建立网格点或微网格（五到十户）。把村（社区）内的各类网格统一整合成"一张网"，打造"全科网格"，提升网格化服务管理规范化水平。所有职能部门需要依托网格开展的业务工作，均纳入村（社区）已有网格管理。原则上1个网格设立1个党支部（党小组），1个网格配备1名专职或专责网格员，进行日常巡查走访、社情民意收集、矛盾纠纷排查、突发事件报告等工作。截至2022年6月，全省网格化服务管理实现全覆盖，全省共划分网格39.2万个，配备专（兼）职网格员56.7万人，有效夯实了社会治理"底座"①。

---

① 《"云南这十年"系列新闻发布会·省委政法委专场发布会》，云南省人民政府网站，2022年6月13日，https：//www.yn.gov.cn/ynxwfbt/html/2022/zuixinfabu_0613/4689.html。

（三）加大"智"治支撑

智慧党建提升基层党建水平。云南省 2020 年启动"智慧党建"三年行动计划，成为全国率先在省级层面推进"智慧党建"探索实践的省份。智慧党建将党建工作与互联网技术相融合，创造出集"党务+政务+服务"三位一体，电视、电脑、手机"三屏互动"的基层党组织"云岭先锋"综合服务平台，实现了综合服务平台县、乡、村三级网络全覆盖、平台全覆盖。研发了集党务、政务、资讯和服务功能于一体的移动网络应用平台"云岭先锋"手机 App，不仅提升了党员干部学习教育效果，为基层党建工作减负增效，还拓展了便民服务功能，为群众提供 60 多种便民事项，延伸和拓展党服务群众的功能，增强了基层党组织的凝聚力。

智慧乡村治安防控系统为平安乡村提供数字化保障。多地探索依托"雪亮工程"建设，安装联网摄像头和智能大喇叭，融入千里眼综合安防、云广播、数字管家等信息系统，为乡村治安防控提供数字化保障。如双柏县独田乡深度整合"雪亮工程""应急广播"等工程并升级改造，搭建了涵盖党建信息平台、"一部手机治理通"、"12345"服务热线、综治信访、村（社区）集体"三资"提级监督等服务的独田智慧综治指挥中心。独田乡在全乡范围内建设了 55 套"云广播"、176 路高清视频监控、2 套人脸车牌识别系统、6 套语音警戒监控，实现全乡所有自然村重点道路、果园农场、鱼塘水库、养殖场监控探头 100% 全覆盖，打造出网上网下融合、人防物防技防结合、打防管控一体的社会治安防控信息平台。

智慧"云调解"化解群众矛盾纠纷。云南外出务工人员多，边远山区群众矛盾纠纷化解成本高，调解优质资源分布不平衡。为了适应新时代、新形势下的调解工作，及时高效化解人民群众日常矛盾纠纷，云南依托网络视频、"智慧人民调解·云智调"系统、"云解纷"

网络智能平台等新手段新载体，创新在线调解、视频调解、微信调解等法律服务，开展"互联网+调解"，使人民群众足不出户就可以调解化解矛盾纠纷①。

智慧服务平台联通政府和群众。开发利用各类"共治通""一部手机办事通"等 App，推广使用"政府救助平台"和"一部手机办低保"，为群众提供便民政务服务事项网上办、掌上办，让信息多跑路，群众少跑腿。如玉溪市大营街社区党总支书记、主任颜伟就在微信小程序"大营街"内接到社区居民郭女士的"点单"，称家门口的窨井盖坏了。作为社区综合治理网格长的颜伟，立即用小程序通知网格员，不到半小时，这条反馈就显示"已办结"，并配上了新窨井盖的"上岗"工作照。与此同时，这条信息也经过"玉溪共治通"App 上传至玉溪市党建引领市域社会治理智能化信息中心，记录在案②。到 2022 年，"政府救助平台"和"一部手机办低保"平台累计受理 22.8 万多件救助申请，对 13.3 万户 43.2 万人次实施救助，让困难群众申请救助"不出户、不求人""求助有门、受助及时"③。

公共法律服务机器人发挥公共法律服务惠民功能。除了 12348 云南法律服务网、"云南掌上 12348"微信公众号等公共法律服务渠道之外，还在各乡村投放"乡村法治通"公共法律服务机器人，方便群众通过线上查询办理各类法律服务。截至 2022 年，全省铺

---

① 《推动法治乡村建设提质增效 助力更高水平法治云南建设——专访云南省司法厅党委书记、厅长茶忠旺》，云南长安网，2023 年 8 月 29 日，http://www.yncaw.gov.cn/html/2023/xjsdsmjxd-xlft_ 0829/111132.html。

② 《"一枚印章管审批""服务最后一公里"……云南玉溪平安建设不断取得新成效》，中国长安网，2022 年 4 月 12 日，http://www.chinapeace.gov.cn/chinapeace/c100061/2022-04/12/content_ 12616053.shtml。

③ 《"云南这十年"系列新闻发布会·巩固脱贫攻坚成果和乡村振兴专场发布会》，云南省人民政府网站，2022 年 9 月 5 日，https://www.yn.gov.cn/ynxwfbt/html/2022/zuixinfabu_ 0902/4935.html。

设"乡村法治通"公共法律服务机器人 1.7 万台,实现村(社区)全覆盖。

(四)开展乡村治理试点和示范乡镇创建

以全国乡村治理示范村镇和乡村治理体系建设试点示范工作为抓手探索乡村治理新做法。截至 2023 年,云南省共有 9 个示范乡(镇)、90 个示范村获得国家认定授牌。云南省安宁市、西畴县、沧源县三个县(市)入列首批 115 个全国乡村治理体系建设试点示范试点。至 2022 年底 3 个试点县(市)已圆满完成试点任务,探索出了一批具有云南特色的乡村善治的新路子、新模式,形成了一批可复制、可推广的好经验好做法。

安宁市探索出了党建引领城乡互促共建的新路子,增强了党建活力。村党组织书记、主任 100% 实现了"一肩挑",首创村组干部"四级二十四档"职级补贴体系,村党组织书记月平均补贴水平居全省前列,显著加强了党组织统领作用。积极培育社会组织,初步构建了社区、社会组织、社工"三社联动"的良好格局。推动农村志愿服务制度化常态化,构建了市级、街道、村(社区)、服务团体、服务小组五级志愿者队伍管理框架,开展了一批具有特色的志愿服务主题活动,增强了村民自治活力。广泛开展农村公益文化活动,深化拓展新时代文明实践创建工作,推动新时代文明实践中心建设持续走在全省前列,提升乡村德治水平。首创党建指挥中心,形成"一家建,多家享"的智慧城市管理新模式。

西畴县发扬"等不是办法,干才有希望"的"西畴精神",高位推动乡村治理试点工作,成立了以县委书记、县长为组长的领导小组,下设"政治、自治、法治、德治、智治"五个工作专班。把试点县建设纳入党建工作目标考核内容。以政治为方向、以自治为中心、以法治为保障、以德治为手段、以智治为拓展推动乡村治理

"五治融合"。首创提升乡村人居环境卫生的"5分钱"工程被列为六小创新做法在全省推广。矛盾纠纷排查化解"四诊疗法"成为全国乡村综合治理试点单位第三期交流活动会议发言案例。"十有十强""村民说事"等经验在全县推广。幸福超市和"一章一卡"制度推动村民更好地实现自我管理、自我监督和自我服务。

沧源县突出"心向总书记、心向党、心向国家"、党建引领边疆民族地区高质量发展、最具特色强边固防和铸牢中华民族共同体意识"四个示范"目标。紧抓"党建领航",开展组织强边行动,打造全覆盖边疆党建格局,建立党员"边境安宁"责任区,建立"五户联防、十户联保"邻里守望治理微圈,铸牢边境维稳防线。在统一导向推进试点工作的同时,按照"讲好一个故事、突出一个主题、侧重一项内容"的方式,在全县10个乡镇选取24个自然村作为县级示范点。发掘了龙乃村感恩共产党的"铸魂"经验、"县乡村组户人"六级网格管理体系、"五户联保、十户联防"守望相助网格体系等一批具有沧源特色边疆民族地区乡村治理经验。

(五)开展民族团结进步示范区创建

"努力成为我国民族团结进步示范区"既是党和国家交给云南的重大政治任务,也是云南在系统推进乡村善治时的有机组成部分。为推动民族团结进步,云南先后印发并施行《云南省民族团结进步示范区建设条例》《云南省民族团结进步示范区建设条例实施细则》《云南省建设我国民族团结进步示范区规划(2021—2025年)》文件。连续实施民族团结进步"十县百乡千村万户"示范引领建设工程。挖掘利用特有民族文化、生态环境资源,发展壮大特色民居保护建设和特色产业发展,保护和发展优秀民族文化,保障少数民族合法权益,促进民族团结社会和谐。培养高素质少数民族人才队伍,全面提高民族事务治理能力和水平。加快推进民族宗教工作法治化、规范化水平，妥善处理民族宗教关系，依法保障民族团结进步。2022年5月开始实施"石榴红"工程、"枝繁干壮"工程和各族青少年交流计划、各族群众互嵌式发展计划、旅游促进各民族交往交流交融计划。通过一系列民族团结进步示范区创建工作，云南紧密团结各族群众，铸牢中华民族共同体意识，创造民族团结、社会和谐的良好基础。

二 乡村善治推动治理有效

云南省乡村治理有效的四个层面主要是：现代化治理体系构建层面、平安建设效果层面、民族团结进步创建层面、农村自身发展层面。

（一）党领导的"三治"结合治理体系基本形成

乡村治理是否有效要看是否构建了我国提出的现代化乡村治理体系。治理有效不能脱离我国提出的现代乡村治理体系而存在。乡村治理必须是在党领导下的自治、法治、德治"三治"结合乡村治理体系下实现治理有效。《云南省乡村振兴战略规划（2018—2022）》也提出了有关乡村治理的目标，即到2022年，"以党组织为核心的农村基层组织建设明显加强，乡村治理能力进一步提升，现代乡村治理体系初步构建"。因此，党领导下的自治、法治、德治相结合的乡村治理体系基本形成就是乡村治理要达到的第一个有效目标。

云南农村基层党组织领导能力进一步加强，党在农村的执政基础进一步夯实。截至2021年2月底，全省14570个村（社区）党组织、14573个村（居）民委员会全面完成换届选举，均一次性选举成功。截至2021年3月22日，全省7.78万个村（居）民小组党支部换届选举、17.84万个村（居）民小组干部推选、村级配套组织换届选举全面完成，全省村（社区）"两委"换届选举工作圆满完成。参与换届的5929个村级集体经济组织，由党组织书记通过法定程序担任负责人的 5699 个，占比 96.12%。14573 个村（居）务监督委员会中，由党组织纪检委员（纪委书记）担任主任的 14564 个，占比 99.94%。2022 年，全省村（社区）党组织书记和村（居）民委员会主任"一肩挑"比例达到 98.71%①。党在城乡基层的领导得到了有力加强。

群众自治热情有所提升，自我管理和自我服务的经济基础更加坚实。在 2021 年的换届选举中，党员、群众的参选热情明显高涨，农村致富带头人、回乡大中专毕业生、外出务工返乡人员、退役军人等竞选村（社区）干部的积极性高，95.62 万名党员、2971.1 万名选民参选，参选率分别达到 93.54%、92.38%②。云南全省已有 13034 个行政村集体经营净收入超过 5 万元，基本实现了村村都有稳定的集体经济收入③。村民开展自我管理和自我服务的经济基础更加坚实。截至 2022 年 2 月底，云南已有 2800 余个行政村开展了集体经济帮扶救助工作，帮扶资金累计超过 3000 万元，受益群众 2.2 万人次④。

法治基础形成。全省共创建成"全国民主法治示范村（社区）"129 个、"省级民主法治示范村（社区）"845 个，还有州（市）级民主法治示范村（社区）3690 个，创建命名县（市、区）级民主法

---

① 《云南省"十四五"城乡社区服务体系建设规划》，云南省人民政府网站，2022 年 4 月 26 日，https：//www. yn. gov. cn/ztgg/yhyshj/zccsydhb/cxqyfz/202303/t20230308_ 255916. html。

② 《全省村（社区）"两委"换届选举工作圆满完成——选好"领头雁"开启乡村振兴新征程》，云南日报，2021 年 4 月 16 日，https：//yndaily. yunnan. cn/html/2021-04/16/content_ 1410022. htm? div=-1。

③ 郜晋亮：《激活发展潜力 蓄能乡村振兴——云南壮大村级集体经济纪实》，农民日报，2022 年 6 月 9 日，https：//szb. farmer. com. cn/2022/20220609/20220609_001/20220609_ 001_ 1. htm。

④ 郜晋亮：《激活发展潜力 蓄能乡村振兴——云南壮大村级集体经济纪实》，农民日报，2022 年 6 月 9 日，https：//szb. farmer. com. cn/2022/20220609/20220609_001/20220609_ 001_ 1. htm。

治村（社区）7471 个①，对推进基层民主法治建设起到了较好的示范引领作用。已培育 7 万余名乡村"法律明白人"和 11101 户农村学法用法示范户，在提高农村群众法律知识和法治意识的同时，形成了一支"群众身边不走的"普法队伍。

道德激励约束机制基本建立。到 2023 年，全省农村开展"星级文明户""红黑榜""最美家庭"等评比方式的村数占比为 84.37%。全省范围内广泛开展先进典型选树宣传，传递了榜样的力量，弘扬了社会正气。

（二）平安乡村建设成效显著

乡村治理是否有效要看是否实现了社会平安稳定。构建现代乡村治理体系，打造共建共治共享的乡村善治格局的最终目标是实现乡村社会和谐有序。因此，社会治安稳定、社会关系和谐、群众安全感满意度较高必然是乡村社会治理有效的体现。

乡村治理有效地促进了平安乡村建设。安宁市开展全国乡村治理体系示范试点建设以来，截至 2022 年，安宁市总警情、刑事案件、治安案件同比分别下降 7.61%、11.43%、8.25%。群众安全感满意度明显上升。西畴县近年来刑事发案率不到 1.5%，有 1583 个村民小组连续 10 年矛盾不出村、645 个村民小组连续 10 年不发案，形成了"发案少、秩序好、乡风文明、社会稳定、群众满意"的"西畴新现象"②。

---

① 《云南深化"民主法治示范村（社区）"创建工作助推乡村振兴》，民主与法制网，2021 年 9 月 30 日，http：//www. mzyfz. com/html/2175/2021-09-30/content-1522524. html。

② 《西畴县：党建引领"五治"融合走出乡村善治之路》，畴阳先锋，2022 年 8 月 4 日，https：//mp. weixin. qq. com/s? _ _ biz = MzAwMzc0ODkzOA = = &mid = 2651389295&idx = 3&sn = 4d47bff3bac0d3bea50d054d7b28c254&chksm = 80ca 384ab7bdb15c0caeeb497c7ede00fab1c9b3ed1b826eefcefa07be0dffe701b62bc67e4a& scene = 27。

沧源县刑事案件数量持续下降。丽江市古城区金安镇在推动自治法治德治三治融合发展的过程中，做深做细自治机制和矛盾纠纷调处机制，取得了辖区内未发生一起命案，未发生一起群体性上访事件，被丽江市评为"平安乡镇"的好成绩。红河州开远市乐白道街道办事处阿得邑村以前各种矛盾纠纷突出，开展三治融合乡村治理之后，近三年没有发生过一起村民上访、恶性斗殴事件。武定县狮山村也自开展乡村治理以来全村矛盾纠纷调解率达98%，无刑事案件和治安案件发生，村民幸福指数居全县之首。诸如此类的村庄变化还有很多。

多地的平安建设情况获得了国家级认可。玉溪市、大理州2021年被评为平安中国建设示范市。西山区、石林县、水富市、麒麟区、马龙区、施甸县、蒙自市、鹤庆县、古城区、德钦县、福贡县等11个县（市、区）被授予平安中国建设示范县（先进县）。玉溪市、楚雄州、大理州、水富市、蒙自市、古城区、德钦县先后被授予平安中国建设最高荣誉"长安杯"。

农村群众安全感和满意率不断提升。根据云南省统计局进行的第三方测评，人民群众对全省法治建设综合满意率从2019年的92.41%上升到2022年的97.77%。其中，农村群众法治建设综合满意率从2019年的89.77%上升到2022年的96.99%，提升了7.22个百分点[1]。群众安全感综合满意率从2019年的95.33%上升到了2022年的96.03%，其中，农村群众的安全感综合满意率从2019年的93.89%上升到了2022年的95.24%[2]。

---

[1] 《推动法治乡村建设提质增效　助力更高水平法治云南建设——专访云南省司法厅党委书记、厅长茶忠旺》，云南长安网，2023年8月29日，http://www.yncaw.gov.cn/html/2023/xjsdsmjxd-xlft_ 0829/111132.html。

[2] 云南省统计局提供数据。

（三）民族团结进步创建不断深入

云南乡村治理是否有效要看各民族是否相互团结，民族关系是否亲密融洽。这是具有云南特色的治理有效的指标。云南是全国世居民族最多、特有民族最多、跨境民族最多、自治地方及实行区域自治民族最多的省份。2022 年 25 个世居少数民族人口为 1563 万人，占全省总人口三分之一①。各民族之间团结进步，民族关系亲密融洽是云南社会保持和谐稳定最重要的基础，因此，也应是乡村治理有效的体现之一。

民族团结进步示范区建设成效显著。截至 2021 年，云南成功实施三轮民族团结进步"十县百乡千村万户"示范引领建设工程，打造了 36 个示范县、301 个示范乡镇、4083 个示范村（社区）。2022 年启动第四轮"十县百乡千村万户"示范引领工程。11 个州（市）和 84 个单位被命名为全国民族团结进步示范州（市）和示范单位。创建了 102 所民族优秀文化教育示范学校，建设 85 个民族传统文化生态保护区、29 个少数民族特色乡镇、780 个少数民族特色村寨②，促进了各民族文化传承保护和创新交融。各民族交往交流交融的广度和深度不断拓展，各民族互嵌式社会结构正在形成，全省民族人口分布格局持续向"大流动、大融居"深化，越来越多的民族群众进入城市就业创业、安居定

---

① 《中共云南省委"中国这十年·云南"主题新闻发布会举行》，云南省纪委省监委网站，2022 年 7 月 21 日，http：//www. ynjjjc. gov. cn/html/2022/toutiao_0721/111190. html。

② 《谱写新时代民族团结进步事业发展新篇章》，云南省人民政府网站，2022 年 10 月 14 日，https：//www. yn. gov. cn/ztgg/jdbyyzzsjzydfxfyqj/gcls/yw/202210/t20221014_248806. html。

居①。全省城镇流动人口中少数民族占到 72%②。春节、中秋节、泼水节、火把节等，已成为各族人民共同的节日。

（四）乡村发展态势渐好

现代化乡村治理体系有效推进了云南乡村的发展，从乡村治理的典型案例变化中可以窥见一二。临沧市双江县勐勐镇闷乐村以前环境卫生工作只靠组长一个人单打独斗领着干，很多群众不注重环境卫生，不服从管理，村里到处是垃圾。近年来，闷乐村积极实践党建引领，自治、法治、德治"三治"结合的乡村治理，探索出了"党总支+美城环卫+监督管理员+保洁员+农户"五位一体的环境卫生管理机制，调动群众的积极性和主动性，让曾经脏乱差的闷乐村成为吸引游人的旅游村。在推进乡村善治的过程中，宣威市东山镇八大河村委会村党总支针对耕地产出率低、劳动力外出、土地撂荒严重等问题，采用"党支部+合作社+农户"模式，成立菜籽油加工厂和特色种养专业合作社，带领群众一起走产业富村路。在党支部带领下，全村产业蓬勃发展，村民收入增加，村级集体经济收入稳定在 20 万元左右。文山州砚山县六掌村曾经是一个多民族的山区贫困村，2014 年贫困发生率超过 49%，曾经长期存在"脏乱差"的问题，后经过几年的乡村治理探索，成了县内外小有名气的环境卫生整治明星村，成为全国 998 个乡村治理示范村之一。这些典型案例的变化都说明乡村治理现代化建设促进了乡村的发展，云南的乡村治理已初见成效。

---

① 《石榴花开彩云南　示范建设结硕果》，中共云南省委统一战线工作部网站，2022 年 12 月 7 日，http://www.swtzb.yn.gov.cn/tzyw/mzgz/202212/t20221207_1083343.html。

② 《一个民族都不能少》，瞭望周刊社网站，2023 年 6 月 17 日，http://www.xinhua-net.com/politics/leaders/2023-06/17/c_1129701731.htm。

三 乡村社会治理存在的问题

云南乡村治理取得明显成效的同时仍然面临不小的挑战。乡村社会空心化问题严峻、村民仍然缺乏自治意识、德治创新机制的作用有限等问题制约着云南乡村社会治理体系的完善和能力的提升。"数智"平台重复建设则在造成资源浪费的同时加大了基层的负担。

（一）乡村社会空心化

人是社会治理中最核心的要素，既是治理的主体也是治理的客体。云南省在创新乡村治理方式，推进乡村治理体系现代化的过程中，面临的第一个严峻问题就是乡村社会的空心化问题。为了稳就业、保就业，提高农民收入，云南连续多年把农村劳动力转移就业作为省政府"10 件惠民实事"之一。外出务工成为云南省农民就业的重要方式。2022 年云南农民工总量突破千万，达到 1010.6 万人，增长 4.8%，增幅高出全国 3.7 个百分点①。然而，农民工数量的增长在保障了农村人口就业和收入的同时，也不可避免地给乡村治理带来了严峻的挑战。在省内多地开展基层社会治理调研时，当地村干部最常反映的问题就是"大部分年轻人出去打工了，不在家"。有的甚至举家搬到了外地生活，常年不回家。如楚雄某村辖区有 1129 户，但家庭主要劳动力在外务工的就有 746 户。这给云南的乡村治理带来了非常严峻的挑战。

一是导致乡村治理创新缺乏实施的关键主体。农村大部分年轻人都外出务工，乡村治理的主体缺失了最有活力和能力的青壮

---

① 《2022 年云南就业形势稳中向好 农民工规模首次突破千万》，云南省人民政府网站，2023 年 3 月 7 日，https：//www.yn.gov.cn/sjfb/sjtj/202303/t20230307_255805.html。

年群体，留守的老人和孩子对乡村治理参与积极性不高，能力不足，导致基层干部负担重，治理创新缺乏实施的主体，公共活动难以开展。

二是弱化了乡村治理可利用的资源。大量青壮年长期在外生活，逐渐与本地社会生活和社会关系相脱节，社会文化容易出现断裂，社会关系容易弱化，原有社会治理的文化资本和社会资本逐渐消解，减少了乡村治理可利用的资源。

三是成为乡村治理面临的新型社会问题。外出务工人员因长期在外生活，与村庄的联系很少，生活中的艰难、不如意，以及积累的矛盾很难纳入本地社会治理体系的关爱和排查中。在为数不多的返乡时间里，受到各地不同环境和思想影响的村民聚在一起，又可能因缺少共同生活而出现认知和思想上的冲突，进而发展为矛盾纠纷，成为乡村治理需要解决的新型问题。如一位村干部所说的："外面打工的人多，这部分人不好排查（婚姻矛盾纠纷），但是实际上发生矛盾纠纷的多半是在外打工的这部分人。"①

（二）自治意识仍然不足

村民自治是现代化乡村治理体系的重要基础。村民自治包括村民参加民主选举、民主决策、民主管理、民主监督。当前，云南省通过出台政策，面向村社区干部定向招聘乡镇（街道）公务员和事业单位工作人员，开辟村委会干部"晋升"公务员、进事业单位的渠道，有效地调动了村社区干部干事创业的积极性，也提升了村民参加村委会选举的热情。然而，这个环节的村民自治十分有限。只是少数年轻且符合条件的村民积极参与，绝大部分村民的自治热情仍然难以调动。而且不少经选举成为村委会干部的村民并不真正理解村委会干部

---

① 2023 年 7 月 18 日访谈记录。

作为自治组织领头人的责任，也缺乏带领村民实践自我管理、自我教育、自我服务、自我监督的意识。有的一上任就给自己明确了奋斗目标，即在任几年，满足了报考公务员和事业单位工作人员的资格之后参加定向招考，实现身份跃迁。在这样的目标导向下，村委会成了乡镇人民政府的延伸，工作内容主要局限于完成"上级"下派的任务，而缺少对村庄发展的整体谋划和干事创业的魄力，难以发挥带领村民提升村民自治活力的"领头雁"作用。

不仅村委会干部的自治意识不足，广大村民的自治意识也很缺乏。各地在开展治理创新时，面临的主要问题之一就是"群众主体地位不够凸显，村民参与村级事务的积极性激发不够"[①]。笔者在开展村民社会治理意识调查过程中，曾询问村民两个问题。一是"如果需要你做村民代表参与商量大小事情，你愿意吗？"二是"你希望自己成为村民代表吗？"[②] 大部分受访者对第一个问题回答"比较愿意"，但是对第二个问题却回答"不希望"。问其原因，得到的回答大概是"如果要我去做倒也可以，但要我自己的话（主观上），不想去"。这说明很多村民的思想依然在"要我干"的状态，距离"我要干"还存在不小的差距。

（三）德治创新的作用受限

正面宣传、先进评比、选树典型是当前德治创新的通常做法，其中又以"红黑榜"为乡村治理中的主要创新做法。"红黑榜"这一创新的初衷是通过张榜宣告的形式把新时代所倡导的道德观念和道德规

---

① 《云南省协调推进乡村治理体系建设工作情况》，云南省农业农村厅提供资料。
② 每个问题设置五个选项。第一个问题的五个选项是：非常不愿意、不太愿意、无所谓、比较愿意、非常愿意。第二个问题的五个选项是：非常不希望、不希望、无所谓、希望、非常希望。

范具象化①，利用乡村熟人社会的舆论压力纠正不符合规范的行为，宣传符合社会规范的行为，从而达到确认和弘扬主流道德标准的作用。然而，"红黑榜"在实践中却面临诸多尴尬问题，导致发挥德治教化的作用有限。

一是"红黑榜"易引发热议，需要谨慎开展。陕西一村庄在公示"红黑榜"时在黑榜中公示一人，被评价为"无妻儿老幼，平日无所事事，小农意识，追求较低，脱贫致富愿望不强，自身发展动力不足，懒惰思想严重"，由此引发网友热议和新闻媒体的关注。特别是当了解该"黑榜"上的村民是因同样理由重复上榜之后，网友更是认为"黑榜"作为一种带有羞辱性的公示惩戒手段需要审慎使用，"上纲上线"的上榜理由可能给当事人带来心理伤害，让激励适得其反②。

二是云南乡村治理实践中"红黑榜"所涵盖的行为规范极其狭窄。在笔者所调查过的四地州六县市十多个村中，虽然制度上明确规定"红黑榜"的公示依据是村民履行村规民约的情况，但是几乎所有"红黑榜"的评选都围绕着村民房前屋后环境卫生是否干净整洁这一项内容。在公告形式上也是采取多种方式尽量避免可能引起的麻烦。有的为了避免引发村民的反对，以村小组为单位在行政村公告"红黑榜"。"红黑榜"上不出现村民的名字，取而代之的是整个村小组的名字。有的只张贴环境卫生不达标的照片，比如没有收拾整齐的柴火垛，没有打扫的垃圾，而不公布对应村民的名字。这样狭窄的范围和隐晦的形式不可避免地削弱了"红黑榜"这一创新做法所期望

---

① 池建华：《道德"红黑榜"与"三治结合"乡村治理体系的健全》，《农业经济问题》2019 年第 9 期，第 46~53 页。

② 杨瑞雪：《"致富愿望不强"，上黑榜有用吗？》，农民日报，2023－02－04，https：//szb. farmer. com. cn/2023/20230204/20230204 ＿ 001/20230204 ＿ 001 ＿ 8. htm；金芮宏：《用"黑榜"激励后进村民，考虑应该更细些》，人民号网站，2023－02－04，https：//rmh. pdnews. cn/Pc/ArtInfoApi/article？id＝33776307。

实现的德治教化效果。

三是群众对"红黑榜"的知晓度、关注度远不如预期。笔者在开展村民社会治理意识调查过程中询问群众"你们村是否有'红黑榜'制度",本意只是作为后两题"你支持'红黑榜'制度吗""你认为'红黑榜'制度对推动把你们村治理好能发挥多大作用"的前置筛选条件。但是却意外地发现大部分受访者的第一题回答居然是"没有"或者"不知道",需要调查员向其解释什么是"红黑榜"制度才能继续回答下面两个问题。即使是在运用了"红黑榜"做法的村,这种情况也大量存在。

担心引发不必要的负面关注,难以把握"红黑榜"具体工作的细节,导致"红黑榜"实际运用时覆盖范围过于狭窄,村民的知晓度和关注度也较低。这些都严重影响了"红黑榜"作为德治创新的作用和效果。

（四）各类"数智"平台重复建设

开发和推广运用各类小程序、App、互联网平台等"数智"平台是当前乡村治理中实现"智能支撑"的主要工作方式和手段。然而,各政府部门往往根据自己的需要开发不同的"数智"平台,一定程度上出现了重复开发的问题,不仅容易浪费资源,割裂各渠道信息,还会为了推广运用而增加基层负担。云南省永善县在推广运用"一部手机办事通"的过程中,就出现为了完成使用该小程序的数量任务,下达不切实际的任务指标,增加基层干部负担,被中央纪委国家监委公开通报为加重基层负担的形式主义、官僚主义典型问题。

四 乡村善治发展趋势

乡村治理是乡村振兴的基础工作,不仅涉及部门众多、体系庞

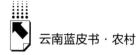
大，而且要转变的是最基础的乡村社会日常行为模式和根本运行机制，不能一蹴而就，需要持续努力，久久为功。当前，云南已实现了乡村振兴战略规划（2018—2022）有关乡村治理的目标，"以党组织为核心的农村基层组织建设明显加强，乡村治理能力进一步提升，现代乡村治理体系初步构建"。未来，云南的乡村治理将会朝着提升社会治理效力的方向持续完善。

（一）党建引领进一步强化

党建引领是中国乡村治理的突出特征，特别是边疆民族地区必须强化党组织的作用，才可以确保乡村社会治理朝着正确的方向发展。乡村治理是夯实乡村社会稳定有序又有活力的基层基础的工作。人是最基础的要素。要以习近平新时代中国特色社会主义思想凝聚乡村广大人民群众的人心，形成发展方向和发展路径的共识，才能汇聚力量，推动乡村社会朝着产业兴旺、生态宜居、乡风文明、治理有效、生活富裕的方向发展。对此，党组织建设工作将发挥最重要的示范引领作用。当前，云南省通过整顿软弱涣散基层党组织，加强带头人队伍建设，加强党员队伍建设，推动全面从严治党向基层延伸，强化了农村基层党组织队伍。同时注重充分发挥党组织服务群众的作用，或者以"支部+"的方式带领群众办合作社、发展产业，提高村民收入，或者开展"党员志愿服务队""每名党员为群众办一件好事"等活动，提高党组织的服务能力，为群众办实事办好事，以服务凝聚人心。云南的乡村治理将进一步强化党建引领作用，加强乡村人才队伍建设，激发村集体经济发展动力，提高服务群众的能力，凝聚人心，形成共识，共同推动乡村振兴。

（二）法治机制作用越发凸显

现代基层社会治理以法律作为人们行为的根本准绳，以法治作为维护社会秩序的根本保障。当前，流动性已成为现代社会的特征之一。人口和信息的流动性一定程度上将消减传统的、小范围适用的道德权威，弱化传统的德治机制，留下不同程度的治理空白。更广阔的社会活动空间则有着多元的群体规范，给人们提供各种各样可能差异巨大的行为准则，从而带来规范选择的困境和冲突。面对这种情况，具有普遍适用特点的、有国家权威做支撑的法律规范就成为人们行为的根本准绳，而法治机制则成为保护人们权益，解决矛盾纠纷，恢复社会秩序的根本保障。在乡村中人们将越来越多地使用法治来维护自己的权益，处理与他人的矛盾纠纷，并在这个过程中，逐渐把法律规范、法治意识内化为自己行为规范的一部分。当前云南不遗余力地推进法治乡村建设，采用丰富多彩的、贴近人民群众生活的形式开展普法宣传，取得了较好的成效。人们对法律有了基本的敬畏，知晓法律规范不能违反。随着乡镇综合行政执法队伍的建设，基层执法力量不断加强，也将进一步推动法治在乡村的可见性，提高群众对法治机制的知晓度和理解力，促进群众将法治理念纳入日常生活行为规范中。未来，法治机制在乡村治理中的作用将不断凸显。

（三）智能化发挥更大作用

数字智能是现代社会治理的重要支撑。智能化支撑可以让数字多跑路，干部群众少走路，提高乡村治理的效率。很多云南乡村山高路远，群众居住分散，虽在同一乡镇，从乡镇往返自然村却需要数小时的时间，比跨省所需时间还长。大量村民外出务工一方面导致乡村社会难以及时掌握外出群众的情况，另一方面影响了村民对乡村治理的参与。而运用智能化平台可以有效应对这些问题，为外出村民提供数字化参与乡村治理的渠道，也便于各个治理主体及时掌握群众需求、社会问题、矛盾纠纷等情况，迅速做出应对，从而提高社会治理效率。数据智能平台的运用可以在一定程度上降低熟人社会中人情、面

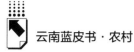

子、利益等因素对问题处理和公共资源分配的影响，提升乡村治理的公平性。智能化设备，如"雪亮工程"中的高清摄像头，还可以全时段守护乡村社会公共区域，起到震慑不法分子，为乡村群众提供安全感的作用。如要进一步加强和规范乡村数字化治理内容和标准，研究制定全国性乡村数字化治理技术导则或指南，推广应用统一的乡村治理基础版信息系统，规范基本内容和数据格式要求，避免各自重复开发、发展不平衡、信息不整合等问题。可以预见，云南乡村治理的数字化水平将会进一步提高，智能化将在乡村治理中发挥更大的作用。

B.6

以生活富裕为落脚点不断推动农民增收

王献霞 *

摘　要：　生活富裕是乡村振兴的目标，农民增收是实现生活富裕的保障。在全面推进乡村振兴中，云南省始终将农民增收作为"三农"工作的中心任务，以增加脱贫人口和低收入人群收入为重点，通过产业增收、就业增收、转移性增收、财产性增收政策措施和两个增收专项行动，使收入结构不断优化，农民收入显著提高。未来云南将强化联农带农利农机制，提高就业政策的针对性和有效性，进一步提高农村各类要素的活力，从而切实增加农民收入。

关键词：　农业农村　农民增收　收入渠道

"农业农村工作，说一千、道一万，增加农民收入是关键。"[1] 中国要富，农民必须富。广大农民群众对美好生活的向往就是全面推进乡村振兴的动力。云南省委省政府坚决贯彻中央"三农"工作精神，始终把增加农民收入作为"三农"工作的中心任务，千方百计拓宽农民增收致富渠道。

---

* 王献霞，云南省社会科学院农村发展研究所副研究员，研究方向为农村综合发展、农村土地制度、农民增收、政策性及非政策性移民问题研究。

[1] 习近平：《习近平论"三农"工作》，中央文献出版社，2022，第46页。

一 农民增收是生活富裕的保障

全面建成小康社会后，广大农民对美好生活的向往总体上已从"有没有"向"好不好"转变，对获得公平发展机会、共享发展成果、提升生活品质抱有更多期待。因此促进农民收入较快增长、持续提高农民生活水平，是实施乡村振兴战略的根本出发点。云南省委、省政府把一切为了农民增收、为了脱贫户增收作为"三农"工作的鲜明导向。在落实历年"中央一号文件"中，将增加农民收入作为中心任务安排部署。先后制定实施了《云南省激发重点群体活力推动城乡居民持续增收实施方案》《云南省农村居民持续增收三年行动方案（2022—2024年）》《云南省脱贫人口持续增收三年行动方案（2022—2024年）》等专项工作方案，科学有序推进农民增收工作，保障农村居民及脱贫人口如期实现生活富裕。

（一）巩固脱贫人口增收持续发力

2018年，云南省有贫困人口179万人，贫困发生率4.80%，贫困地区人均可支配收入为9595元。通过实施精准扶贫"十大行动"（产业脱贫、就业扶贫、易地扶贫搬迁、教育脱贫攻坚、健康扶贫、农村危房改造、生态保护扶贫、综合保障扶贫、基础设施和人居环境改善、扶贫扶志），2020年，云南省933万农村贫困人口全部脱贫，88个贫困县全部摘帽，8502个贫困村全部出列，与全国同步实现全面小康，脱贫地区人均可支配收入达到11739.90元[1]。然而，脱贫人口与全省、全国相比，可支配收入水平依然较低、差距较大。为确

---

[1] 云南省网上新闻发布厅：《云南省933万农村贫困人口全部脱贫》，中工网，2022-07-22，https：//baijiahao.baidu.com/s？id=1739002596530591700&wfr=spider&for=pc。

保脱贫地区和脱贫人口在乡村振兴新征程中不掉队，同步实现共同富裕，党中央国务院特别对脱贫地区划定了 15 年的巩固拓展脱贫攻坚同乡村振兴有效衔接期，并明确，自脱贫之日起设立 5 年"过渡期"，在过渡期内保持现有主要帮扶政策总体稳定。并提出"到 2025 年，农村低收入人口分类帮扶长效机制逐步完善，脱贫地区农民收入增速高于全国农民平均水平。到 2035 年，脱贫地区经济实力显著增强，乡村振兴取得重大进展，农村低收入人口生活水平显著提高，城乡差距进一步缩小，在促进全体人民共同富裕上取得更为明显的实质性进展"①。为达到这个目标，云南省委省政府以脱贫人口（含纳入防止返贫监测帮扶的边缘易致贫户和突发严重困难户）增收为主线，在过渡期内严格落实"四个不摘"要求，因地制宜，分类施策，对脱贫人口的增收实施了更为强有力的政策措施。

针对脱贫不稳定户、边缘易致贫户以及因病因灾因意外事故等刚性支出较大或收入大幅缩减导致基本生活出现严重困难户等重点监测对象，按照"缺什么补什么"的原则，及时开展针对性帮扶。针对有产业发展能力和动力的脱贫户，根据资源禀赋和条件采取不同的产业帮扶措施。针对劳动力较为充裕的脱贫户尤其是易地搬迁城镇安置脱贫户，加大就业帮扶。而针对无法向外转移的劳动力，一方面大力扶持扶贫车间，提高就地就业岗位，另一方面开发一定的公益性岗位，提供就业保障。在疫情期间，云南省还对因疫情陷入贫困或是失业返乡脱贫户开展专项救助。

2022 年 6 月，云南省委、省政府制定并实施《云南省脱贫人口持续增收三年行动方案（2022—2024 年）》，以"六个一批"（即：通过农业产业提档升级带动增收一批，发展乡村旅游增收一批，提升劳动

---

① 《中共中央　国务院关于实现巩固拓展脱贫攻坚成果同乡村振兴有效衔接的意见》，《国务院公报》（2021 年第 10 号），中华人民共和国中央人民政府网，https：//www.gov.cn/gongbao/content/2021/content_ 5598113.htm。

力技能增收一批，促进分工分业增收一批，盘活资产增收一批，加大政策性转移支付力度增收一批）为重点任务，不断培育壮大市场主体，建立健全联农带农机制，引导脱贫人口进一步融入产业就业发展格局，精准制定到户增收计划，促进脱贫人口提升发展能力和就业技能，实现收入持续快速增长。提出到 2024 年底全省脱贫人口收入超过全国脱贫人口收入水平的目标。为落实该"方案"各相关部门制定出台相关措施扎实推进重点工作任务。此后，云南省巩固脱贫攻坚推进乡村振兴领导小组 2022 年制定出台《2022 年促进脱贫人口和监测对象增收若干措施》，云南省乡村振兴局发布《关于做好 2023 年脱贫人口产业发展促增收重点工作的通知》及《关于做好 2023 年脱贫人口稳岗就业促增收重点工作的通知》等，不折不扣将增收行动方案落实到位。

（二）分类提高农民收入目标明确

因地制宜、分类施策是云南省提高农民收入的基本原则。针对就业不足、劳动力聚集地区，尤其是易地搬迁群体，加强劳务输出。提出"实现 2023 年全省脱贫劳动力就业人数不低于上年度规模，实现完成脱贫劳动力技能培训 70 万人；实现脱贫人口人均工资性收入比上年度增长不低于 18%"[①] 等目标。针对就地就业稳定性差、务工有效时长短、薪酬低等就业质量不高难题，提出"以工代赈"促增收，充分利用好各级各类资金支持实施以工代赈项目。要求中央预算内投资专项支持的项目，劳务报酬发放额度占比原则上不低于 30%。中央财政衔接推进乡村振兴补助资金支持的项目，劳务报酬发放额度占比 20% 以上，并尽可能提高。采用以工代赈方式实施的项目发放劳务报酬占

---

① 云南省乡村振兴局、云南省人力资源和社会保障厅：《关于做好 2023 年脱贫人口稳岗就业促增收重点工作的通知》（云乡振发〔2023〕5 号），云南省乡村振兴网，2023 年 2 月 21 日，https：//ynxczx. yn. gov. cn/html/2023/qitawenjian_0221/7183. html。

比原则上不低于项目财政资金的 10%。针对城市周边、旅游环线的特色乡村，提出围绕农村田园景观、特色村落、少数民族文化、农业生产活动和特色农产品等元素，用好景观性优势特色产业资源，推动休闲农业和乡村旅游的多产品开发，拓展功能、丰富业态、创新场景，促进当地农民在游客消费活动中获得更多收益。针对具有刺绣、扎染、木雕、蜡染、雕刻等手工艺技能及特色食品加工技术的村庄和个人，培育一批家庭工场、手工作坊、乡村车间，深入挖掘乡土特色产业，拓宽农民增收渠道。同时鼓励非物质文化遗产传承人、设计师、艺术家、乡村工匠等参与乡村手工艺创作生产，支持鼓励传统技艺人才创办特色企业，推动乡村特色手工业规模化、品牌化发展，提升附加值。

（三）优化农民收入结构多方发力

优化农民收入来源是增加农民收入的根本途径。在《云南省农村居民持续增收三年行动方案（2022—2024 年）》中，围绕提高农民经营净收入、工资性收入、财产净收入、转移净收入和分享全产业链增值收益，细化提出了 17 条措施。经营净收入方面，重点聚焦农业重点产业稳步提高种养收益、推动农文旅融合发展、挖掘乡土特色产业。工资性收入方面，提高外出务工比例、提升农民劳动技能水平、支持就地就近就业。财产净收入方面，发展壮大村集体经济、充分挖掘资源资产收益、推进农村集体经营性建设用地入市。转移净收入方面，加大财政直接补贴、加大保险信贷补贴、完善农村社会保障体系等。提出"到 2024 年，农村居民经营净收入占可支配收入的比重稳定在 42% 左右，工资性收入与全国平均水平的差距由 2021 年的 3261 元缩小到 2000 元以下，财产净收入、转移净收入接近全国平均水平"[1]。

---

[1] 中共云南省委办公厅、云南省政府办公厅：《云南省农村居民持续增收三年行动方案（2022—2024 年）》，云南省人民政府网站，2022 年 6 月 22 日，https：//www.yn.gov.cn/zwgk/zcwj/swwj/202206/t20220622_243519.html。

针对脱贫地区和脱贫人口经营净收入不稳定、财产净收入低的问题多方发力。如：对有产业发展条件的、有意愿的脱贫人口，依托农业农村特色资源，引导合理选择生产经营增收项目；鼓励有能力有条件的脱贫人口从事餐饮、住宿、垂钓、采摘、游乐、体验、土特产等旅游相关经营活动；定向优先采购脱贫人口生产的农产品，稳定农产品销售，增加脱贫人口经营净收入。支持脱贫人口用资金、土地、房屋、自有设备等资产入股经营主体，资源变资产、资金变股金、农民变股东，获得股份分红收益。鼓励脱贫人口通过土地流转、房屋租赁等方式获得租金收益。支持和鼓励旅游龙头企业和经营主体租赁脱贫人口闲置房屋改造为乡宿、乡游、乡食、乡购、乡娱等乡村旅游经营实体，助推脱贫人口进一步增收。

（四）夯实农民增收基础不留死角

为保障农民持续增收，云南省委省政府从各个方面夯实农民增收基础。一是大力培育农业市场主体。构建以大型行业龙头企业为引领、中型行业先进企业为主体、农民合作社为基础的发展格局，推动产业发展、促进农民增收。到2024年，全省农业企业增加到12万户以上，各级农业产业化龙头企业增加到8000户左右，其中，国家级龙头企业增加到100户以上，国家和省级龙头企业实现129个县（市、区）全覆盖。二是健全完善农业市场主体和农民收益联结机制。尤其要求在脱贫地区实施的经营性帮扶项目严格建立联农带农机制。建立机制防止工商资本"跑马圈地"、把农民"挤出去"。选择优势特色产业在有条件的州（市）逐步通过规范土地流转提高土地增值收益、农户（村集体）直接入股分红、设立企业和农户等多方参与的乡村振兴基金改善农民生产生活条件、鼓励企业吸纳农户就业增加工资性收入等方式，实现农民增收、企业发展、地方受益。三是大力提升农业科技化水平。扎实推进种业振兴行动，选育一批高原特色优良品种。提高农业设施装备现代化水平，大力推广中小型高效适用机械装备。建立省级协调机制，推动技术集成创新和成果转化应用。四是全力突破农产品加工业。统筹发展农产品初加工、精深加工。提出到 2024 年，重点产业农产品加工业与农业总产值之比达到 2.3：1 以上，促进农民从种养环节向农产品加工等产业链条延伸中获得更多收益。五是保持农产品价格合理水平。完善粮食等重要农产品价格形成机制，做好农产品成本调查和价格监测，适时加强政府调控，灵活运用多种手段，努力避免农产品价格剧烈波动影响农民收入。继续实行农产品相关运费补贴和减免政策。把握好主要农产品进出口时机和节奏，支持优势农产品出口。

二　农民增收成效显著

云南省委、省政府高度重视农民增收，把农民增收作为"三农"工作鲜明导向。全省农业农村系统大力推进高原特色农业现代化，为农民增收提供坚实支撑。

（一）脱贫人口和脱贫地区增收优势明显

2018~2023 年脱贫人口的收入持续增加，增收优势明显。从收入水平看，2018 年云南贫困地区农村居民人均可支配收入为 9595 元[①]，2023 年增长到 15218 元，增长了 58.60%。2018 年云南贫困地区农村居民人均可支配收入的名义增速为 10.40%，增速比当年全省农村居民高 1.20 个百分点，与全省农村居民收入相对差距为 1.122：1（以贫困地区为 1）；2023 年云南脱贫地区农村居民人均可支配收入的增

---

① 本报告统计数据中农村居民均指农村常住居民。

速为8.5%①,增速比全省农村居民高0.5个百分点,与全省农村居民收入差距为1.075:1(脱贫地区为1),相对差距减少了0.047。从人均可支配收入结构看,2018年虽然占比最大的是经营净收入,但是对增收贡献最大的是工资性收入。2018年,云南贫困地区农村居民人均获得工资性收入3059元,同比增长17.90%,对增收的贡献达51.50%②。2023年收入占比最大的依然是经营净收入,占比为38.98%;但是,对收入增长拉动最大的是工资性收入。2023年云南省脱贫县农村居民的工资性收入占比为37.58%,拉动收入增长4.7个百分点。增长最快的是转移净收入,同比增长28.60%;经营净收入同比略有下降。仅从脱贫人口看,2022年精准帮扶61.6万人消除返贫致贫风险,脱贫劳动力转移就业323.70万人,脱贫人口人均纯收入增长15.90%,比脱贫地区农村居民人均可支配收入增长快一倍。

(二)农民收入水平持续提升

2018~2023年,云南农村居民人均可支配收入持续增长,其中2019年、2021年的年增长率超过10%,分别为10.54%和10.55%;此外,2018年增长率为9.18%,2020年增长率为7.89%,2022年增长率为6.69%,2023年增长率为8.01%。云南农村居民人均可支配收入从2018年的10767.91元增长到2023年的16361元,增加了5593.09元,增长了51.94%,年均增长率为4.62%。与全国相比,云南省农村居民人均可支配收入的增长速度一直快于全国平均水平,其中2019年和2020年云南省农村居民可支配收入增速比全国平均水

---

① 胡晓蓉:《云南脱贫县农村居民收入增长8.5%》,《云南日报》2024年2月6日。

② 国家统计局住户调查办公室:《2019年中国农村贫困监测报告》,中国统计出版社,2019,第250页。

平高 0.93 个和 0.96 个百分点。而农村居民人均可支配收入与全国的的相对比值（云南农村居民人均可支配收入为 1）从 2018 年的 1.36∶1 下降到 2023 年的 1.33∶1，与全国农村居民人均可支配收入的相对差距不断缩小。（见图 2）

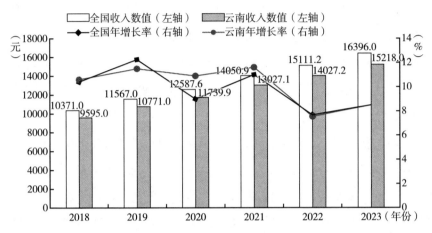

图 1　2018～2023 年脱贫地区农村居民人均可支配收入

资料来源：国家统计局及相应计算。

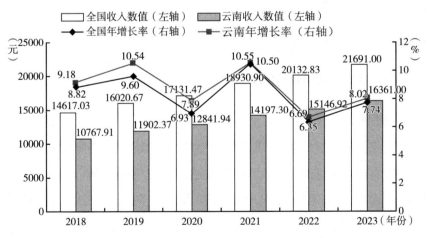

图 2　2018～2023 年农村居民人均可支配收入

资料来源：国家统计局及相应计算。

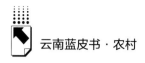

（三）农民收入结构进一步优化

随着农民增收政策尤其是劳动力转移政策的大力推进，2018～2022年，云南农村居民的收入结构总体呈现工资性收入和转移净收入占比不断提高，经营净收入占比整体下降，财政净收入占比有所缩减的变化趋势，收入结构得到优化。具体来看，2022年云南农村居民人均可支配收入中工资性收入为4928.43元，比2018年增加了1668.93元，增长了51.20%；2022年工资性收入占比为32.54%，比2018年增加了2.27个百分点。2022年云南农村居民人均可支配收入中经营净收入为7379.08元，比2018年增加了1780.08元，增长37.19%；2022年经营净收入占比为48.72%，比2018年减少了3.28个百分点。2022云南农村居民人均可支配收入中转移净收入为2609.88元，比2018年增加了888.08元，增长了51.58%；2022年转移净收入占比为17.23%，比2018年增加了1.24个百分点。2022年云南农村居民人均可支配收入中财产净收入为229.52元，比2018年增加了42.32元，然而，收入占比从2018年的1.74%下降为2022年的1.52%，降幅为0.22个百分点。（见图3）

（四）助力农民增收渠道不断拓展

"大河有水小河满"，壮大农村集体经济，是引领农民实现共同富裕的重要途径①。云南省通过积极壮大集体经济，拓宽农民增收渠道，千方百计增加农民收入。一是通过创新集体经济增收模式，拓展农民增收途径。如保山市通过创新开展"红色劳务"、盘活闲置资源、发展"飞地经济"等多种发展模式，使村级集体经济逆势跑出

---

① 习近平：《习近平关于"三农"工作论述摘编》，中央文献出版社，2019，第149页。

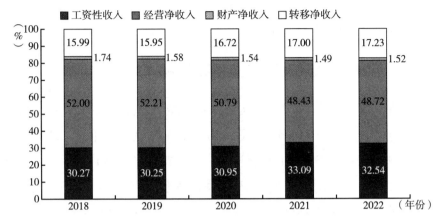

图3　2018~2022年云南省农村居民人均可支配收入结构

资料来源：云南省统计局、国家统计局云南调查总队及相应计算。

"加速度"。截至2022年，保山市村（社区）集体经济总收入达22536.52万元，较2021年增长27.07%；全市955个村（社区）集体经济收入全部达到10万元以上。其中，超100万元以上的32个①。二是依托"归雁工程""干部规划家乡""万企帮万村"等人才回引行动，激励吸引各类乡贤人才回村投资、兴办企业，带动群众发展增收。如文山州西畴县蚌谷乡龙正村，返乡大学生刘禹丹在家乡成立县域首家村办企业，打造"龙正嫩妖妖豆腐"品牌，持续带动周边2000多名群众增收致富，2022年村级集体经济实现创收20余万元②。三是探索"抱团取暖""异地置业""项目拓展""旅游实体"等"党建+集体经济"发展之路。又如福贡县匹河怒族乡充分利用老姆登村、知子罗村旅游业火爆的优势，整合9个行政村集体经济结余资金100余万元和上海浦东新区帮扶资金100万元，以"党建+"模式异地置业，在怒福社区开展沪福园项目建设，发展与旅游有关产

①　李丽等：《转换发展模式，拓宽增收途径》，《云南日报》2023年2月1日。

②　王世函、张文峰：《广袤乡村气象新》，《云南日报》2023年12月21日。

业，实现每年 20 万元的村级集体经济收益，有效解决了 9 个村、1 个社区村集体经济增收难问题①。

（五）城乡差距和区域差距不断缩减

从城乡差距看②，2018 年以来的云南城乡差距在不断缩小。农村居民人均可支配收入与城镇居民人均可支配收入的比值从 2018 年的 0.32∶1 提高到 2023 年的 0.38∶1，占比提高了 5.40 个百分点；相比全国农村居民人均可支配收入与城镇居民人均可支配收入之比从 2018 年的 0.37∶1 提高到 2023 年的 0.42∶1，占比提高 4.61 个百分点，云南省的城乡差距缩小值略高于全国平均水平。根据国家统计局云南调查总队公布的数据③：2023 年云南省农村居民人均可支配收入 16361 元，实际增长 8.10%；城镇居民人均可支配收入 43563 元，实际增长 2.80%。农村居民人均可支配收入增长率比城镇居民高 5.30 个百分点，城乡收入差距进一步缩小。

从区域差距看，全省农村居民人均可支配收入最高的官渡区与最低的福贡县之间的差距明显缩小。进一步比较全省排名前 10 位和后 10 位县（市、区）农村居民人均可支配收入的增长情况，我们可以发现，排名靠后的县（市、区）增长强劲，区域差异进一步缩小。2018~2022 年，全省农村居民人均可支配收入最高的 10 个县（市、区）没有变化，分别是官渡区、西山区、呈贡区、盘龙区、五华区、安宁市、古城区、红塔区、麒麟区、通海县。但是，收入增长最快的

---

① 李丽等：《转换发展模式，拓宽增收途径》，《云南日报》2023 年 2 月 1 日。

② 全国 2023 年的相关数据来源：《2023 年国民经济回升向好　高质量发展扎实推进》，国家统计局网站，2024 年 1 月 17 日，https：//www.stats.gov.cn/sj/zxfb/202401/t20240117_ 1946624.html。

③ 云南省统计局、国家调查局云南调查总队：《2023 年全省经济持续恢复向好　高质量发展稳步推进》，云南省统计局网站，2024 年 1 月 24 日，https：//stats.yn.gov.cn/Pages_ 143_ 3912.aspx。

是麒麟区，2022 年农村居民人均可支配收入比 2018 年增长了 42.00%；其次是古城区，再次是通海县，分别增长了 40.93% 和 39.15%。2018 年全省农村居民人均可支配收入最低的 10 个县（市、区）分别是元阳县、德钦县、东川区、绿春县、维西县、宁蒗县、泸水市、兰坪县、贡山县、福贡县，到 2022 年，10 个县（市、区）的农村居民人均可支配收入与 2018 年相比，增幅均超过 43%，其中宁蒗县的增幅达 47.28%，增长速度居全省第一。2022 年绿春、元阳两县跳出全省后 10 位，分别居第 118 位和第 117 位，位次分别提升了 4 位和 2 位。此外，脱贫地区农村居民人均可支配收入与全省农村居民人均可支配收入之间的差距进一步缩减。2018 年脱贫地区农村居民人均可支配收入与全省农村居民人均可支配收入比值为 0.89∶1，到 2023 年该项比值提高到 0.93∶1。

三　持续增收面临挑战与困难

从 2018 年以来农村居民人均可支配收入的增长率变化，可以很明显地看到云南省农村居民人均可支配收入增速放缓，年增长率从 2018 年的 9.18% 下降到 2022 年的 6.69%，而其间 2019 年、2021 年增速曾超过 10%。不仅农民增收的速度放缓，收入结构优化调整也不尽如人意。2023 年的云南农村居民人均可支配的工资性收入占比为 35.73%，仅比 2018 年增加了 2.27 个百分点，比全国 41.97% 的工资性收入占比少了 6.24 个百分点。2022 年云南农村居民人均可支配的经营净收入占比为 48.72%，仅比 2018 年减少了 3.28 个百分点，比全国 34.63% 的经营净收入占比多了 14.09 个百分点。距离实现经营净收入占比 42% 的目标还有较大差距。仔细分析，当前云南农民持续增收主要面临以下挑战。

（一）政策红利缩减

党的十八大以来实施的精准扶贫战略，为云南农村发展尤其是贫困地区发展带来了巨大的政策红利。从 2012 年以来农村居民人均可支配收入的年度增速，我们可以看到除个别年份外，云南省的年度增长率一直高于全国增速，2020 年之前每年的增长率都在 9% 以上，2013 年，增速高达 24.13%，比全国增速高了 5.02 个百分点。这与云南省获得国家政策的大力扶持有密切关系。然而，2020 年、2021 年、2022 年的农村居民人均可支配收入增长呈现较大波动。这一趋势表明乡村振兴与脱贫攻坚时期的政策导向不同，脱贫攻坚时期的政策是针对特定群体的特殊帮扶；而乡村振兴针对的是整个农业农村和全体农民，是体系完善后的自行运转和自我发展。对于自我发展能力尚欠缺的云南省广大脱贫地区，其政策红利空间明显缩减，急需提升自我发展能力。

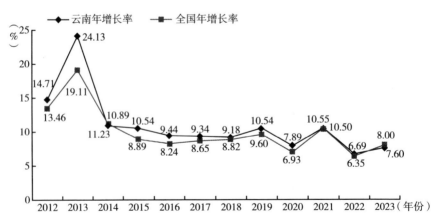

图 4 2012~2023 年农村居民人均可支配收入年度增速

资料来源：国家统计局。

（二）区域优势发挥不足

云南省作为西南边疆省份，是面向南亚东南亚辐射中心。鉴于地理位置及周边国家的土地和气候资源优势，云南开展开放农业境外农业合作的潜力和优势明显，而位于边境一线的县（市、区）也具有独特的优势发展口岸经济，尤其是"边民互市"，在促进边境县（市、区）农民增收中起了重要作用。如云南省 2018 年口岸进出口总额达到 244.1 亿美元，其中边民互市的进出口总额达 36.8 亿美元，比同为边境贸易且以企业为主体的"边境小额贸易"还多出了 4 亿美元[①]。然而，近年来由于疫情和国际局势影响，云南的边疆省份和面向南亚东南亚辐射中心优势未得到充分发挥，在部分边境县（市、区）甚至变成了劣势。具体表现为：实际居住人口逐年减少趋势明显。2014 年以来，25 个边境县人口数减少了近 3 万人。自我发展基础薄弱。2021 年 25 个边境县仅有 2 个县的人均生产总值超过全省水平，最低的县仅有全省水平的 41.36%；人均财政收入不足 1000 元的有 5 个县，不足 2000 元的有 17 个县。财政自给率低于 10% 的有 7 个县，其中最低的仅有 3.86%。产业结构不合理，第一产业占比过大。25 个边境县的农业总产值占 23.09%，比全省农业总产值占比高 8.83 个百分点，其中农业占比 20% 以上的县有 19 个，第二产业、第三产业发展严重滞后。不可控风险复杂多样。一方面是毗邻国政治环境不稳定；另一方面还面临跨境婚姻、国际难民、毒品防控、跨境电信诈骗等非传统风险问题。这一系列因素直接导致边境地区农民增收受到严重影响。2022 年 13 个边境县（市、区）的农村居民人均可支配收入处于全省后 50 位，而德宏州的瑞丽市、盈江县、陇川县、芒市 4

---

① 中国口岸协会主编《中国口岸年鉴（2019 版）》，中国海关出版社，2020，第 579 页。

县（市）2018~2022 年的农村居民人均可支配收入增速位于全省最后 4 位。

（三）人力资本竞争劣势带来工资性收入增长放缓

农民工资性收入增速放慢，与全国平均水平的绝对差距也在持续拉大。增速仅比 2021 年提高了 4.92 个百分点，慢于农民收入整体增速 1.77 个百分点，与全国平均水平的差距由 2021 年的 3261 元扩大到 2022 年的 3521 元。这也给 2024 年差距要缩小到 2000 元以下增加了难度。还值得注意的是，云南省 2022 年在全部就业人员减少 39 万人的同时，一次产业就业人数反而增加了 38 万人，从而使一次产业就业人员占社会就业人员总数的比重由 2021 年的 42.79%提高到2022 年的 44.79%，在多年持续下降的大背景下逆势提高，缓解城镇就业压力的同时，也强化了乡村隐形失业的程度。

（四）产业带动经营收入提高的压力较大

《云南省农村居民持续增收三年行动方案（2022—2024 年）》中提出：到 2024 年全省农民家庭经营净收入占比要稳定在 42%，目的就是通过优化产业结构带动收入结构的优化。然而，2022 年云南农村居民人均可支配收入的经营净收入占比提高到 48.72%，不仅没有持续下降，还比 2021 年的 48.43%提高了 0.29 个百分点，增速为7.32%，快于农民收入的整体增速。这给 2024 年全省农民家庭经营净收入占比要稳定在 42%增加了不小难度。且根据近期公布的 2023年前三季度脱贫县农村居民收入信息，云南省脱贫县农村居民人均经营收入比同期减少了 112 元，下降 3.70%[①]。虽然对比 2023 年前三

---

① 数据来源：《财经云南：前三季度云南脱贫县农村居民收入平稳增长》，云南发布，2023 年 11 月 8 日。

季度农林牧渔业实现总产值 4162.82 亿元，同比增长 4.50%①，但是在部分地区尤其是贫困地区产业带动经营净收入的压力较大。

四　拓展增收空间的对策建议

（一）巩固脱贫攻坚成果，扎实用好政策增收空间

云南省有 27 个县（市、区）被列入国家乡村振兴重点帮扶县，其中 23 个县的农村居民人均可支配收入增长率进入全省 2018~2022 年期间农村居民人均可支配收入增速最快的前 50 名。这进一步说明，国家在乡村振兴重点县的帮扶政策对农村增收的贡献是极大的，云南省应扎实用好政策增收空间。重点利用好针对脱贫地区的产业发展政策、财政政策、税收政策、劳动力转移政策、东西协作及社会帮扶政策等。

（二）培育特色农业产业，拓展经营净收入空间

经营净收入作为云南农村居民可支配收入最重要的部分，一直占据较大比重。虽然 2022 年经营净收入占比减少到 48.72%，但是经营净收入对农村居民人均可支配收入增长的贡献率达 53.02%，且 2022 年云南省的农村居民人均经营净收入比全国多 407.60 元，是唯一比全国收入水平高的收入来源，进一步说明经营净收入还有较大增收空间。为发掘云南农村居民经营净收入增长空间，应大力发展乡村二次、三次产业，优化家庭经营净收入结构。加大乡村二次、三次产业

---

① 云南省统计局、国家统计局云南调查总队：《2023 年前三季度云南经济总体保持平稳恢复向好　转型升级加快推进》，云南省人民政府网站，2023 年 10 月 25 日，https://www.yn.gov.cn/sjfb/zytjsj/202310/t20231025_ 287935.html。

扶持力度，持续提高乡村二次、三次产业收入占农民家庭经营净收入的比重，占比由 2022 年的约 20% 提高到 2024 年的 35% 左右，并把乡村二次、三次产业的就业人数占乡村劳动力的比重由 2022 年的 15% 多，提高到 2024 年的 25% 左右，即全国 2022 年平均水平的 2/3 以上。在贯彻落实"两非"政策的同时，把绿色农业、生态农业和有机农业作为根本发展方向，优化包括粮食作物结构的种植业结构，提高种粮的比较效益和种粮农民的收入水平；加快发展包括渔业在内的特色养殖业；进一步提高特色经济作物的产业化、品牌化和集群化发展水平。

（三）提高农民就业质量和数量，提升工资性增收空间

从表面上看，收入结构不尽合理是影响云南农村居民增收的主要原因，突出表现为家庭经营净收入占比大，工资性收入增速放慢，转移净收入和财产净收入占比低等，但根本原因是乡村产业发展水平较低。2022 年，云南省乡村就业人员占社会就业人数的 53.20%，比全国平均水平高出了 15.8 个百分点；其中从事一次产业的劳动力占社会就业人数的比重为 44.80%，比全国平均水平高出 20.7 个百分点；从事乡村二次、三次产业的劳动力占乡村劳动力的比重为 15.70%，比全国平均水平低了 19.9 个百分点。这与云南省丰富的乡村自然资源和乡村文化资源形成极大反差。

（四）完善农业支持保护制度，增加农民转移收入空间

进一步总结"一事一议""以奖代补""以工代赈"等有益做法，让当地群众成为国家强农惠农政策的实施主体，在保证当地群众获得更多就近就地就业机会、增加劳务收入的同时，提高工程质量。因此，需要在《云南省财政扶贫专项资金管理办法》《云南省财政扶持农村集体经济发展专项资金管理办法》《云南省财政衔接推进乡村

振兴补助资金管理办法》等已有政策基础上，制定实施《云南省乡村振兴财政专项资金管理办法》，进一步完善财政支农惠农强农政策，将以劳动力和物资投入为主的项目，通过邀标等方式，直接委托给所在村有资质的工程队或没有资质但有技术力量的施工单位，在减少中间环节损失外，让当地群众有更多务工增收的机会。

（五）持续深化农村集体产权制度改革，扩展集体经济支撑农民增收空间

坚持党对农村工作的全面领导，把农村集体经济组织建成为乡村特色产业健康发展的坚强组织保证和有效服务的重要载体，重点是结合乡村第二、第三产业的健康发展，持续发展壮大村集体经济；关键是以村级农村集体经济组织为重要平台，通过"农村集体经济组织+专业服务实体（各种社会化服务组织、农民专业合作社、家庭农场、专业大户、龙头企业等）+农户"，以及"农村集体经济组织+农户"等模式，构建以农业托管服务为重点的农业社会化服务体系，让小农户在获得充分有效的农业社会化服务，放心从事乡村第二、第三产业及劳务经济的基础上，持续发展壮大村集体经济，并通过合理的二次分配，增加农民收入来源。

五　农民增收未来工作重点与趋势

2024 年是两个"增收三年行动"的收官之年，云南省务必坚持把增加农民收入作为 2024 年"三农"工作的中心任务，持续深入实施农村居民和脱贫人口持续增收三年行动。

（一）协调好粮食安全和农民增收关系

云南作为粮食产销平衡区，应该制定区别于粮食主产区的粮食安

全策略，结合自身优势，在"大食物观"上下功夫。"现在，城乡居民食物消费结构在不断升级，今后农产品保供，既要保数量，也要保多样、保质量。"① 随着粮食安全政策的走深走实，作为落实粮食安全的底线措施"土地非农化"和"耕地非粮化"（简称"两非"）在当前执行中，面临粮食安全和农民增收两者难以兼顾的矛盾问题，其根本原因是传统粮食作物的比较效益远远低于云南高原特色农业作物。而当前在落实"两非"政策中，部分州（市）、县（市、区）党委政府将"非粮化"治理机械地理解为"粮食化"，将粮食安全狭隘地理解为多种粮食、多种传统粮食作物。扩大粮食种植面积肯定有利于保障粮食安全，但是种植粮食不是粮食安全的全部内涵和外延。粮食安全还包括粮食结构的安全、营养结构的安全，即"大食物观"。因此，云南将在"大食物观"指导下发展高原特色农业，丰富和提高农产品供给品类和质量，提高农业生产效益，以此协调粮食安全和农民增收的关系。

（二）将联农带农利农机制落到实处

联农带农机制既是收入分配机制，又是增收机制。良好的联农带农机制将有效带动农民参与农业产业发展的积极性，提高生产效率。一是完善联农带农主体奖补办法，鼓励农民合作社、农业龙头企业、家庭农场等经营主体与小农户建立利益联结机制。二是落实财政涉农整合资金用于产业发展的比重不低于60%的政策，重点支持各地区发展特色乡村产业，并向建立了利益链接机制的经营主体倾斜。三是积极推动使用乡村振兴衔接资金发展产业、使用沪滇协作资金实施产业项目、流转农村土地发展规模种养业的主体全部建立健全联农带农机制，提高农民在全产业链发展中的增值收益。四是加快健全农业社

① 《习近平谈治国理政》第四卷，外文出版社，2022，第398页。

会化服务体系，在农业服务层面加强利益联结。对承担代耕代种、代管代收、全程托管等社会化服务的经营主体提供必要的奖补政策。

（三）实施差异化、针对性强的农民就业增收政策

过去五年，为优化云南省农民收入结构，切实提高农民收入，云南省委、省政府一直将增加农民就业收入，提高工资性收入比重作为增加农民收入的政策主线。但是，在执行过程中存在着"重数量、轻质量；重向外转移、轻就地就近培育岗位；重工作完成度、轻地区差异"等问题。如在调研中有基层反映：每年人社部门都会下达人口转移指标和数量，要求在一定时间内完成，有些数量和指标超过了该地区能转移的劳动力数量，导致当地出现"用工荒"，劳动力成本直线上升，严重影响了本地产业的发展。因此，未来政策方向将有必要实施差异化、针对性的农业就业政策。一是应该持续深入优化营商环境，培育更多就业岗位，稳定更多农民工就业。二是针对岗位提供有效培训，提升劳动力的就业本领，树立劳务输出的品牌效应，提高就业质量和就业收入。三是扎实做好脱贫人口和低收入人群就业帮扶，对就业困难家庭提供公益性岗位或低技能岗位，保障有劳动力的"零就业"搬迁家庭实现动态清零。四是持续开展省级创业孵化平台建设，加强农民工返乡创业园、农村创业创新园区（孵化实训基地）等建设，提高返乡人才带动就业效益。五是完善农民工工资支付监控预警处置机制。维护好超龄农民工就业权益。加快完善灵活就业人员权益保障制度。落实省级重点工程以工代赈项目清单任务，及时足额发放劳务报酬。

（四）深化改革激发农村活力

农村改革是提高农民财产性收入、激发农村活力的重要途径。2024年农村改革的重点是稳妥推进第二轮土地承包到期后再延长30

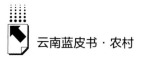

年试点范围及试点经验总结。稳慎推进农村宅基地制度改革试点，加快房地一体宅基地确权登记颁证，保障居住、管住乱建、盘活闲置。深化农村集体经营性建设用地入市试点，完善土地增值收益分配机制。保障进城落户农民合法土地权益，鼓励依法自愿有偿转让。巩固提升农村集体产权制度改革成果，加强农村集体资产管理，推进农村产权交易市场建设改革试点。开展农村妇女集体经济组织成员身份"两头空"排查，保障妇女合法权益。加快推进垦地一体化发展，持续推动林业改革。

案 例 篇 ⟩

B.7

生态化、融合化推动乡村产业振兴

——来自曲靖市罗平县旧屋基彝族乡的实践

颜晓飞 杨 弢 李锡平*

摘　要： 产业振兴是乡村振兴的重中之重，也是民族地区巩固拓展脱贫攻坚成果、迈向农业农村共同富裕的根本支撑。自 2017 年罗平县在云南省率先脱贫、探索巩固拓展脱贫攻坚成果与乡村振兴有效衔接以来，罗平县旧屋基彝族乡围绕全域旅游示范区和乡村振兴示范区建设，打造"生态家园·美丽彝乡"，充分挖掘资源优势和生态优势，统一思想、科学规划，大力推动产业绿色转型，全力发展乡村旅游业，以"生态+""旅游+"持续推进产业生态化、生态产业化、

---

* 颜晓飞，云南省社会科学院农村发展研究所副研究员，研究方向为农林经济管理、粮食安全与乡村产业发展。杨弢，云南省曲靖市罗平县旧屋基彝族乡党委书记，直接策划并推动"两山"实践基地和乡村振兴示范点创建。李锡平，旧屋基彝族乡党委委员、宣传委员，长期关注脱贫攻坚、民族团结、乡村发展、乡村建设、乡村治理等。

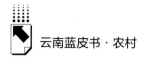

产业融合化，乡村人居环境更加清新整洁，民族更加团结和谐，乡村产业振兴推动全乡面貌焕然一新。在此过程中，旧屋基彝族乡坚持共享富民根本目标、坚持"两山"理论根本指导、坚持久久为功良好作风、坚持党建引领根本保障，为全省甚至全国的山区、林区、民族村寨持续推进乡村产业振兴提供了经验借鉴。

关键词： 产业振兴 产业经验 产业融合

产业兴旺是乡村振兴的重点，也是民族地区巩固拓展脱贫攻坚成果、迈向农业农村共同富裕的根本支撑。曲靖市罗平县旧屋基彝族乡（以下简称"旧屋基乡"）位于罗平县东南40公里，地处滇、桂、黔三省区接合部，面积120平方公里，有耕地46524亩，辖7个村委会、55个村民小组，2022年末共有2660户11253人，其中彝族、苗族、布依族等少数民族有4118人，占总人口的36.6%，是曲靖市唯一的彝族乡。全乡喀斯特地形地貌典型显著，"山高石头多，出门就爬坡，九分石头一分土，土如珍珠水如油"是其真实写照。

自2017年罗平县在全省首批脱贫、推动巩固拓展脱贫攻坚成果与乡村振兴有效衔接以来，旧屋基乡围绕罗平县全域旅游示范区和乡村振兴示范区建设，聚焦打造"生态家园·美丽彝乡"，充分挖掘那色峰海、万峰山自然保护区、"天然氧吧"、民族文化等资源优势，以生态化、融合化持续推进乡村产业转型升级、提质增效，努力闯出一条民族山区产业振兴的特色之路。

一 主要做法

立足得天独厚的自然资源和独特的自然生态景观，旧屋基乡党委、政府努力把最有特色、最有优势、最具潜力的资源禀赋充分挖掘和利用起来，统一思想、科学规划，努力打好生态牌、旅游牌，大力推动产业绿色转型，以"生态+""旅游+"持续推进产业生态化、生态产业化、产业融合化，助力推动乡村产业振兴、产业兴旺。

（一）统一思想科学规划

真正发挥比较优势、一体实现富民强乡，一直是旧屋基乡历届党委、政府思考的根本问题。经过多年的思考与探索，走农文旅融合、生态化、融合化发展之路已成为旧屋基乡党委、政府的坚定共识。方向和道路明确后，统一思想便成为团结干事、推动发展的根本保证。全乡通过各种会议、宣讲、座谈等多种方式以及一线工作、典型引路、干带结合等多样方法，让生态化、融合化推动乡村全面振兴逐渐成为全乡干部群众的道路认同、行动认同，逐步实现了理念和思想上的干群统一、上下一致。为强化目标指引，全乡立足实际，制定了国民经济和社会发展规划、乡村振兴规划、全域旅游规划等一系列规划，并将看准的路径、成熟的做法、成功的经验等制度化、机制化、长效化。以此引领全乡干部群众团结一心、众志成城、坚定不移向着美好奋斗目标绵绵用力、久久为功。思想统一、目标一致、行动明确，激发了全乡干部群众奋进新征程、迈向共同富裕的信心和动力。

（二）推动产业绿色转型

作为一个以农业为主的少数民族乡，旧屋基乡80%以上是耕坡地，以粮食、蔬菜等传统农作物为主，以大量施用农药、化肥增产增收为主要特征的传统农业发展方式愈加步履维艰。在耕地、生态"双红线"的硬约束下，如何提升产品单位面积产值成为关键。旧屋基乡党委、政府通过多方考察学习，确立了发展生态友好型农业的方向，大力推进农药化肥减量化，以推广农家肥有机肥为抓手，稳步推进传统特色产业生态化改造升级，着力试验推广农业绿色生产方式和新品种。

持续推广大米、油菜籽、生猪等传统产业生态化。全乡以生产方式的变革推进产业的生态转型，引导示范生态水稻种植，推广油菜清洁高效生产技术，推动生猪适度规模、集约化养殖。2020年，全乡在木马甲试点种植无公害生态稻谷，通过秸秆还田、施用农家肥和有机肥，有效地改善了土壤物理性状、培肥了地力、增加了土壤有机质，减少了化学肥料对土壤的污染、农药对环境的污染。尽管生态稻平均单产仅有202公斤/亩，生态米的价格却提升至25元/公斤，亩均收入5050元，除去成本亩均纯收入3515元，比常规稻亩纯增收1395元。凭借良好的生产环境、香醇润糯的口感和生态安全的品质，旧屋基"无公害生态米"悄然兴起、声名鹊起，前来订购的客户络绎不绝。这也增强了生态稻种植的积极性，仅木马甲村的生态稻种植面积就从100亩增加至500亩，而且增加了绿色有机水稻的试验示范。

着力培育蜂蜜、桃、中药材等生态新业态新产业。全乡充分发挥森林资源丰富优势，积极引入养蜂、野山桃、仿生铁皮石斛、林下中药材等新产业，着力使生态"约束"变为生态"红利"，使资源优势变为产业优势。2017年，旧屋基乡以蜜蜂养殖为重点探索实践"产业扶贫组织化"，在罗平县委、县政府支持下建立小坂田、那色家园、白石岩、安木勒、地安发罗戈、地安格拉卡等中蜂养殖基地，涌现出了"认养一窝蜂"体验经济新业态。2019年，全乡又结合退耕还林项目引导群众流转土地，种植野山桃7000亩、38.5万株，覆盖全乡7个村。2020年以来，全乡在老寨、小新寨、木星等村委会建立铁皮石斛仿野生种植推广和示范基地480亩、30万株，试验金线莲、重楼、黄精等中药材林下种植，探索拓展林下绿色产业链。

（三）全力发展乡村旅游

得天独厚的自然资源和自然生态景观，是旧屋基乡乡村旅游的最大优势、乡村振兴的最优路径。全乡在创建乡村振兴示范区过程中，将乡村旅游融入罗平全域旅游大格局中重塑，协调推进乡村生态保护与乡村旅游扩容，高质量推进乡村旅游提质优化。

围绕全域旅游五年规划，旧屋基乡坚持保护和开发并重，突出景观、景色、景点融合，发挥政府引导、社会资本主力、群众主体作用。加快推进那色峰海景区的提质改造建设，创新打造具有旧屋基特色的旅游核心区，着力构建"木星—撒布嘎—集镇""集镇—野猴谷—小三峡""集镇—小寨—大补懂—小补懂""大补懂—小补懂—新寨—将军石—木马甲"4条旅游环线，积极推进木马甲和洋洞脚示范村休闲避暑特色民宿区建设，全力优化旅游业态、线路，将生态优势、景观优势充分发挥。此外，全乡加快补齐"吃、住、行、游、购、娱"及"商、养、学、闲、情、奇"短板，从特色餐饮、特色民宿、特色文化集镇等方面入手，完善公共设施和旅游配套，着力打造乡村旅游全产业链，努力提升乡村旅游全价值链。

（四）强化农文旅融合发展

依托那色峰海景区，挖掘亚洲第一斜塔、野猴谷、民族风情、野生动植物等资源潜力。旧屋基乡突出打造"绿色"旅游品牌，大力发展绿色生态产业，建设一批民族文化活动场所、开展一批特色节庆民俗活动、开发一批休闲旅游精品景点。开展"览那色峰海、食那色佳肴、品那色香酒、赏那色歌舞、宿那色小院、观那色星空、享那色氧吧"体验活动，让游客品得到"乡味"、记得住"乡愁"，留得住"乡情"。

强化农旅融合发展。全乡坚持以农为本，因地制宜、统筹布局，

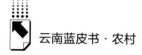

大力发展特色产业、休闲农业、乡村旅游、农村电商等新产业新业态，不断延长农业产业链。坚持以旅带农，通过景区景点资源的开发，激发群众参与旅游产业的意识，拓展餐饮住宿、民俗体验、农特产品销售等旅游产业链。以生态旅游产业带动特色产品销售、农业绿色转型、乡村业态丰富，进而壮大乡村经济，带动农民增收，促进乡村产业振兴，实实在在地推动形成以农为底、以旅为径、以旅兴农、农旅互促的融合发展之路。

推动文旅融合发展。全乡坚持以文化为魂，整体布局、突出特色，在传承少数民族传统文化和保护少数民族特色村寨的基础上，逐步恢复彝族特色民居，建设彝族文化展览馆、彝族特色民居、文化广场、传统祭祀区等基础设施。进一步挖掘传承彝族刺绣、民俗歌舞、农耕文化等，努力将彝族文化嵌入乡村旅游之中，让民族文化为旅游增添特色、丰富活动。让旅游促进民族文化自信和传播，进而凸显旧屋基乡乡村文化旅游入眼、入身、入心的独特魅力。

二　总体成效

经过接续奋斗，尤其是党的十九大以来，旧屋基乡产业生态化、多元化、融合化初步显现，乡村人居环境更加清新整洁，民族更加团结和谐，乡村产业振兴推动全乡面貌为之一新。

（一）产业更加生态多元融合

在生态化、融合化发展道路的引领下，旧屋基乡村传统产业生态化转型加速，乡村业态日渐丰富多元，以"乡村旅游+"为重点的产业融合态势愈加凸显。

种养殖更加生态化。在村集体公司、农民专业合作社、种养大户、家庭农场主等新型农业经营主体的带动下，全乡深入实施农药化肥"减量化"和农家肥、有机肥"增量化",以及林下仿生种养殖。生态大米、脐橙、三叶青、吴茱萸等作物实现提质增效,蜂蜜、"飞鸡"、"跑步猪"等畜禽产品名声在外,林下仿生的金线莲、重楼、黄精、铁皮石斛等中药材悄然兴起,着力打造中药材之乡、林下鸡养殖之乡。尤其是"那色"系列产品"三品一标"注册以后,全乡生态农业产业规范化、品牌化程度日渐提高,"那色"系列农特产品品牌完成认证,"那色"产品可追溯体系建立,并促进和带动全乡生态农产品的销售和生态农业的持续健康发展。

乡村业态更加丰富多元。一花独放不是春,百花齐放春满园。随着乡村振兴战略的深入实施,全乡实现了由农业"一枝独秀"到农业和乡村旅游"双足并立",再到农业、乡村旅游、住宿、餐饮、电子商务、刺绣等多种产业"百花齐放"的根本转变。全乡发展民俗生态旅游、田园观光、林下种养殖、经济林果、生态农业等绿色生态产业。依托电子商务平台,全乡搭建了"线上+线下"销售平台,线上与"曲靖M"、网红"云乡小丽"等媒体合作,开展直播带货;线下在罗平县城彝族特色街挂牌运营那色特产销售中心,在木星村建设农特产品展销中心(乡购馆)。这一"线上+线下"的销售平台,助推那色系列产品逐步进入大超市、进驻大市场,得到了更多消费者的认同。2020年以来仅那色生态大米、那色胡辣椒面、那色菜油、那色泡姜等四大主要特色产品的销售额就达400余万元。法湾村委会充分挖掘彝族传统刺绣技艺成立了彝族刺绣专业合作社,建立了刺绣工坊,组织开展刺绣培训达100余人,组织30余名绣娘参加罗平县沪滇扶贫协作绣娘技能培训班,其中5名优秀绣娘被选至上海参加游学活动,进一步拓展刺绣产业链,推动"指尖技艺"向"指尖经济"转化。

"乡村旅游+"融合态势显著。全乡围绕打造宜居、宜游、宜养乡村旅游之乡的目标,推进生态休闲旅游"搭台"、乡村多元产业"唱戏",实现乡村各种产业联动、各类产品互动、乡村产业融合发

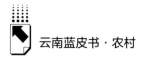

展之势渐呈。依托"那色峰海"、亚洲第一斜塔、险峻的野猴谷、浓郁的民族风情、丰富的野生动植物等资源优势，全乡充分挖掘火把节、徒步、露营、摄影绘画、"网红"直播带货等节庆和活动。建设一批民族文化活动场所、开展一批特色节庆民俗活动、开发一批休闲旅游精品景点，打造"摄影绘画走廊，康体健身天堂"，进一步提高了景区景点知名度。推行"党支部+餐饮住宿协会+农户"乡村旅游模式，带动群众发展餐饮、民宿、小吃、刺绣等服务，创新科普内容、林下拓展活动、探险活动等，进一步丰富游客体验内容、增加游客体验时间，让来的人"乘兴而来、满载而归、流连忘返"。例如，木马甲村拓展"鸟的天堂"增值空间，建起了2个鸟堂，营造出"鸟宿溪头鸣春涧"的特殊体验，打造徒步、观鸟、摄影、吃住等"一条龙"服务。洋洞脚村以"旅游+产业"的发展模式，初步实现了村集体功能、农业产业结构、经济发展模式、资源资产价值的"四个提升"。2018~2021年，全乡累计接待游客16万人次，实现旅游综合收入8600余万元。

乡村产业的逐步振兴带动了旧屋基乡经济社会的加快发展及农民收入的快速增加。2022年，全乡生产总值同比增长9.5%，财政一般预算收入增长13.25%，农民人均纯收入增长10%。

（二）人与自然更加和谐

旧屋基乡因自然而生、靠自然而兴，最终与自然和谐共生。在推动产业振兴的进程中，全乡始终将"保护绿水青山"作为发展的底线和红线，统筹发展与保护工作，努力探索"既要绿水青山又要金山银山""绿水青山就是金山银山"的生态优先、绿色发展之路。

生态建设成效显著。通过不懈的生态建设，旧屋基乡森林覆盖率增加至76%，被称为"天然氧吧"。有猕猴、白腹锦鸡、画眉、红嘴相思鸟、银耳相思鸟、灰林鸮、草鸮、苍鸮、豹猫等国家二类保护动物 11 种，有红椿、榉木、白日青、石斛、白芨及各类兰花等国家二级保护植物 6 种，还有岩羊、獐子、野鸡、锦鸡、猫头鹰、啄木鸟、布谷、斑鸠等兽禽，更是新发现隔距兰兰科类新特种 1 个。设立管护哨所、聘请"猴保姆"、定时投喂"猴粮"等保护举措，既有效保护了猕猴，又减少了猕猴对农作物的危害，促进了野生猕猴种群规模的逐渐壮大，目前乡内有猴群十多群，每个猴群由 10 多年前的 20 多只发展到 100 多只不等，猕猴已由 340 多只发展到 2200 多只，这又增加了一个赏峰观猴的靓丽旅游线路。绿色、生态的发展优势进一步彰显，人与自然和谐共生的良好格局持续巩固。

人居环境更加美丽。为实现人居环境与旅游环境同步发展，旧屋基乡在完善旅游配套设施的同时，以点带面、串点成线，稳步有序开展村庄亮化、绿化、美化，持续深入推进人居环境改善与提升，逐步提升人居公共服务水平，开展"七大行动"①，着力建设"绿美彝乡"。全乡开展"三生空间"和"两违"治理，第一批通过了市县级"多规合一"实用性村庄规划审查，2022 年未发生"非农化非粮化"问题。全乡荣获"云南省卫生乡"，法湾村委会荣获"全国生态文化村""国家森林乡村""云南省文明村镇""曲靖市美丽村庄"，木星村积极推进争创省级美丽乡村、木马甲村争创国家乡村振兴示范村、小补懂村争创精品示范村等。

（三）民族更加团结进步

民族团结是各族人民的生命线，是社会和谐稳定、人民幸福生活的重要保障。作为新世纪新阶段民族工作的主体，各民族共同团结奋

---

① 七大行动：建设绿美山川、绿美乡村、绿美公路、绿美河湖、绿美校园、绿美景区和绿美田园。

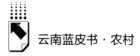

斗、共同繁荣发展是旧屋基彝族乡长期不懈追求的目标，更是乡村振兴路上一个民族也不能少、不能掉队的使命和责任。

经过党的十八大以来的精准扶贫精准脱贫，旧屋基乡各族人民群众率先完成了摆脱贫困、奔赴振兴的历史重任。基础设施、人居环境、产业基础等经济社会方方面面取得了历史性成效、获得了历史性变革，同步全面建成小康社会，人民群众获得感、幸福感、安全感显著提升，凝聚力、向心力、战斗力明显增强，"民族团结进步"已成为全乡的鲜明特质。进入乡村振兴新阶段、迈向共同富裕新征程以来，全乡持续推进以产业振兴为重点的乡村全面振兴，进一步夯实各族人民群众追求美好生活的经济基础。目前，旧屋基乡已荣获"全国民族团结进步模范集体""云南省少数民族特色小镇""曲靖市基层党建示范乡"等荣誉称号，正努力创建"共同体意识模范乡""乡村振兴示范乡"。法湾村委会的大补懂村和小寨村也荣获"云南省级少数民族特色村"等荣誉称号。另外，还有23户获得"农村文明家庭"，8人获得"农村道德模范"。

三　经验启示

长期的努力、探索和实践证明，旧屋基乡以生态化、融合化推动产业振兴是贯彻新发展理念、支撑乡村全面振兴、符合实际特质的可持续的正确发展道路。全乡在持续推进产业生态化、融合化的工作中也积累了若干经验，可为全省甚至全国的山区、林区、民族村寨持续推进产业振兴、全面振兴提供一些启示。

（一）坚持共享富民根本目标

习近平总书记强调，共享是中国特色社会主义的本质要求。"共享理念实质就是坚持以人民为中心的发展思想，体现的是逐步实现共同富裕的要求。"[1] 共享发展的内涵主要体现在全民共享、全面共享、共建共享、渐进共享。而增加农民收入是"三农"工作的中心任务，也是检验农村工作实效的一个重要尺度，更是实现农业农村共同富裕的关键。产业是发展的根基，只有产业发展壮大，群众收入才能稳定增长，脱贫成果才能巩固拓展，乡村振兴才能全面实现。因此，乡村振兴，产业兴旺是重点，产业振兴是重中之重。

进入新时代、奔赴新征程，旧屋基乡党委、政府完整、准确、全面贯彻新发展理念。深入贯彻以人民为中心的发展思想，坚持发展为了人民、发展依靠人民、发展成果由人民共享，始终瞄准"促增收、乐共享"目标，千方百计拓宽农民增收渠道，千锤百炼夯实农民增收的产业基础，着力推动乡村人口就近就地就业，着力缩小城乡居民收入差距、乡村与周边乡镇的发展差距，努力让农民共商发展大计、共建发展基础、共享发展成果，力促旧屋基乡的高质量发展与农民群众的全面进步成为目标相同、利益一致、相互交融、同心同向的共同体，凝聚起共同团结奋斗的磅礴力量。在农民实现自身富裕的同时，推进全乡共同富裕迈出坚实步伐。

（二）坚持"两山理论"根本指导

习近平总书记强调，"生态环境是关系党的使命宗旨的重大政治问题，也是关系民生的重大社会问题"[2]；"环境就是民生，青山就是美丽，蓝天也是幸福"[3]。建设美丽中国是全面建设社会主义现代化国家的重要目标，生态宜居是乡村振兴的关键。旧屋基乡党委、政府

---

① 习近平：《论把握新发展阶段、贯彻新发展理念、构建新发展格局》，中央文献出版社，2021，第95页。

② 习近平：《习近平著作选读》第二卷，人民出版社，2023，第169页。

③ 习近平：《论把握新发展阶段、贯彻新发展理念、构建新发展格局》，中央文献出版社，2021，第256页。

深入贯彻习近平新时代中国特色社会主义思想，牢固树立和践行"绿水青山就是金山银山"的理念，坚决扛起生态文明建设政治责任，坚定不移走生态绿色高质量发展之路，以建成"生态家园·美丽彝乡"为目标，着力推进人与自然和谐共生的现代化。

筑牢生态屏障，严守绿水青山。保护生态环境就是保护生产力，改善生态环境就是发展生产力。旧屋基乡党委、政府坚决贯彻"保护优先"方针，以"宁要绿水青山，不要金山银山"的气魄，全面落实生态环境保护"党政同责""一岗双责"，严守生态红线、资源底线，自觉践行让"天更蓝、山更绿、水更清、环境更优美"的坚定理念，持续筑牢高质量发展的生态根基，为子孙后代留下山清水秀的生态空间。

坚持绿色发展，探寻金山银山。习近平总书记指出："绿水青山和金山银山决不是对立的，关键在人，关键在思路。"① 思路一变天地宽。绿色生态是最大的财富、最大的优势、最大的品牌，而良好生态环境又是农村的最大优势和宝贵财富，更是云南加快发展、永续发展、后来居上的坚实基础。旧屋基乡坚持生态优先、绿色发展，自觉推动发展方式绿色低碳转型，有效降低发展的资源环境代价。以"两山实践基地"示范为契机，积极探索拓展绿水青山转化金山银山的路径，因地制宜推进产业生态化、生态产业化，大力发展生态农业、乡村旅游业，不断壮大"美丽经济"，加速生态势能转换为经济动能，持续增强发展的潜力和后劲，努力走出一条生态美、产业兴、百姓富的生态振兴、绿色发展新路子。

（三）坚持久久为功良好作风

习近平总书记指出，一张好的蓝图，只要是科学的、切合实际的、符合人民愿望的，就要一茬一茬接着干，干出来的都是实绩，广

---

① 中共中央宣传部、中华人民共和国生态环境部编《习近平生态文明思想学习纲要》，学习出版社、人民出版社，2022，第30页。

大干部群众都会看在眼里、记在心里。① 旧屋基在推动乡村产业振兴、统筹发展与保护的过程中的探索并不是一蹴而就，而是保持历史耐心和战略定力、一步一个脚印走出来的，生动体现了锲而不舍、循序渐进、久久为功的精神。

党的十八大以来，旧屋基乡紧盯"生态家园·美丽彝乡"建设目标不动摇、不折腾，坚持不懈地抓好产业、增收、环境三个人民群众最关心最直接最现实的核心利益问题。根据精准扶贫精准脱贫、巩固脱贫成果与乡村振兴有效衔接、全面推进乡村振兴等不同阶段确定的重点任务，从全面脱贫、巡山护林、产业生态转型、人居环境改善入手，到巩固脱贫成果、生态产业化、产业生态化、人居环境提升，再到共同富裕、产业融合、公共服务完善、绿美乡村建设等，先易后难、层层递进，稳扎稳打、循序渐进，一件事情接着一件事情办，一个台阶接着一个台阶上，一任接着一任干，以钉钉子精神推进各项任务，积小胜为大胜，以真抓实干的良好作风进一步增强了基层党组织的凝聚力、向心力、感召力和战斗力。

（四）坚持党建引领根本保障

习近平总书记指出，"加强党的基层组织建设，关键是从严抓好落实"；"要以提升组织力为重点，突出政治功能。要健全基层组织，优化组织设置，理顺隶属关系，创新活动方式，扩大基层党的组织覆盖和工作覆盖"。② "农村富不富，关键看支部"。基层党组织是实施乡村振兴战略的"主心骨"。党的全部力量来自组织，只有坚持党建引领，增强政治功能和组织功能，才能让基层党组织成为凝聚党员群

---

① 中共中央宣传部、国家发展和改革委员会编《习近平经济思想学习纲要》，人民出版社，2022，第169页。

② 习近平：《论坚持党对一切工作的领导》，中央文献出版社，2019，第260页。

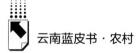

众的"主心骨",让党员干部成为促推乡村发展的"领头羊",让各界力量成为参与乡村治理的"生力军"。

旧屋基乡党委牢固树立建强基层党建的鲜明导向,紧抓党建这一事关全局的"牛鼻子",坚持把加强基层党建摆在突出位置,优化党组织设置。把村里能干事、会干事、干成事的优秀党员推选进村党支部支委;把组织阵地建在乡村振兴最前沿,压实党建工作责任;把学习与议事紧密结合起来,强化政治功能和组织力,不断增强党员意识和党组织的吸引力。全乡以"党支部+公司+基地+农户""党支部+企业+合作社+群众"等"党建+"模式,以"三联三争"机制引领推进各项工作,支委率先垂范带着群众干、党员群众争优示范做、广大群众跟进看齐,点燃了村干部和村民干事创业致富的热情,逐步形成了心往一处想、劲往一处使的良好氛围。形成党员"干给群众看、带着群众干",村支部"说话有人听、干事有人跟"的良好格局,有效提升了基层党组织的凝聚力、战斗力、执行力。

B.8

打响乡村生态振兴"当头炮"

——石屏县农村人居环境提升的实践与启示

普建春*

摘　要：　做好农村人居环境的治理提升工作，是做好"三农"工作的重要基础，是全面实现农业农村现代化的内在要求，是农村精神文明建设的具体抓手，事关广大老百姓的根本福祉和身体健康。石屏县作为第三批国家农业绿色发展先行区，始终把农村人居环境提升作为实施乡村生态振兴的重要举措，总结出了治理提升，解决人民群众最关切的堵点问题；培育乡风，营造向上向善的良好风尚；绿色发展，探索以富带美的新模式；保护优先，涵养赖以生存的生态空间等四个方面的主要做法。聚焦农村厕所改造、农村生活垃圾治理、农村生活污水处理、村庄规划、村容村貌提升、长效机制建立6个方面成效显著，对一些生态环境敏感区域和类似地区具有示范引领作用，为实施乡村生态振兴和农村人居环境提升提供了有益借鉴。

关键词：　乡村生态振兴　农村人居环境　石屏县

* 普建春，红河州经济作物技术推广站农艺师，主要从事农业农村发展及经济作物技术研究、良种繁育、试验示范和运用推广、技术培训学习、交流协作，为农业农村发展以及乡村振兴提供相关技术支持。

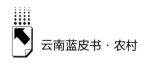
一 石屏县基本情况

石屏县地处云南省的南部，红河州的西北部，作为红河州的西大门，西北连接着玉溪的元江、新平、峨山、通海四县；在古代是滇东南的文化重镇，素有"文献名邦"的美誉。石屏县东西宽 59 公里，南北长 88 公里，辖区面积 3041.81 平方公里，山区面积占 94.65%，是典型的山区农业大县。县辖 7 镇 2 乡，115 个村民委员会（社区），941 个自然村，1427 个村民小组；2022 年末总户数 10703 户，总人口 315899 人，其中：农业人口 216259 人，非农业人口 99640 人；2022 年末全县实现生产总值 1428394 万元，同比增长 4.5%，人均生产总值 54436 元，农村常住居民人均可支配收入 17993 元，同比增长 6.6%。石屏县作为云南省最早一批、红河州第一个脱贫出列县，荣获了"国家卫生县城""国家农村生活污水治理示范县""云南省绿化模范县""云南省美丽县城"等 8 个称号，2020 年农村人居环境提升三年行动收官之际，石屏经验在云南省及红河州得到推广，石屏县成功承办了云南省以及红河州农村人居环境现场推进会。石屏县作为第三批国家农业绿色发展先行区，把农村人居环境提升行动作为实施乡村生态振兴的重要举措，其提升农村人居环境主要做法及成效对其他类似县具有示范和引领作用，特别是对一些生态环境敏感区域，其示范作用就更为明显。

二 主要做法

2018 年以来，石屏县始终坚持把农村人居环境提升作为实施乡村生态振兴的"当头炮"。作为农村精神文明建设的具体抓手，围绕"百村蜕变、整县提升、全域治理"的工作思路，以村庄规划、农村厕所改造提升、农村生活污水处理、生活垃圾治理、村容村貌提升、建立长效机制等方面为重点真抓实干，建成一批各具特色、亮点纷呈、宜居宜业的农村人居环境提升示范村庄，农村人居环境发生了可喜的变化，逐步实现从"环境美"到"内涵美"的蜕变，切实让老百姓感受到鸟语花香的秀美田园风光，提升了老百姓的获得感和幸福感。

（一）治理提升，打通人民群众最关切的堵点

1. 留白控规，为发展预留空间

石屏县以村庄规划为突破口，尊重客观规律，制定实施《2020年提升人居环境村庄整治规划指导意见》，分类确定村庄的发展方向和建设模式，实行"村民主体+党支部主导+乡镇把关+县级指导"的乡村规划模式，动员群众参与"我的村庄我规划"，最大限度地尊重和听取村民意见，创新运用无人机航拍图，把道路、公厕、停车场、污水治理、小广场等村民讨论确定的内容布置上去，经村民一事一议会讨论通过后，形成有乡愁、接地气的村庄规划；从乡村自身实际出发，统筹考虑产业发展、生态靓丽、宜居便利、地方特色等因素，在没有明确土地建设用途的地方或栽树植草或留白控规，为今后的发展预留空间。

2. 以点带面，分类分批示范带动

按照"先易后难、示范带动、全面推进"的思路，把环异龙湖周边、城郊接合部、集镇所在地、公路沿线、传统村落等217个重点村作为首攻对象，分类、分区、分批精准施策。由村党组织牵头，成立村民理事会，充分发挥第一书记、老党员、老干部等的作用，经县乡职能部门政策把关和技术指导，形成接地气、可操作、群众认可的规划建设方案。引导群众就地取材、旧物利用、投工投劳建设美丽宜居新家园，呈现户督户、村赶村、镇比镇"大比拼"的良好氛围。

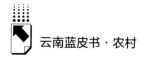

3. 多措并举，推进"四清五治三管"

一是"清"出发展空间。紧盯"危、旧、临、违、乱"建筑，全面开展清理危旧房屋、清理临时建筑、清理不协调建筑、清理违章建筑"四清"行动。二是"治"出干净整洁。开展治理垃圾乱倒、污水横流、粪污乱排、乱堆乱放、乱贴乱画"五治"行动。三是"建"出宜居村庄。建设完善小花园、小果园、小菜园、小庭院、小广场，公共厕所、公共停车场、公共道路，完善垃圾污水收治体系，实现"拆一片、清一片、绿一片、美一片"，建成一批各具特色、亮点纷呈、宜居宜业宜游的农村人居环境示范村庄。四是"管"出文明乡风。用好用足规划管建设，健全机制管长效，革除陋习管乡风，以"文明新风示范村"创建为引领，在石屏县所有自然村建立了保洁制度和卫生费农户付费制度，将村庄规划管理、村庄卫生保洁、村民文明行为规范等纳入村规民约，建立村规民约和红白理事会、道德评议会、村民议事会、禁毒禁赌会"一约四会"的长效管理机制。

（二）培育乡风，营造向上向善的良好风尚

1. 锤炼党员干部作风

从县委书记开始，33名县级领导挂牌作战，将各级党员干部职工组织起来，动员石屏县人民群众行动起来，呈现出党员干部带头、全民参与、群众自发投工投劳、自发拆临拆违的崭新气象。其异龙镇小水村老党员、原总支书记杨有才主动将自家三层楼房拆除；坝心镇老街村委会党总支书记周官宏被评为"全国人民调解能手"，发挥了"一名党员一面旗帜"的作用，展现出新时代党员干部担当作为新气象，坝心镇2019年获评全国乡村治理示范乡镇。

2. 提高乡村治理效能

以农村人居环境治理提升行动为契机，将治理农村人居环境和乡村生态振兴的愿景纳入村规民约，推动乡村移风易俗，引导村民养成

良好风尚。大桥乡大平地村，乡干部驻村深入调查，与村党员、干部反复商讨研究，耐心引导并充分吸纳村民意见建议，形成符合实际的规划方案，村民出工出劳参与公共基础设施建设，自行拆违拆临，只用145万元资金就完善了引水、排污、农资交易中心、村史馆、村民活动广场、公厕等公共基础设施；龙武镇水尾村曾经的下乡干部廖克忠主动捐赠34万元建设农家书屋，为提高乡村治理贡献力量。

3. 浸润民风社风

石屏县通过传承乡村优秀传统文化，革除文化陋习；优先发展产业，充分发挥"明白人、带头人"作用，引导群众树立多干多得、勤劳致富观念；建立刚性和柔性并举的监管机制，规范普通农户客事宴请，改革生活陋习；建立节约生产、村级卫生公约，杜绝乱涂乱画、乱扔乱倒、乱堆乱放；严管私搭乱建、圈地占地，严格管控新建房屋外立面。宝秀镇郑营村，是有名的历史文化名村，人均耕地仅有0.6亩，其根据村民人多地少的实际，对拆除的露天、带屋顶茅房给予每平方米90元或120元的补助，同时建了11座标准公厕，"脏乱差"问题迎刃而解，以往藏在茅房和危房角落里的古建筑也重见天日、焕发光彩。

（三）绿色发展，探索以富带美的新模式

1. 不断健全完善公共基础服务设施

通过易地搬迁、拆除重建、加固改造工程，实现住有所居，有序推进石屏大型灌区工程前期工作，加快改造升级农村路网、水网、电网、通信网等网络设施，公共基础服务设施水平得到很大的提升。龙武镇分水岭村将地质灾害严重、生产生活不便的撒白寨、龙潭寨、白糯地三个自然村整体搬迁到一起，集中建设广场、医务室等公共服务基础设施，彝族特色民居整齐有致，房前屋后流水潺潺，小桥流水人家。

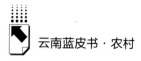

2. 着力推进"两污"治理

推进"厕所改造提升",户厕在省级补助400元的基础上,每户再补助800元。深化"一水两污"治理,持续巩固全国农村生活污水治理示范县成果,形成"户清扫、村收集、镇转运、县处理"农村垃圾处理模式;全域建立保洁制度和垃圾收运处置群众参与机制。

3. 大力发展绿色生态产业

石屏县通过示范引领农业绿色高质量发展,形成了北部山区龙朋"种养循环"产业强镇,中有坝区异龙湖流域"有机农业"示范,南有干热河谷果蔬标准化生产的农业绿色发展格局。一是推广绿色防控技术。以技术培训+"手把手"专业技术员派驻的方式,科学推广生态调控、生物防治、理化诱控和科学用药等不同绿色防控技术,形成绿色高效治理组合。二是绿色基地示范引领促发展。建成"杨梅产业秸秆利用基地、玉米秸秆还田种植山药示范基地、养殖场农作物秸秆饲料化利用及小麦秸秆粉碎还田示范基地"等多个示范基地,在云南省以及红河州形成绿色示范。三是全域推进品牌打造。大力发展白萝卜、山药、冬马铃薯等优特蔬菜,重点打造"石屏杨梅""石屏白萝卜""石屏火龙果""石屏蓝莓""石屏猕猴桃"等区域性公共品牌,全域推进品牌打造和标准化生产,提升农产品绿色化、优质化、特色化水平。四是整合异龙湖流域资源优势。大力推进"种养+农文旅"一体化产业融合发展,构建涵盖农业研发、生产、加工、品牌等环节的绿色低碳全产业链,整合县域山区种养产业和乡村资源条件。

(四)保护优先,涵养赖以生存的生态空间

1. 提升涵养生态功能

石屏县通过不断完善沿湖沿河34个重点村庄截污治污设施,延伸建立流域内城镇村生活污水、垃圾收集处理系统,面源污染进一步

消减。统筹实施杨梅园休耕、畜禽禁养限养、面山修复、矿山治理、北岸退耕区清理等治理行动，环湖周边剖面复绿及流域矿山复垦复绿，有效发挥"湖滨湿地—河口湿地—生态库塘—调蓄带"为一体的生态湿地系统作用，湖区生物多样性逐步恢复，不断提升异龙湖流域涵养生态功能。

2. 突出传承历史，留住乡愁

石屏县素有"文献名邦"美誉，有丰富的古村落、古建筑、古民俗等文化资源。在农村人居环境治理中，着重突出传承历史文脉，切实加大对古城古村、古居古墙、古树古井的保护力度，实施最美村庄群落风貌保护与修复，整县推进"拯救老屋行动"，注重活化利用古民居的现代功能，把村史馆、书屋等落户到古民居中。突出抓好村庄风貌管控和民房设计建设，把本土的、民族的、中式的青瓦白墙、飞檐翘角等建筑元素，巧妙地体现在房屋建设、外立面改造等具体细节上，打造具有石屏特色的村庄民居，不搞千篇一律、不搞贪大求洋，共建成 115 个村史馆。

三 石屏县农村人居环境提升取得的成效

（一）因地制宜改造提升农村厕所

一是方案早制定。石屏县率先在红河州制定了《石屏县农村"厕所革命"实施方案（2019—2020 年）》《石屏县 2021—2023 年农村"厕所革命"实施方案》《关于扎实推进石屏县"十四五"农村厕所革命的实施方案》，为石屏县农村厕所改造提升提供了有力的保障。二是全面完成厕所改造任务。2018~2022 年完成省、州下达石屏县自然村公厕任务数 320 座，改造完成 322 座，完成率达100.63%；112 个行政村村委会所在地无害化卫生公厕实现全覆盖；卫生户厕目标任务数 28190 座，改造完成 33052 座，完成率达 117.25%，户厕类型主要为完整下水道、三格化粪池、三联沼气式 3 种。三是充分利用沼气池处理厕所粪污。按照因地制宜、因村因户施策的原则，充分尊重农户生产生活习惯，结合沼气池容积大、无害化处理效果好的优势，厕所粪污与畜禽粪便、秸秆等通过沼气池进行发酵处理，厕所粪污得到有效利用，共改建三联沼气池卫生厕所 4654 座。

（二）农村生活垃圾治理成效明显

一是合理布局建体系。石屏县坝心、宝秀、大桥、新城 4 个乡镇 384 个村庄实现城乡一体化；牛街、龙朋、哨冲、龙武 4 个乡镇 192 个村庄实现镇村一体化和就近处理；"户保洁、村收集、镇转运、县处理"垃圾收治体系已形成，实现全收集、全处理。二是指标完成情况良好。石屏 897 个村庄（不含社区）2022 年设施覆盖率达 64.44%；镇区生活垃圾处理率 97.46%；村庄生活垃圾处理率 69.9%；9 个乡镇镇区和异龙湖周边村庄农村生活垃圾收集处理设施实现全覆盖，覆盖率 100%；非正规垃圾堆放点整治率 100%。三是农村生活垃圾处理能力提升。在原有的基础上，向全县 9 个乡镇配发勾背车 19 辆、吸粪车 13 辆、侧翻式垃圾桶 1211 只，已建成县城、龙朋两座垃圾填埋场，总库容 86 万立方米，处理能力 140 吨/天，渗漏液处理能力 75 吨；建成牛街镇生活垃圾热解站，日处理 6 吨，建成宝秀镇、坝心镇、龙武镇、哨冲镇、大桥乡、新城乡 6 个乡镇垃圾收运系统，建有垃圾中转站 13 座，转运能力 270 吨/天，生活垃圾日产日清，大幅提升了石屏县农村生活垃圾处理能力。

（三）农村生活污水处理梯次推进

一是以规划促治理。石屏县印发实施《红河州石屏县农村生活污水治理专项规划（2020—2035）》，农村生活污水治理率达

66.09%，与 2025 年目标 30% 相比，完成率达 120.3%；收集处理率达 25.22%，与 2025 年目标 8% 相比，完成率达 215.25%，均处于红河州前列。同时建成异龙湖流域污水管网 357.84 公里，3 座污水处理厂，日处理污水能力由 2.5 万吨提升至 3.55 万吨，水质均达到国家城镇污水处理排放标准，污水处理范围扩大，处理能力得到提升。二是实施项目促治理。实施了《石屏县异龙湖流域内坝心镇片区村庄污水治理建设项目》，实现了对流域内坝心镇白家寨、大坡脚、小河、大河、丫口、孙家寨、老街、五合村、城都寨、牛角咀村沙坝村等 11 个自然村的生活污水收集处理。三是强化管护促治理。制定了《石屏县农村生活污水处理设施运行维护管理办法》，加强对各污水处理设施的环境执法监管和监测，并委托第三方专业机构对异龙湖沿湖 23 座污水处理设施进行运维管护。

（四）有序推进村庄规划编制

一是村庄规划覆盖情况。石屏县 921 个自然村，扣除社区村庄 10 个、集镇所在地村庄 69 个，剩余需编制规划村庄 842 个，现已编制村庄数 777 个，覆盖率为 92.28%，34 个沿河沿湖重点村庄规划已编制完成。二是规划机构和管理队伍情况。石屏县 9 个乡镇均设立了自然资源所、乡镇规划建设服务中心，全部实施乡村建设规划许可证制度，覆盖率为 100%；行政村村庄土地规划建设专管员共 122 名，覆盖率 100%。三是"多规合一"规划分类情况。石屏县按照《云南省"多规合一"实用性村庄规划编制指南》要求，对 112 个行政村村庄规划实施了分类。其中，纳入提升完善类村庄 22 个，重点区域类村庄 9 个，编制过渡期规划类村庄 58 个，详细规划统筹类村庄 3 个，纳入县、乡规划管控类村庄 20 个，同时将异龙镇大水村委会成功申报纳入 2020 年省级

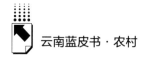
"多规合一"村庄规划试点；坝心镇新街村委会申报纳入州级试点。

（五）农村村容村貌全面提升

一是聚焦难点"清"出发展空间。累计拆临拆违 130 余万平方米，流转城乡建设用地增减挂钩指标 800 余亩，拆出了组织威信、拆出了公共空间、拆出了邻里和谐，形成"我为人人、人人为我"的新风尚。二是围绕乱象"治"出干净整洁。目前共清理生活垃圾 12220 吨、畜禽粪污等农业生产废弃物 2740 吨、村内水塘 380 个、沟渠 406.8 千米、村内淤泥 1279 吨、残垣断壁 643 处、小广告 1329 条。三是全面推进"美丽村庄"创建。2019~2022 年共创建"美丽村庄"84 个，其中：省级 5 个，州级 26 个，其他 53 个，建成龙港村、仁寿村、大平地村、桥头村、小水村、三家村、水尾村等一批各具特色、亮点纷呈、宜居宜业宜游的农村人居环境示范村庄。四是畜禽粪污资源化利用明显提升。2020 年石屏县粪污产生量为 238.44 万吨，资源化利用 225.5 万吨，粪污综合利用率达 94.57%，同比提高了 0.38 个百分点；规模养殖场有 146 家，设施配套率达 100%；大型规模养殖场 45 家，环保标识牌粘贴率达 100%。

（六）长效管护机制建立完善

建立卫生保洁制度、垃圾清运农户付费制度和"红黑榜"制度，实现所有自然村全覆盖，确保农村人居环境治理形成常态化管理。同时，将农村公厕管护、农村人居环境治理纳入村规民约，倡导农村人居环境共建共治共管共享，教育引导群众增强环境卫生意识，发挥村民参与农村人居环境治理的积极性、主动性，实现村民自我约束、自我管理，养成文明健康的社会主义新风尚。

四 经验启示

改善农村人居环境，必须正确处理好稳和进、立和破、虚和实、标和本、近和远的关系，石屏县的探索与实践，为实施乡村生态振兴和农村人居环境提升工作提供了有益借鉴。

（一）示范带动，构建多元化乡村治理体系

一是"一把手抓"，抓"一把手"。党委、政府主要领导带头抓，乡镇、村党组织书记为第一责任人，全民参与、投工投劳，形成"县级领导、部门指导、乡镇主抓、村级落实、全民参与"的农村人居环境治理格局，大力推进自治、法治、德治相结合的乡村治理体系建设，进一步健全完善村规民约，倡导公平正义，一把尺子量到底，不断提高村民自治能力和乡村管理水平。二是党员带头，示范带动。坚持党组织牵头，党员干部带头，组织第一书记、村民代表、新乡贤等参与，集中力量办大事；始终注重强化乡村党员干部的执行力、战斗力和号召力，激励党员干部亮明身份、冲锋在前，敢于直面复杂局面、处理突出问题，了解群众疾苦和心声，及时帮助解决群众所需所求。三是激发干事活力。搭建"乡村振兴大擂台"和"好支书大比武"平台，把在人居环境治理中工作出色、成效明显的村、社区和党组织书记拿出来比一比、晒一晒，有力促进村（社区）党组织书记相互交流、查找不足，营造出对标先进、比学赶超的良好工作氛围。

（二）统筹资源，因地制宜制定村庄规划

一是充分考虑特色，制定村庄规划。坚持历史性与前瞻性相协调、一次性规划与量力而行建设相统筹、专业人员参与与充分听取群

众意见相契合，充分考虑村庄产业特点、生态特色、民族特征、文化特质，严格管控整体风貌，一村一策制定村庄规划和建设方案。二是统筹资源，系统推进。石屏县通过采取"财政投入一点、群众自筹一点、乡贤能人捐赠一点"方式，将政府资金主要用于公共道路、停车场、公厕和污水垃圾收集治理体系等三公一体建设；而小庭院、小广场、小花园、小菜园、小果园和户厕建设主要由群众自己动手、自己筹资建设，乡贤能人主动捐赠建设农家书屋，补齐村庄功能短板，在拆除腾退的空间内优先安排道路、公厕、停车场、休闲文化广场等公益项目；不搞千村一面，不依葫芦画瓢。三是示范引领，稳扎稳打。坚持"田园风光是最美的风景，蔬菜林果是最好的绿化"，集中力量主攻集镇及周边、主干道沿线、沿湖沿河村庄，乡镇从重点村落干起、从基层党组织强的地方治起，创建示范村，建设治理村，推动以点带面、以线连片，一张蓝图绘到底。

（三）凝聚人心，激发群众主观能动性

一是宣传引导，树立生态环保意识。通过召开群众大会、融媒体宣传报道等，用群众喜闻乐见的方式用心讲、反复讲，用心教、反复教，深入浅出解读政策法规，引导农户主动拆临拆违、积极参与环境卫生治理。同时组织开展垃圾分类、畜禽规范养殖等主题宣传活动以及农田地清洁、控肥降药等行动，引导群众树立良好卫生习惯和生态环保意识。二是依靠群众，激发群众主观能动性。引导基层干部群众参与村庄规划、建设、管理全过程，征求群众意见，倾听群众诉求，让群众发挥主体作用，争当参与者、实践者，不做过客、不当看客，让政策措施接地气、可操作。三是涵养文明乡风，凝聚社会合力。把培育文明乡风作为推进农村人居环境治理有力抓手，积极开展好家风、好家庭、好媳妇等系列活动，以文明创建活动引导村民自我管理、自我教育、自我提高，营造良好氛围。

（四）齐抓共管，改善农村人居环境

一是健全村庄管理体系。采取"党组织+村民小组+社会组织"的模式，制定完善村规民约，村民议事、村庄风貌管控和卫生收费保洁制度，建立健全村庄管理体系。二是充分发挥服务队作用。充分发挥党员先锋队、人大代表志愿服务队、青年志愿服务队、巾帼志愿服务队、夕阳志愿服务队、乡贤能人的作用，引导群众转变观念、理解政策、支持工作，实现由"要我拆"到"我要拆"，开展好"四清五治"（清理危旧房屋、清理临时建筑、清理不协调建筑物、清理违章建筑；整治垃圾乱倒、污水横流、粪污乱排、乱堆乱放、乱贴乱画）行动，通过划分区域、定人、定岗、定责，"五小"（小花园、小果园、小菜园、小庭院、小广场）管护一插到底、"三公"（公共厕所、公共停车场、公共道路）管护责任到人；通过群众出一点、村集体经济以奖代补等方式，确保村庄保洁和垃圾就近分类、源头减量得到全面执行。三是坚持结果导向，用好考核问效"指挥棒"。把人居环境治理提升作为各乡镇党委书记向县委述职重要内容，要求各乡镇党委书记在抓好集镇建设的同时，每年抓出 1 个美丽示范乡村；要求村"两委"班子、驻村工作队、异龙湖"湖泊革命"攻坚战工作队把农村人居环境治理提升作为工作重点，明确方向路径。

B.9
多民族互嵌社区善治的样板

——大理州洱源县郑家庄"共建共治共享"的实践与启示

谢晓洁 *

摘 要： 我国民族团结进步事业取得了长足发展，在各地区、各领域、各层面涌现出一批历史底蕴深厚、时代内涵鲜明和精神风貌优良的民族团结进步典型和示范，郑家庄只是村庄层面的个案。郑家庄"乡村政治组织—乡村社会组织—乡贤精英"的共建治理格局，呈现出多主体共同参与的运行特征。郑家庄探索出了"以交融共享文化、以协商共治社区、以互助共建经济"的民族团结进步创建路径。积极发挥乡村政治组织引领作用、乡村社会组织支撑作用和乡贤精英凝聚作用，通过多元主体参与乡村共建、多种方式实施乡村共治，初步实现了经济共建愿景、形成基层社会治理新模式、实现民族文化共享理念。这对全面深入持久开展民族团结进步示范创建提升、加快少数民族和民族地区发展乃至铸牢中华民族共同体意识都有着重要的示范价值和实践意义。

关键词： 民族团结进步 中华民族共同体意识 乡村共治

---

* 谢晓洁，云南民族大学社会学博士，云南省社会科学院农村发展研究所副研究员，主要研究方向为农村发展、乡村治理、乡村文化建设。

一 乡村基本情况

郑家庄村位于祖国西南边陲的云南省大理市洱源县三营镇，属于坝区，离洱源县城 15.1 公里，离三营镇政府 2.5 公里，距共和村委会 0.5 公里，土地面积 1.22 平方公里，海拔 2100 米，年平均气温 22℃，年降水量 700 毫米，适宜种植水稻、大麦、烤烟等农作物，有耕地 589.86 亩，有林地 1224 亩。该村经济收入的来源，以中草药材营销、生猪养殖、乳牛养殖以及烤烟、水稻、蚕豆、大麦等农作物种植为主，兼有外出打工收入，形成"忙时为农、闲时为商"的发展格局。[1] 据《云南通志》记载，忽必烈出征大理时两名郑姓军官带领部队驻守在此处，军队在这里繁衍生息，故得名郑家庄。[2] 郑家庄是通往吐鲁番的主要通道，由此成为滇藏线和茶马古道上各民族汇聚与交流的地方。在漫长的发展历程中，形成了汉族和白族为原有民族，藏族、傣族、彝族、纳西族、傈僳族等民族融合共生的独特多民族文化走廊。截至 2023 年 7 月，全村共 186 户 618 人，居住着汉、白、藏、傣、纳西、彝、傈僳 7 个民族，各族人民团结和睦的历史源远流长，是一个典型的多民族互嵌社区。

多年来，在各级党委、政府的关心指导下，郑家庄深入学习贯彻习近平总书记关于加强和改进民族工作的重要思想，以铸牢中华民族共同体意识为主线，着眼大目标，着力细微处，扭住关键点，有形、有感、有效打造民族团结进步创建升级版，向深层次、全领域、多维度拓展，开创了经济发展、政治安定、文化繁荣、社会和谐的良好局

---

[1] 兰良平：《多民族杂居乡村构建和谐民族社区探析——以云南洱源县郑家庄为例》，《青海民族大学学报》（社会科学版）2016 年第 3 期。

[2] 《中共云南省委关于开展向洱源县三营镇郑家庄学习的决定》，《云南日报》2015 年 9 月 11 日。

面，各民族在和睦共生、踔厉奋发、勇毅前行中凝聚起"中华民族一家亲同心共筑中国梦"的磅礴力量。郑家庄坚持以党支部为引领，以社区警务为载体，充分彰显群众主体地位，发挥自治、德治、法治融合提升的力量，健全完善民族同心议事会制度，持续走共建、共治、共享乡村治理之路。2015年2月，郑家庄荣获第四届"全国文明村镇"荣誉称号；2015年9月，郑家庄荣获云南省第二届"云岭楷模"；2015年10月25日，央视新闻联播发表短评，称郑家庄是"一个民族团结的村庄范本"；2016年7月，郑家庄党支部被中共中央授予"全国先进基层党组织"；2017年4月，郑家庄被国家民委命名为"中国少数民族特色村寨"；2019年11月，郑家庄被国家民委命名为"全国民族团结进步示范村"；2023年，郑家庄入选全国"扫黄打非"进基层示范点。

二　主要做法

郑家庄深化民族团结进步创建工作，促进各民族共同繁荣进步、共同团结发展。把民族事务纳入共建共治共享的社会治理格局，探索出了"以交融共享文化、以协商共治社区、以互助共建经济"的民族团结进步创建路径。

（一）以互助共建经济

早在20世纪六七十年代，郑家庄各民族已经形成了"民族互助、村民互帮"的传统。改革开放后，郑家庄藏族村民继承了祖辈传统谋生方式，去迪庆，进怒江，上西藏，探索出了一条收购、加工、销售中药材的致富门路，然后秉承互助互帮传统，带领其他民族村民，不断拓展商品贸易领域，闯出了一条"宜农则农、宜商则商、农商并进"的村庄发展之路，形成了"师傅带徒弟，先富帮后富"

的良好氛围。

1998 年，郑家庄自然村就成立了党支部，由致富能人何国祥担任村党支部书记。经过二十多年的发展，目前全村共有多民族党员38 名。郑家庄坚持总支引路、党员带路、产业铺路，推选致富能人担任支部书记和村民小组长，并选拔积极性高、工作能力强的致富能手担任支部委员和党小组长，支部委员和党小组长中都有政治坚定、业务精通、熟悉基层、贴近群众、敢于奉献的各民族党员代表，组建了一个多民族的班子。党支部充分发挥核心领导作用，村民小组党支部领导班子、共产党员作为致富能手，与村民一起谋划产业发展路子，在互帮互助中促进发展、增进感情、强化组织的凝聚力。形成了"支部带队伍抓产业、干部带党员抓示范、党员带群众抓发展"的良好格局，让各族群众在最短的时间内享受到经济建设带来的实惠。采取"一对一""一对多"各民族党员交叉包户的方式结对帮扶不同民族群众，在互帮互助中促进民族团结。探索"党组织+企业+合作社+农户"模式，深化龙头企业绑定合作社、合作社绑定农户"双绑"机制。由合作社牵头盘活土地资源，鼓励群众种植药材、烤烟、水果等经济作物，聚焦民族文化旅游、中草药材观光旅游、乡村休闲度假旅游"三大主题"，以农家乐为载体，培育和发展家庭旅游、特色餐饮、休闲住宿等乡村旅游产品，创建工作与景区建设、旅游发展、生态保护、乡村振兴等深度融合、相互促进、相得益彰，打造农文旅融合的乡村旅游产业链，让更多群众在家门口就能增收致富，让绿水青山变成金山银山。在郑家庄民族团结示范村项目建设过程中，村党支部积极发动群众参与，投工投劳 2140 人次，用 25 万元项目建设资金做了村内 70 多万元的工程。2013 年在郑家庄村湿地公园建设项目中，村党支部通过发动群众，将一天之内涉及老百姓土地的所有手续全部办完并上交党委政府进行建设，群众自愿捐 33 亩建设用地，群众没有要过一分钱补偿款。

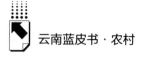

（二）以协商共治社区

郑家庄坚持多民族议事决策、多民族群防群治等民主管理模式，深入推进矛盾纠纷排查化解，做到小事不出村、矛盾不上交，全村保持"零上访"纪录。一是紧紧依托郑家庄治安巡防现场调处模式及民族同心议事制度，就地有效妥善调处化解各类大小矛盾纠纷，调处率达100%。从1991年自发成立"护村队"，1993年成立治安联防队，到2007年顺应形势发展建成郑家庄警务室，始终坚持唱响"我为全村守一周，全村为我守一年"的平安主旋律，共同遵守村规民约，共同维护和谐稳定，共同分享依法治村的成果，竖起了一面依法治村的旗帜，促进了当地经济发展。郑家庄坚持警民携手，结合"三户一组、每组一周、责任捆绑、错时巡防"模式，调动全村47名党员骨干发挥示范作用，推动社区警务与治安联防深度融合形成常态。落实民警驻村制度，在郑家庄警务室配置1名驻村民警和1名辅警，开展维护治安秩序、服务辖区群众、组织安全防范、掌握社情民意、调解矛盾纠纷、开展法律宣传及维稳等各项工作，确保警务室门常开、人常在、事常办。整合郑家庄治安联防队值班室与郑家庄警务室，配置必要警务装备及办公桌椅、资料柜等办公设备，对108名治安联防队员进行常态化指导培训，落实日常守护巡逻、敏感节点联合巡防、共同处置突发事件等工作机制，实现了日常守护无缝隙、巡防工作指导零距离、突发事件处置快反应、全村安全防护有保障。建立所、组、户三级工作联动制，三级紧密联系，共同发力，以村内主干道为界限，将全村186户618人分为南、北片区即两个五级网格，其中南片区共82户272人，北片区共104户346人，由党支部书记任网格长，2名村民小组长任网格员，网格长及网格员能熟练使用理政通App，及时审核、调度、处理、上报各类社情民意及矛盾纠纷，实现了郑家庄治安环境持续和谐稳定。此外，郑家庄创新建立了"1+2+7"基层民主议事制度，其中，"1"是指党支部书记、"2"是指藏族和汉族两名村民小组长、"7"是指7个民族各派一位议事代表，基本形成了集村党支部提议、村民小组商议、各民族代表决议为一体的基层民主议事制度。对于村内的各项事务，先由村党支部、村民小组议事决定后，再提交到"1+2+7"的议事小组，最后由议事会进行表决和通过。郑家庄通过多民族议事决策，不仅坚持了民族平等原则，又坚持了民主协商原则，为全村各族居民参与社区治理搭建了平台。

二是充分发挥社会组织的纽带作用，着力推动"三治融合"。"协会多"是郑家庄的一大特色，基于社会传统形成的各种民间组织，如阳光文艺队、中青年联谊会、老年协会等，把郑家庄各族居民都有机联结起来了，在村级公共事务治理中发挥着重要作用，并成为村党支部的重要助手。阳光文艺队由村里的妇女同胞自发组织成立，在农闲的时候每天晚上都会到广场上跳舞，村里公共区域的环境卫生由她们义务打扫，邻里纠纷也由阳光文艺队出面调解。中青年联谊会由村里的青壮年自发组织成立，共有33名会员，主要负责筹办村里的红白喜事以及村级基础设施建设等重大公共事务。老年协会共有66名会员，在村党支部的领导下，义务维护村里的花草树木以及公共设施，同时也扮演着调解邻里纠纷者的角色。因此郑家庄在协商共治中，邀请村中贤能人士，动员文艺队、老年协会等组织成员，主动宣传讲解法律法规，倡导村民严格遵守村规民约，落实每户轮流清洁全村卫生制度，规范农村道路、水路、线路布局及规划建房用地，有效预防各种矛盾纠纷发生。

三是推行互联网+社区警务，建立"平安郑家庄"微信群，及时收集了解社会治安信息，排查各类矛盾纠纷，同时指导群众有事网上办，安全防范知识网上学，实现便民服务全覆盖，最大限度地让数据多跑路，群众少跑腿。

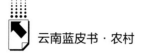

（三）以交融共享文化

郑家庄各民族虽然在村里居住历史有先有后、生活时间有长有短，但远亲不如近邻，各民族在共同的生产生活中不断互动交流，形成了既有民族特色又互相交融的郑家庄文化。改革开放以来，在党的民族政策指引下，村党支部努力推动各民族团结奋斗、共同繁荣发展。尤其是进入新时代以来，郑家庄"两委"不断推进民族之间的交往交流交融，修建了包含 7 个民族特色文化的凉亭，在主体建筑、色彩搭配及语言文字镌刻等方面融合了 7 个民族的文化元素。凉亭主体建筑综合采用了汉族、傣族、藏族等多民族建筑风格，而凉亭着色则采用了彝族、白族等多民族建筑色彩，并用纳西族、傈僳族的文字雕刻了精美的花纹，成为村落"多元一体"文化的象征。通过橱窗展板、文化长廊等宣传习近平总书记"凝聚各民族、发展各民族、繁荣各民族"的思想，组织党员、民族议事代表等学习民族政策，引导群众不断增强"石榴籽"意识。

"中青年民族团结联谊会"和"阳光文艺队"等社会组织，通过经常性的活动增进各民族之间的了解和友谊。组织各族群众参与的春节篝火晚会、中秋节全村团圆宴等交流平台，增强了村民的向心力和凝聚力。在郑家庄，各民族共同过传统节日，并在节日期间，开展丰富多彩的文艺活动宣传党的民族政策，使民族工作家喻户晓、人人皆知。在中秋节组织各族群众举办"中秋团圆饭"活动，全村700 多人坐 90 多桌，在"团圆饭"里话乡情、谋发展，让外出经商务工人员记住乡愁，吃出家人团圆的味道，增强"中华民族一家亲"的共同体意识，引导村民知党恩、跟党走。24 年来从未间断，而且规模越来越大、参与人数越来越多，近年来不仅郑家庄的群众参加，已在外地定居安家的自发回乡参加，周边村子的群众也慕名前来参与。

三　初步成效

郑家庄积极发挥乡村政治组织引领作用、乡村社会组织支撑作用和乡贤精英凝聚作用，通过多元主体参与乡村共建、多种方式实施乡村共治，初步实现了经济共建愿景，形成基层社会治理新模式和民族文化共享新理念。

（一）推动经济共建促发展

郑家庄通过产业发展促进各族群众增收致富，走出了一条生态美、百姓富、民族和睦、团结稳定、融合发展的新路子。郑家庄村60%以上农户从事中草药材营销，药材生意做到了北京、上海、新疆等地，营销收入达700多万元，带动周边各村千余人融入中草药材营销，通过几年的发展，在三营集镇逐步形成了滇西北最大的中草药材集散地，三营镇各族群众每年中草药材营销收入近亿元，并带动中草药材基地建设、餐饮住宿、运输等行业发展，促进了各族群众增收致富。2019年郑家庄村民人均年收入已经超过了1.5万元，建档立卡户顺利脱贫摘帽，和全国人民一道进入小康社会，实现了郑家庄"大家互助奔小康"的经济共建愿景。2021年郑家庄接待游客5万人次，带动旅游消费近500万元，全村中草药材营销收入达700多万元，经济总收入达1660.9万元、村民人均纯收入达16340元。目前，全村已发展了木瓜园、藏家怡园、启航园等特色旅游服务，已基本具备吃、住、行、游等功能要素，并发展成乡村旅游宜居、宜业、宜游的打卡点。乡村振兴开局良好，乡村建设如期启动，乡村产业稳步发展、民生保障不断改善、人居环境明显提升，乡村文明程度和治理能力不断增强，全力打造了"景在村中、村在景里"的乡村振兴典范。

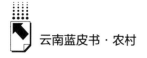
（二）形成基层社会治理新模式

探索建立"党建+民族团结""网格赋能+群众自治""模范+村规民约"模式，建立以"网"为区域、以"格"为单元、以"人"为主力的协作工作机制，用一张"网"实现管理全覆盖，以众多"格"实现服务"零距离"，形成了"人在格中走，事在网上办"的基层社会治理新模式，不断激活群众积极参与建设美丽家园的动能，实现乡村面貌在基层治理过程中"翻身"蜕变。动员干部群众围绕"村旁、水旁、路旁、宅旁"，在边角地、空闲地、闲置宅基地、拆违地和活动广场等乡村公共空间，因地制宜建设"小花园、小果园、小菜园"，千方百计增加绿地绿量，推动形成全民支持、全民参与、全民共享的"绿"动局面。通过党支部靠前发动、党员示范带动、村组干部上阵促动，群众积极参与打造美丽庭院、美丽村庄，推动乡村面貌逐步绿起来、美起来，形成处处是景观、村村是景点的美丽景观带和风景线。同时，把人居环境整治提升工作写入村规民约，实行"红黑榜"评比晾晒制度，不断增强群众自我管理、自我服务、自我教育、自我监督的实效，引导群众把村庄环境弄干净、搞整齐、摆顺眼，养成"人人都是保洁员、天天都是大扫除"的行为自觉。推动村规民约、"红黑榜"、"门前三包"、卫生日等常态化、制度化，结合现代化小康村建设，开展最美庭院、最美花园、最美果园、最美菜园、最美村庄评比表彰，不断激发村民的内生动力，形成"人人讲文明，户户爱干净"的良好氛围。

（三）形成民族文化共享新理念

郑家庄通过建设实实在在的文化事项，使得各民族文化得到了充分尊重，中华民族共有精神家园建设也就有了物质依托。依托民族文化长廊、同心亭、铸牢中华民族共同体意识主题教育馆等资源，将其与民族团结进步示范点打造、红色基因挖掘、智慧景区项目建设等有机结合，多层次多角度地促进各民族交往交流交融。充分挖掘节庆文化活动，宣传各民族的历史文化、风俗民情，不断营造"中华民族一家亲，同心共筑中国梦"良好氛围，让中华民族共同体牢不可破。目前，郑家庄各民族群众之间"做得来夫妻，成得了一家；处得来邻居，成得了朋友"，消除了民族之间的区隔，形成了郑家庄"民族不用挂嘴上"的文化共享新理念。

四 经验启示

郑家庄"乡村政治组织—乡村社会组织—乡贤精英"的共建治理格局，呈现出多主体共同参与的运行特征。"民族不用挂嘴上，村事坐拢来商量，大家互助奔小康"的"郑家庄经验"，是全村各族群众在谋求民族团结、民富村强道路上形成的"村落共识"，提供了"各民族把对美好生活向往的内生动力与国家政策帮扶的推力嵌合起来"的实践经验，这对全面深入持久开展民族团结进步示范创建提升、加快少数民族和民族地区发展乃至铸牢中华民族共同体意识都有着重要的示范价值和实践意义。

（一）以"郑家庄经验"为样板，推动民族工作高质量发展

2015 年 10 月，大理州委下发《关于号召向"云岭楷模"洱源县三营镇郑家庄学习的意见》。2019 年由州民族宗教委牵头，在全州范围内选取 21 个示范点，开展培树像郑家庄一样的民族团结进步示范典型工作，涌现出了漾濞光明村、宾川尼萨村等一批像郑家庄一样的民族团结进步示范典型。郑家庄全面加强基层党建、构建共有精神家园、大步迈向共同富裕、促进交往交流交融、提升治理能力水平等 5 个方面建设，汇聚成中华民族共同体意识向心力、感召力、生产力、凝聚

力、战斗力，在全县范围内形成了右所镇士庞村、凤翔书院、玉湖社区、牛街温泉小镇、县医院等民族团结进步典型，先后创建了21家省级、66家州级、72家县级民族团结进步示范单位，4个中国少数民族特色村寨，7个云南少数民族特色村寨，郑家庄民族团结进步之花在洱海源头处处绽放，推动了洱源县、大理州乃至全省民族工作的高质量发展。

（二）以"郑家庄经验"为根本，提升基层党组织凝聚力战斗力

郑家庄全面加强基层党建，汇聚铸牢中华民族共同体意识向心力。党支部始终发挥主心骨作用，以党支部书记何国祥为代表的基层党员发挥示范带动作用，把铸牢中华民族共同体意识贯穿于全村经济社会发展的方方面面。通过组织党员、群众收看党的二十大、庆祝建党100周年等重大活动盛况，不断加强铸牢中华民族共同体意识教育，及时把党的声音传达到广大群众，开展帮扶活动，把群众的烦心事、揪心事作为自己的事，担负起铸牢中华民族共同体意识的历史使命，把基层党组织建设得更加坚强有力。

（三）以"郑家庄经验"为渠道，推进基层社会治理现代化

郑家庄把铸牢中华民族共同体意识纳入村规民约，践行社会主义核心价值观，共同遵守家庭美德、职业道德、社会公德。通过"送法下乡"、普法宣传等活动，始终高扬依法治村的旗帜。在实践中不断拓展完善民主议事的形式和内容，让村里的事大家商量，让群众真正平等参与村里的各项事务，平等享有权利、平等履行义务，各族群众像石榴籽一样紧紧抱在一起，在自治、法治、德治、智治融合的基层治理格局之上做出示范。

B.10
以"党建引领"红色画笔，
为乡村振兴添"亮色"

——转龙镇以党建促乡村振兴的实践与启示

冯朝睿*

摘　要：　基层党组织是实施乡村振兴战略的"主心骨"，基层党组织软弱涣散，乡村振兴将步履维艰。转龙镇以党建促乡村振兴的实践经验如下：一是创党建工作思路，以"一条发展主线、两个工程、三个引领、四大党建品牌"工作思路，全面压紧压实管党治党政治责任。二是结合中央、省、市、县委工作要求，以抓党建促社会治理为主线，做强基层网格，筑牢社会治理根基。三是依托旅游景区大本营区位优势，充分挖掘自身旅游资源、文化资源，坚持"一山带一镇、一镇带一片""文旅兴镇"的发展思路，以"文化+旅游+农业"模式，大力发展乡村文旅融合项目，打造特色旅游小镇。四是开展"政校合作"，以专家基层科研工作站为依托搭建高校学生和农村党员实践实训平台，构建联合师资库，以此创新人才交流，让人才成为基层治理的"助推器"。

关键词：　基层党组织　特色旅游小镇　文旅融合

---

* 冯朝睿，管理学博士，教授、博士研究生导师、博士后合作导师，研究方向为公共治理、政府政策、乡村振兴等。

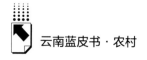

一　主要做法

（一）拓思路、紧责任，强化党组织领导

基层党组织是直接服务于人民群众的党组织，是推进基层社会治理现代化的基石，是党的全部工作和战斗力的基础，只有坚持不懈抓基层党建，重点突破抓基层党建，持续用力抓基层党建，才能不断增强基层党建的整体功能。转龙镇充分发挥基层党组织的战斗堡垒作用和党员的先锋模范作用，创新工作思路，立足实际引导和推动党建工作落实，以党建服务群众。

1.提出党建"1234"工作方法

转龙镇基层党组织全面贯彻习近平新时代中国特色社会主义思想，坚定不移贯彻落实新时代党的组织路线，把抓基层强基础工作摆在更加突出的位置。创新研究提出转龙镇党建"1234"工作方法，全面压紧压实管党治党政治责任。"1234"工作方法把党建放在乡村振兴工作的首位思考谋划，以"牢固树立党建引镇、产业强镇、文旅兴镇、生态立镇"为发展主线；实施基层党员"擦亮旗帜"和农村支部"巩固堡垒""两个工程"两项活动；坚持党建引领基础工作、党建引领基层治理、党建引领乡村振兴"三个引领"；打造"两新"组织、人才交流、党建+旅游、党建+产业"四大党建品牌"，为乡村振兴提供方法保障。

2.把党建工作推进到村组之中

党支部作为与群众最贴近、联系最密切的"神经末梢"，需要不断发挥好桥梁和纽带作用，转龙镇通过党建联盟把党建资源融合在一起，形成组织群众、宣传群众、服务群众、凝聚群众的强大合力。同时，充分利用月牙村区位优势，积极发挥支部桥梁纽带作用，立足实际尽责任，为当地企业建设和发展做好服务工作。

（二）抓基层、打基础，创新基层治理模式

时代在发展，社会在进步，基层党组织设置需要及时调整。根据 2018 年《中国共产党支部工作条例（试行）》要求，转龙镇月牙村结合实际创新党支部设置形式及治理模式，使党的组织和党的工作在村一级进行了全覆盖。实践证明，通过创新组织设置，有利于党组织发挥作用，扩大覆盖面，进一步提升党支部的组织力、影响力。

1. 推行"1+1+N"支部联建、村企共建模式

为强化支部建设，让基层战斗堡垒"强起来"。转龙镇推行"1+1+N"共建模式，该模式由 1 个机关支部+1 个"两新"党支部+1 至 2 个村党支部组成，在共建的基础上联合开展主题党日、党课宣讲、党员学习等活动，以此实现组织生活内容和形式的多样性，带强机关支部、带活基层支部，实现党组织力量在基层的全覆盖。

2. 建立三级党建网格治理模式

转龙镇以支部规范化建设为抓手，及时调整组织设置，撤并、优化基层组织模式，结合网格长、十户长的确立，明确原则上由村党小组长、党员担任网格长、十户长，构建起"行政村—村民小组—党员联系户"三级党建网格治理模式。明确三级党建网格职责，一级党建网格实施重要事权清单管理，与挂钩镇党政领导班子成员共同商议村内重要事项；二级党建网格联系服务群众、组织群众会议；三级党建网格直入农户家中，开展政策宣传、群众动员、矛盾纠纷调解等服务工作。以更强有力的党支部，更清晰的责任落实，创新基层治理模式，织密基层网格，夯实党组织在基层的力量基石。

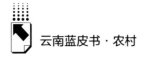

（三）兴产业、促增收，走出党建+乡村振兴的转龙路径

作为政治嵌入的主体，基层党组织遍布城乡发展每一个角落，是完善城乡治理体系，推进社会治理高质量发展的重要依托，其有效增强属地所在企业与政府联系的紧密性和契约的稳定性。上级党组织也能更好地发挥政治引领作用，鼓励引导企业积极承担责任，助推乡村振兴，强化政企间的联系。转龙镇打造"党建+产业"示范点，促进当地产业发展，促进农民收入增长，走出一条"党建+乡村"转型的转龙路径。

1. "党建+文旅"助推乡村振兴的路径

转龙镇始终坚持"文旅兴镇"发展思路，做到"一张蓝图绘到底"。紧紧围绕生态保护、绿色发展目标，规划绿色康养、文旅融合小镇建设的目标，不盲目引进高排放项目、影响旅游小镇综合景观的大棚种植等项目，竭力寻找适合镇情、可持续发展的动力引擎。目前，转龙镇以轿子雪山国家 4A 级旅游景区为"左引擎"，重点完善游客集散点特色商业步行街、水彝垤商业街、轿子雪山大酒店、银杏假日酒店等旅游配套项目，实施集镇污水收集处理项目，不断完善商业配套、优化环境整治。打造平安福田园综合体为"右引擎"，引进云南龙镶集团，开发建设集休闲娱乐、迷你农场、航空研学、餐饮会务等功能于一体的综合旅游服务区。园区有紫藤长廊 2000 余米、月色荷塘 500 余亩，乡墅民宿 50 余幢，有全国首架供游客零距离参观体验的"空中女王"——波音 747-400 客机，开展航空科普，打造研学基地，供游客体验农耕慢生活和精彩航空行。在文旅产业中打造"党建+旅游"示范点，立足旅游小镇定位，谋划在景区设置党员服务站、开设红色书屋等，让党建文化、红色文化进景区，带动提升旅游行业服务能力。"大雪山""大飞机"成为远近闻名的旅游"文化IP"，为旅游小镇健康发展提供实体支撑和硬件保障，源源不断吸引广大游客"游玩轿子山、吃住来转龙"。在党建带动引领下，乡村振兴有产业基础、有旅游带动、有干群一心，为巩固脱贫成效、促进振兴发展提供强大动力活力。创新了人才交流方式，强化品牌打造，让示范引领"活起来"。

2."党建+农业"助推乡村振兴的路径

转龙镇是传统农业大镇，农业产业仍是主导产业。为推动农业高质量发展，转龙镇通过党建工作进入"合作社+基地+农户"的形式种植高原特色蔬菜500余亩，依托平安福乡村露营地、轿子山大酒店和镇域内集散点游客需求信息，大力打造观光和休闲农业，大力发展文旅"后备厢"经济，助推农特产品、绿色蔬菜、绿色瓜果销售，形成农特产品产、供、销产业链。同时，用好用活林下资源，扶持本地龙头企业，流转1万余亩山林地种植林下中药材，成功创建国家级林下经济示范基地。通过土地流转、吸纳务工、技术传授等方式，带动合作社和农户积极进行经济林果和中药材种植，与企业抱团发展。每年直接解决农村剩余劳动力400余人，人均增收1.4万元，带动农户200余户，户均增收2万元。有了党建的引领，转龙镇的农业产业实现了稳定可持续发展，农业产业特色化不断彰显，增强"党建+农业"助推乡村振兴路径的辨识度。

（四）内培养，外引进，人才培养赋能乡村振兴

农村基层党组织作为党领导体制的"神经末梢"，是确保党的路线、方针、政策和决策部署贯彻落实的基础，也是党引领农村发展的领导核心，是解决"最后一公里"难题的重要组织载体，也是整合基层治理力量的重要政治保障。为此，转龙镇在实践中主要采取内部动员与外部引进的策略培养人才，为乡村振兴提供人才保障。

1.以党员培训教育，助力基层本土人才成长

转龙镇管好用活镇党校，通过建立党校师资库，按期举办党校培

训、农民夜校、"田间讲堂"等，向党员群众言传身教推广优势产业，积极发挥带富作用。目前，已培育和挖掘天麻种植、旅游管理等"土专家""田秀才"11名，让专家人才成为基层治理的"智囊团"，为基层治理提供智力支持，赋能增效。设立实践实训基地，如平安福乡村振兴文旅产业实践实训基地、红旗山特色农业产业实践实训基地等，采取"线上+线下"培训方式结合，把开展党史学习教育与业务学习融为一体，助力培养又红又专的本土人才。

2. 创新人才交流方式，借助外来人才力量推动乡村振兴

转龙镇结合干部回乡规划家乡行动，充分调动28名回乡干部的智慧和力量参与村庄规划和产业发展。同时，积极与昆明理工大学、云南大学、云南大学滇池学院等院校开展"政校合作"，搭建高校大学生和农村党员实践实训平台，让大学生到镇上、镇属企业和村上开展社会实践和体验。借助大学的人才和智力资源为乡村振兴出谋划策。

二 初步成效

（一）党建工作全面提升，基层责任"扛了起来"

自转龙镇实施"1234"工作方法以来，2022年全年共召开党委会9次、专题会8次研究党建工作，听取13个村党组织书记党建述职，一对一点评谋划2022年党建工作。以此思路开展的党建工作，着力于提升基层战斗队伍凝聚力和战斗力，着力于完善乡村组织体系，激发乡村各类组织活力。党建工作得到全面提升，切实扛起了基层党组织责任。转龙镇以党建引领乡村振兴的各项工作，全面提升了为轿子雪山旅游小镇做好服务工作的决心与信心。与此同时，转龙镇党组织积极与企业沟通协调，共推荐本村165人次就近到企业务工，持续增加群众收入，为乡村振兴奠定了坚实的基础。

（二）党建工作落到实处，党支部"强了起来"

在"1+1+N"支部联建、村企共建模式的实施下，转龙镇因地制宜打造出桂泉村"红色党建"、月牙村"民族团结党建、文旅产业党建"、则邑村"党建+产业"、中槽子村"村企共建"党建、恩祖村"自主创业"党建、大水井村"党建+基层社会治理"等多个支部党建范本，形成了示范带动作用。2022 年在持续抓好党支部规范化达标创建的同时，转龙镇班子成员下村调研党建工作落实情况 40 余次，对 56 个党支部进行分析考评，强化问题整改，不断提高基层党组织服务发展、服务乡村振兴的能力和水平。

自创建三级党建治理模式以来，转龙镇共构建起"行政村—村民小组—党员联系户"三级党建网格 56 个，在明晰了三层党建网格责任后，形成了以村级党组织为"主干"、村民小组党支部为"神经末梢"、党员为"根系"的基层治理体系，直观有效地通过网格把党员组织起来、把人才凝聚起来、把群众动员起来。以创新基层治理模式为抓手，实现了织密基层网格的目标，让党组织成为基层治理的"主心骨"。

（三）品牌打响产业壮大，村民增收"富了起来"

持续发展壮大"党建+"的品牌优势，有力推进了特色小镇重点项目建设，巩固了脱贫攻坚成效，深入推动了乡村振兴。转龙镇现已打响了糖心苹果、高效林果、轿子山泉、轿子雪山乌天麻、继纯高品质蔬菜等多个品牌。同时，转龙镇依托轿子雪山的丰厚资源，"冰雪大文章"作用得到有效发挥，旅游小镇项目规划逐步推行，水彝垦商业水街、彝人大寨等亿元以上项目建设如火如荼，镇容镇貌持续整治提升，全镇行政村道路硬化率 100%，自然村进村道路通达率100%、硬化率 98% 以上，村内道路硬化率 95% 以上。美丽宜居乡村建设项目、市级精准扶贫示范村项目等全面实施。文旅发展带动基础提升，为镇域经济社会高质量发展和群众长期稳定安居乐业打下了坚实基础。

转龙镇"党建+产业"示范点带动作用显著；"支部+企业+合作社+农户"利益链发挥了积极的作用；水厂设备租赁、核桃榨油作坊等村集体经济发展新方式发挥了产业优势，壮大村集体经济。转龙镇支持发展林下天麻、三七、烤烟等特色农业产业，夯实利益链条，推动基层党建与产业发展互促共赢。因村分析施策，扶持壮大村集体经济，采取异地置业10个、土地流转5个、入股分红2个、资产租赁2个、光伏项目8个、合作社自我发展3个等方式，进一步巩固增加了村集体经济收入，主要用于公共基础设施建设、公共事务管理和发展公益事业，开展助学、奖学，救助生活困难党员、群众等，以"厚家底"推动"好发展"。

转龙糖心苹果、高效林果、轿子山泉、轿子雪山乌天麻、继纯高品蔬菜等多个品牌的知名度、美誉度和顾客忠诚度在不断地提升。辖区轿子山泉作为COP15会议昆明主会场指定用水，产品远销澳门地区。糖心苹果和高效林果成为昆明人餐桌上和走亲访友的馈赠佳品。轿子山乌天麻是昭通天麻的有效替代品。全镇培育农民企业家230人，开设星级旅游酒店3家，餐饮服务店所50余家，个体工商户1901人。转龙镇13个村2022年村集体经济收入均超过10万元，平安福田园综合体项目累计使用本地劳动力13万人次，培训安置当地就业岗位500余个，支付人工工资1200余万元。在游客旅游消费、农特产品"后备厢"经济中促进本地务工6万余人次，带动群众年均增收248.25万元。在文旅产业发展的快车道上，全镇农村人均可支配收入从2018年的4962元增长到2022年15872.68元，增幅达219.88%。

（四）夯实人才基础支撑，人才要素"活了起来"

镇党校培育和挖掘天麻种植、旅游管理等"土专家""田秀才"11名。举办党校培训、农民夜校、"田间讲堂"等，向党员群众言传身教推广优势产业，积极发挥带富作用。设立平安福乡村振兴文旅产业实践实训基地、红旗山特色农业产业实践实训基地，开展旅游、农业两项特色产业实践教学8场次，丰富党员实践实训教育方式，承接县内外党员现场教学6场次，参加党员1000余人。深入开展党史学习教育。创新开展"学党史 话初心"书画摄影展、全民健身运动、优化提升营商环境等活动，工作经验在全县党史学习教育推进会上作了交流。解决为民办实事事项900余件，切实把学习成果转化为推动发展的具体行动。

建成"人才交流"示范点。2022年由省委组织部、省人社厅等共同授牌的"冯朝睿专家基层科研工作站"正式落户禄劝县转龙镇月牙村，为禄劝县深化与高校的教学合作、依托专家工作站双方建立良性互动模式，搭建政校合作平台并建立常态化联络机制，持续深化政校合作，真正实现双方资源优势互补、智力成果共享、人才队伍共建，共同推动形成校地双赢发展新格局。为巩固脱贫攻坚成果全面推进乡村振兴接续赋能。

三 思考启示

作为基层党组织，转龙镇党委深入贯彻落实习近平新时代中国特色社会主义思想，加强基层党组织建设，夯实基层党组织基础，筑牢党在农村的坚强战斗堡垒。在实际工作中创新党建工作思路、织密基层党建网格、推动农业产业发展、建设人才引领示范点，让农民成为有吸引力的职业、农村成为安居乐业的美丽家园，同时为乡村治理、实现乡村全面振兴、农村和谐稳定提供了有益启示和借鉴。

（一）高举党建旗帜，全面推进乡村振兴

乡村振兴是必须写好的一篇大文章。实现乡村振兴，关键在党。核心要靠党建引领，必须把党建引领贯穿到全过程各方面，以党的建设高质量推动乡村实现全面振兴①。组织兴，则乡村兴；组织强，则乡村强。根深则叶茂，本固则枝荣。基层党组织是党的肌体的"神经末梢"，是加强新时代农村建设、促进农村高质量发展的核心力量，对推动乡村振兴发挥着重要作用②。抓住乡镇这个基层治理的关键点，转龙镇党组织坚决扛起抓党建促乡村振兴的政治责任，把学习贯彻习近平新时代中国特色社会主义思想作为必修课，聚焦强基固本，高举党建旗帜，始终坚持大抓基层的鲜明导向，增强基层党组织的政治功能和组织功能。

转龙镇在基层党组织建设工作中，创新提出1234工作思路，始终把党建放在首位思考谋划，强化了农村基层党组织的领导核心作用，加强了农村党员队伍建设，切实发挥出党组织的战斗堡垒作用和党员的模范先锋作用。以党建引领为推进乡村治理实现乡村振兴提供方向引领，带领全体村民把握发展方向，形成共同奋斗的共识。从基层党组织到村民，实现以上率下、示范带动，以高质量党建引领乡村振兴全面推进。

（二）坚持从实情出发，创新推动组织建设

基层党建工作必须坚定不移坚持一切从实际出发，因地制宜、分类施策。要从乡镇具体实际出发，面向实际、面向基层、面向群众。

---

① 互助县台子乡党建办：《把党建引领贯穿乡村振兴全过程各方面》，《青海党的生活》2023年第2期。

② 郭梦钰：《农村基层党建引领乡村振兴的实践进路》，《现代商贸工业》2023年第19期。

因地制宜地构建针对性强、操作性强的基层党建工作体系，其内容涵盖统筹联动、责任分工、基础保障、监督问责等方面①。转龙镇基层党组织结合实际情况创造性地开展基层党建工作，特色鲜明，亮点纷呈。在工作方法上因地制宜，根据各村不同的特点，打造出符合各村特色的党建范本，如党建"1234"工作方法，桂泉村"红色党建"、月牙村"民族团结党建、文旅产业党建"、则邑村"党建+产业"、中槽子村"村企共建"党建、恩祖村"自主创业"党建、大水井村"党建+基层社会治理"等；在具体把握上，找准基层群众普遍关心的热点问题，有针对性地开展工作，例如通过流转土地开发带动群众增收，积极与企业沟通协调，促成村民到企业务工等增加村民收入；在组织治理上，根据基层特色，力求灵活多样，善于调动各方积极性。建立三级党建网格，各级网格职责明确，直入农户家中，开展政策宣传、群众动员、矛盾纠纷调解等服务工作，让人民群众真实地感知公共服务效能和温度，发挥基层党组织"神经末梢"的关键作用；在工作要求上，进一步解放思想，支持基层敢于创新，解决基层党建中存在的问题，把实践中证明有效管用的方法坚持下去。

（三）党建产业互联，提升发展推动力

2022 年中央一号文件指出要"坚持和加强党对'三农'工作的全面领导"②。习近平总书记指出，产业兴旺，是解决农村一切问题的前提。③ 产业仅靠单村发展和松散抱团难以实现较大突破，低小散

---

① 黄琼锌、张派珊：《新时代党建引领基层社会治理现代化进路探析》，《领导科学论坛》2022 年第 8 期。
② 《中共中央国务院关于做好二○二二年全面推进乡村振兴重点工作的意见》，人民出版社，2022，第 8 页。
③ 中共中央党史和文献研究院编《习近平关于"三农"工作论述摘编》，中央文献出版社，2019，第 22 页。

项目亟须整合优化，资源禀赋较差的乡村也需要帮带推动，这些都成为阻碍乡村产业发展的主要壁垒，实践证明，抓住党的高质量建设与农村产业经济高质量发展两个发力点是解决诸多新矛盾、新问题的根本之策。助推乡村产业振兴发展，激活乡村产业振兴内生动力，需凝聚"党建+产业"优势合力，以党建引领，汇聚起全党上下、社会各方的强大力量[①]。

转龙镇盯牢组织建设，充分发挥农村基层党组织的核心作用，进一步优化组织设置，重构组织领导架构，创新组织治理模式，更好地发挥党建引领作用，将党建优势转化为促进乡村产业振兴优势。以"党建链"赋能"产业链"，有效激发产业发展的内生动力，走出一条以高质量党建引领产业高质量发展的新路子。形成以文旅产业为支撑，与党建工作、项目建设、产业发展、民族文化、互联网经济等结合起来的"多融合"模式，实现融合发展，带动就业、拉动产业、促进增收，形成良好业态。文旅融合促产业振兴的链式效应已初步显现，助力旅游小镇发展和群众致富增收的文旅力量必将大有可为。

（四）打造"人才"示范点、夯实骨干基础支撑

加强党组织建设，培养优秀的农村基层党组织人才，打造乡村振兴"人才库""智囊团"，是实现乡村振兴重要的组织保障。人才短缺和干部素质有待进一步提高成为当前我国农村基层党组织建设面临的一大难题。转龙镇以人才为核心，解决农村基层党组织人才短缺难题。从加强留村党员教育培训、发掘乡村内部的优秀力量、创新人才交流、成立基层专家工作站四个方面着手，破解人才短缺的难题，为基层党组织建设注入人才力量。

---

① 吴文娟：《产业振兴党建联盟：共同富裕的创新路径——以浙江省浦江县为例》，《观察与思考》2022 年第 7 期。

　　首先，加强对留村党员的教育，提升基层党支部集体的理论素养和实践能力。加强党支部成员政治引导力的培养，充分利用线上线下资源，加大对党支部成员的教育和培养。其次，发掘乡村内部的优秀力量，吸引群众积极向党组织靠拢。最大限度地吸引本村优秀人才向党组织靠拢，培育"土专家""田秀才"，壮大农村基层党组织的力量。再次，开展"政校合作"，县镇党委政府加大财政支持力度，提高大学生村官的福利和待遇，对做出重大成绩的大学生村官给予奖励。吸引非党员的大学生村官和专科院校的毕业生，为基层党组织新陈代谢提供新鲜血液。最后，建立基层专家工作站，以专家工作站为平台打造人才队伍、促进产业发展，激发乡村振兴新动能。

B.11

探寻"全国文明村"炼成的密码

——临沧市沧源佤族自治县勐董镇帕良村的"文明之路"

唐　伟　施建华 *

摘　要： 　新时代，农村必须有新气象。习近平总书记强调，实施乡村振兴战略要物质文明和精神文明一起抓，特别要注重提升农民精神风貌。① 沧源自治县勐董镇帕良村深入贯彻落实党中央关于推进农村移风易俗和培育文明乡风的决策部署，脱颖而出。帕良村从教育引导、实践养成、提升生活质量等方面入手，提升了村民的精气神，使帕良村的村民文明素养和社会文明程度不断提升，一幅生态美、产业美、人居美的宜居宜业和美乡村新画卷正在徐徐展开。帕良村在"全国文明村镇"创建中，形成了突出党建引领，推进乡风文明建设；注重文化滋养，增强乡村文化底蕴；壮大实体经济，夯实乡村发展基础；加强生态文明建设，打造生态宜居环境；加强法治建设，提升乡村治理效能五个方面的成功经验。

关键词： 　基层党组织　特色旅游小镇　文旅融合

---

* 唐伟，中共临沧市委党校决策资政研究中心副主任、编辑，主要研究方向为马克思主义基本原理、中华优秀传统文化。施建华，临沧市沧源佤族自治县勐董镇党委委员、宣传委员，主要研究方向为农村发展、民族地区教育发展。

① 中共中央宣传部：《全面实施乡村振兴战略　习近平提出七个方面要求》，央视网，2021 年 1 月 8 日，https：//news.cctv.com/2021/01/08/ARTIl6ZOEVJWMRwy6RRRjviG210108.shtml。

一 乡村基本情况

帕良村位于祖国西南边陲、中缅边界中段的云南省临沧市沧源县城东北部，距县政府 4.8 公里，东邻单甲乡和缅甸佤邦，西邻永冷村，南邻白塔社区，北与勐角乡接壤，面积 20.9 平方公里，平均海拔 1600 米，年均气温为 17.5℃，年降水量 1756 毫米，边境线长 1.46 公里。适宜种植沃柑、灯笼果、玉米、核桃、竹子、杉木等。有耕地 1267 亩，人均耕地 1.4 亩，其中：水田 407 亩，旱地 860 亩；林地 17850 亩。该村经济收入的来源，外出务工占 60%、农作物占 30%、政策性收入占 10%。2023 年农村经济总收入 1817.60 万元，人均纯收入 23440 元，粮食总产量 40 万公斤，人均有粮 412 公斤。村集体经济收入 26.32 万元，其中经营性收入 15.6 万元、政策性收入 10.72 万元。

帕良村是一个佤族居住的村寨，有着与其他村寨一样的生活方式，在茅草竹楼房下，老一辈人用自己的智慧和勤劳的双手，书写着帕良村自己的生产和生活，每天他们都是早出晚归，人背牛拖，用最古老的方法进行耕种，用最原始的方式来生活。新中国成立以来，在党的领导下，帕良村从原始社会末期一步跃入社会主义社会，从刀耕火种、茹毛饮血、食不果腹、衣不蔽体，到现在的农田水利基础设施建设日新月异，有房住有饭吃有衣穿；从没有学校、没有医院到现在的义务教育全面普及、医疗卫生基本保障；从乡间土路到村组通公路；从用松柴照明，电力通信全无到电灯、电视、电话、互联网一应俱全，村容村貌发生了翻天覆地的变化。截至目前，全村辖 4 个自然村、5 个村民小组，共 226 户 911 人，劳动力 368 人，民族以佤族为主。

多年来，在各级党委、政府的关心指导下，帕良村深入学习贯彻习近平总书记关于社会主义精神文明建设的重要论述，让文明之风浸润村庄，让文明成果惠及百姓，以好家风带民风、促乡风，焕发乡村文明新气象。1997 年，帕良村被云南省委、省政府评为"文明单位"；2000 年 12 月，被中共云南省委员会授予"农村基层党组织'五个好'村党支部（党总支）"称号；2014 年 12 月，被临沧市委、市政府授予"文明村"称号；2015 年 8 月，被云南省委、省政府命名为"文明村"；2016 年 9 月，被临沧市政府授予"森林村庄"称号；2018 年 10 月，被云南省教育厅、云南省语言文字工作委员会授予"普及普通话示范村"称号；2019 年 12 月被云南省爱国卫生运动委员会授予"云南省卫生村"称号；2020 年 11 月，荣获第六届"全国文明村镇"荣誉称号。

二　主要做法

为解决村民陈规陋习严重、文化水平不高、思想认知落后等问题，提升村民的精气神，帕良村从教育引导、实践养成、提升生活质量等方面入手，使村民文明素养和社会文明程度不断提升，一幅生态美、产业美、人居美的宜居宜业和美乡村新画卷正在徐徐展开。

（一）加强思想引领，凝聚思想共识

帕良村十分重视基层党组织建设，以主流价值观塑造村庄精神，将基层党组织建设放在首要位置，充分发挥党组织领导核心和战斗堡垒作用。以提升组织力为重点，构建"融合式"党建格局，激发乡村振兴"组织动能"，在村党总支领导下，5 个组全覆盖建立"自然村振兴理事会"，推荐骨干党员担任理事长，修订完善村规民约，健全党组织领导下的村民自治机制。把支部的力量下沉到各村各寨、每家每户，充分发挥乡贤在调解农村社会矛盾、传承优秀文化、帮扶弱

势群体等方面的作用。用集体力量把群众动员起来、组织起来，集聚了推进乡村振兴的强大合力。开展党员挂门牌、亮身份、做奉献活动；推选威望较高的老党员、退休教师等组成红白理事会；把新时代文明实践站建设与基层党建、乡村振兴、美丽乡村建设相结合，充分发挥学习宣传贯彻习近平新时代中国特色社会主义思想示范基地、党员活动室、农家书屋、村史室、讲习所、广场等基层文化阵地作用。以室内与室外相结合、理论宣讲与文艺宣传相结合、技术培训与实践养成相结合，加强理想信念、民族团结、爱国主义教育，引导村民感恩惜福、崇德向善，从思想上凝聚政治共识，确保精神文明建设向善向好。

（二）发展实体经济，增强内生动力

实现乡村振兴，生活富裕是根本。如何拓宽农民增收渠道，提高农业农村生产生活水平，是帕良村在农村精神文明建设中的重点。帕良村结合实际大抓产业发展：一是发展特色种植业。种植 200 亩沃柑，采取游客亲自到果园自己采摘果实为主的体验式农旅发展模式，平均每亩收入 3000 元，每年创收 60 万元；种植 238 亩灯笼果，通过"党支部+村集体+公司+合作社+种植大户"的发展模式，与公司签订订单合作协议，收购的灯笼果主要销往上海、大连、安徽等地。收入平均每亩 4000 元，创收 95 万元。二是传承非遗技艺发展特色产业。成立农民织锦合作社。截至目前，该村有会员 56 人，以自己在家里织布裁缝佤族服装服饰、佤包等为主，2022 年收入为 12 万元。三是继续巩固传统种植业。种植玉米 865 亩、甘蔗 320 亩、水稻 253 亩，增收效果明显。四是推动劳务输出。全村有外出务工者 176 人（其中：省外 68 人，市内 32 人，县内 76 人）。同时，帕良村创新党组织设置，设立甘蔗协会、竹子协会、养殖协会、蔬菜协会和核桃协会 5 个党支部。从班子建设入手，推进党支部规范化创建，确保组织

健全、管理规范、活动正常，用规范化提升战斗力。探索"党员+群众、1+X"帮带模式，把 10 户左右农户捆绑成产业发展利益联结体，把党员群众凝聚在党支部周围，变"单打独斗"为"组团致富"。全村成立专业合作社 3 个，建成农产品电商上行平台 1 个，累计建成农业产业化基地 3976 亩，农民人均达 4.7 亩。以实施扶持村集体经济试点项目为契机，通过村集体土地入股、群众投工投劳的方式，建成集特色美食、旅游观光、休闲娱乐、文化传承、住宿餐饮于一体的"帕良村佤族风情园"，实现集体经济收入 24.6 万元，带动群众户均增收 2000 元。最后，充分发挥党组织引领作用，"标准化"引入"家庭式"民宿经济，让民宿主人参与接待"狂欢节"等重大节庆游客，并提供垂钓、住宿、餐饮等服务事项，缓解县城餐饮和住宿供不应求的压力，让群众搭上民宿这个"香饽饽"。全村现有 5 家"家庭式"民宿，接待游客 46 名，带动群众户均增收 1000 元。2023 年农村经济总收入 1817.60 万元，人均纯收入 23440 元。

（三）涵育乡村文化，激发乡村活力

帕良村坚持"富口袋"和"富脑袋"双管齐下，充分挖掘乡村优秀传统文化，抓住党员带头、群众参与这个关键，用党风促家风正民风淳村风，教育引导群众改变陈规陋习，树立"诚、孝、俭、勤、和"的新风正气。从 2004 年起，帕良村就在每个村民小组筹资筹劳建立文化活动室、一个篮球场、一个打歌场，这些设施设备的配备主要是让群众在其中接受政策理论、法律、科技宣传，并交流当地文化事业。在篮球场和打歌场传承和弘扬帕良村传统民族文化，每逢节庆组织青年人篮球赛、拔河赛和文艺比赛，教育引导广大村民培养和践行文明健康生活方式，营造文明、节俭、安全过节的浓厚氛围。同时，广泛开展"移风易俗党员先行"主题活动，采取"支部发倡议，党员作承诺"等形式，将"治陋习、树新风"作为党员积分、民主

评议党员的重要内容。村党组织共发出倡议书220份，10名党员带头公开承诺，为群众树立榜样。挨家挨户开展理家教育，从摆放家具农具、叠被子、挂衣服等小事做起，从节约一针一线和"天不亮出门、天黑才收工"教起，帮助群众改变落后习惯，学会计划理财。整合村组活动场所、"村史室"、"新时代农民讲习所"，依托新时代文明实践站，深入开展知恩感恩教育，广泛开展内容丰富、健康向上的群众文化娱乐活动。充分发掘民族文化资源，抓好佤族民俗文化传承和发展，利用节庆活动和传统节日，以群众喜闻乐见的方式，组织开展文化体育活动，丰富群众精神文明生活。引导群众唱佤族民族歌曲、跳佤族民族舞蹈、穿佤族民族服饰等，大力弘扬佤族民族文化，让佤族文化的种子在帕良村世世代代村民心中生根发芽、开花结果。

（四）大力发展教育，积蓄发展动能

由于帕良村村民经济来源少，且村内传统习俗盛行，长此以往，对村集体发展、带动村民致富造成很大阻力。于是，在村党总支的牵头下，帕良村利用村规民约对村内村民行为进行相应的奖惩，通过持续开展移风易俗，逐步改变陈规陋习。从1985年开始，全村把教育事业摆在《村规民约》里进行管理，认真制定每名教师和学生的奖励机制，学生考进六年级奖励班级老师5元钱，每个学生考取中专学校奖励行李和枕头1套。1995年，帕良村组织了全村的村民每人筹资筹劳、集资建校，每人筹集150元，全村共筹集12000元的资金，建盖200平方米教学楼和功能室，解决了孩子读书的学习环境问题，坚持完成3个100%（即入学率100%、巩固率100%、升学率100%）。一直以来，帕良村没有出现过学生辍学、逃学现象，至今村委会保持考取大学每生奖励800元，村组干部挂包到村民小组抓教育，做到生产经济与教育事业两不误。随着时代的发展，现在经过修订后的村规民约对教育奖励制度进行了更新，明确为"考取大学或

参军入伍的，村委会奖励每人 800 元，村民小组奖励 300 元"。在 20 世纪 90 年代，村党支部在全村开展扫盲，120 多位超过 60 周岁的村民上了扫盲班。2023 年，全村有高中生 31 人、大学生 32 人、在职人员 116 人，教育事业得到了较快发展。

（五）提升村庄环境，建设宜居乡村

帕良村以干部规划家乡行动、实施乡村振兴战略为载体，成立乡村振兴理事会，健全完善规章制度，明确"人才清单""资源清单""问题清单""工作清单"，为推进美丽乡村建设奠定基础。依托美丽乡村建设，在全面普及义务教育、保障基本医疗卫生、健全完善基础设施的基础上，实施庭院经济，发动并引导村民在道路、房前屋后全面开展绿化、美化、亮化工程。扎实推进农村厕所革命和改房、改院、改厨、改厕、改圈、改水等行动，合理规划建设村内公厕、垃圾投放点，实现人畜分离、院内长绿、室内整洁的优美人居环境。帕良村以常态化执行农村环境卫生检查评比制度，组建村组环卫队和卫生监督员，监督农户搞好日常清扫，形成环卫保洁长效机制，实现村容村貌从"一时美"变"持久美"、从"局部美"变"全域美"。坚持文旅融合发展，建设并完善织锦房、荷花池塘、旅游观光栈道等旅游设施，打造农旅融合、乡村旅游的新亮点、新增长点。

（六）培育文明新风，建设美丽家园

帕良村坚持把培育文明新风作为助力乡村振兴的重要抓手，健全"三治合一"乡村治理体系，将移风易俗、社会治理、生态环境保护、精神文明建设、社会公益、教育工作等事关群众切身利益的"大事要事"纳入村规民约，并制定处罚措施，规范村民行为，成为村民共同认可的"公约"。成立红白理事会，推进移风易俗，倡导破陈规改陋习、树新风刹歪风，村民逐步树立起"诚、孝、俭、

勤、和"的新风正气。同时，帕良村成立了6支志愿服务队，按照点单、制单、派单、接单、评单的"五单工作法"，把"我为群众办实事"送到心坎上、办到实在处，切实解决基层群众"急难愁盼"的医疗健身、卫生环保、扶弱帮困等问题，不断打造乡风文明志愿服务品牌，引导村民奉献社会、守望相助，践行文明理念，筑牢广大农民群众的精神家园，提升农村群众精神风貌，为乡村振兴注入精神动力。

三 初步成效

帕良村创建文明村以来，不仅环境整洁了，村民的精气神提高了，乡村的文化乡土气息也更浓了。帕良村坚持党建引领、植根文化乡土，诠释着文明乡风浸润人心、引领向善、规范行为、凝聚力量、培根铸魂的重要作用，在巩固脱贫攻坚成果和全面推进乡村振兴中发挥着积极的示范带动效应。

（一）发展信心坚定，内生动力强劲

通过今昔对比、看变化知史、谈感受话幸福，进一步增强村民知恩感恩报恩、爱党爱国爱家乡的思想感情，激发村民自主发展的内生动力，依靠双手勤劳建设美丽家园，真正成为社会主义核心价值观的传播者、践行者。通过开展教育培训活动，村民思想文化素质不断提高，为全村发展注入了新的动力。通过多年努力，帕良村考取公职岗位的有116人，占全村总人口的12.9%。

（二）环境持续改善，美丽乡村如画

通过实施"绿美乡村"和现代化边境幸福村建设，发展了庭院经济，引导村民在道路、房前屋后全面开展绿化、美化、亮化工程，

并常态化执行农村环境卫生检查评比制度，形成了环卫保洁长效机制，实现村容村貌从"一时美"变"持久美"、从"局部美"变"全域美"。同时，为打造全域旅游，促进三产融合，发展乡村特色产业，拓宽村民增收致富渠道，补齐乡村旅游基础设施短板，不断丰富全域旅游业态，逐步打造集生态、农业、观光、体验于一体的城郊农业旅游带，为实现乡村振兴夯实了基础。

（三）教育成就未来，素质得到提升

帕良村被评为第六届"全国文明村镇"是从发展教育开始的，为提升村民的文化水平，村党支部将发展教育条款写入村规民约，明确奖励制度，并根据社会发展不断进行修改完善。20世纪80年代，村里的学生考取中专及以上学校的，每人奖励1个枕头，每考取1人奖励任课教师5元。如今，考取大学或参军入伍的，村委会奖励每人800元，村民小组奖励300元。据不完全统计，通过多年努力，帕良村考取公职岗位人数持续增加，形成了良好的精神氛围。通过发展教育和开展各级各类培训，村民的思想文化素质不断提高，为全村的发展注入了新的动力。

（四）绘就幸福画卷，擦亮文明品牌

结合红瓦灰墙，将民族元素和现代美学相结合，把文化墙作为新时代"政策宣传""美德教育""文明新风倡导"的重要载体和阵地。通过精心打造以社会主义核心价值观、乡村振兴、村规民约、家训家风、环境保护等为主题的文化墙，让乡风文明与乡村文化深度融合，不仅美化村容村貌，还让原本单调的墙面有了灵气，成为文明的传播者，成为一道别具风格的风景线。此外，还组建农村文艺队5支52人，结合重要时间节点开展文艺宣传，让村民在潜移默化中受到文化熏陶和精神洗礼，将精神文明内化于心、外化于行。

（五）文明之风劲吹，幸福之花绽放

在文明之风劲吹下，帕良村成为无封建迷信、无吸毒贩毒、无打架斗殴、无酗酒闹事、无辍学、无刑事案件等"七无"村。持续常态化开展新时代"十星级文明户""洁净家庭""文明家庭"等创建评选活动。全村有新时代"十星级文明户"223户，农户参评率达100%。发挥党组织和党员的先锋模范作用，成立由30人组成的志愿服务队，常态化开展扶危助困、邻里守望、医疗健康、卫生环保等志愿服务活动，帮助孤寡老人、空巢老人、残疾人和留守妇女儿童解决生活困难，把党和国家对基层的关心和温暖送进千家万户，形成人人参与志愿服务的社会风气。2023年开展文明实践活动42场次，受益人数达2100余人。

四 思考启示

帕良村在乡风文明上下功夫，以党建为引领，以法治为保障，用文明浸润乡土、以文化滋养乡情，持续营造向上向善向美的社会氛围，让文明乡风、良好家风、淳朴民风不断焕发新活力，增强社会治理新动能，为擦亮文明"金字招牌"，持续奏响"和谐乐章"一直走在前行的路上，也为乡村治理、乡村振兴、文明创建提供了有益启示和借鉴。

（一）突出党建引领，推进乡风文明建设

党的二十大报告指出，"全面建设社会主义现代化国家、全面推进中华民族伟大复兴，关键在党"①。党的领导是全面的、系统的、

---

① 习近平：《高举中国特色社会主义伟大旗帜 为全面建设社会主义现代化国家而团结奋斗——在中国共产党第二十次全国代表大会上的报告》，人民出版社，2022，第63页。

整体的，必须全面、系统、整体加以落实。必须始终坚持以习近平新时代中国特色社会主义思想为指导，以党建引领推进乡风文明建设。帕良村围绕"党支部领航、党员领头"，从党员干部抓起，充分发挥村级党组织的战斗堡垒作用和党员先锋模范带头作用，以抓党建引领村规民约的制定，确保党的方针政策体现到村规民约中。以基层党支部为基础，以村民小组为单位，通过引导教育，建立健全村民议事会、道德评议会、红白理事会等机制，通过自治、德治与法治相结合，共同促进村内治理。

（二）注重文化滋养，增强乡村文化底蕴

习近平总书记强调，"文化兴则国运兴，文化强则民族强"①。文化是乡村的根，也是乡村的魂，文化强乡村强，乡村文化建设是美丽乡村建设的内在要求。中华文明根植于农耕文明，中华文明积淀着中华民族最深层的精神追求，代表着中华民族最深层的精神追求，为中华民族生生不息、发展壮大提供丰厚滋养，要充分挖掘乡村文化底蕴，以文化底蕴助力乡村振兴。帕良村大力发展教育，以文化繁荣兴盛增强乡村文化底蕴，培训挖掘文艺骨干，不断提升文化设施服务效能、建设文化阵地，组建民间艺术团队，以文艺先锋推动基层文化活起来，培育文化的有生力量，让更多的村民参与文化活动，积极引导村民在树立文明新风中自我管理、自我教育、自我服务，把文明新风内化为自觉行动。同时，注重将优秀民族文化与现代美学融为一体，建设新型的乡村文化墙，并与精神文明建设进行深度融合，着力打造了一幅幅具有佤族特色和现代风格的文化墙，不仅美化了村容村貌，而且还在潜移默化中提升了村民的文明素养。

---

① 习近平：《论党的宣传思想工作》，中央文献出版社，2020，第11页。

（三）壮大实体经济，夯实乡村发展基础

党的二十大报告指出："全面建设社会主义现代化国家，最艰巨最繁重的任务仍然在农村。"[①] 只有坚持发展不动摇，才能解决乡村面临的问题，才能为乡村的精神文明建设提供坚实的物质基础。帕良村坚持把发展实体经济作为乡村振兴的基础和关键，重点聚焦解决村集体经济发展薄弱、产业发展路子不宽、"造血"能力不足等问题，充分发挥当地区位和土地资源优势，以发展乡村旅游为抓手，采取"乡村旅游+农业观光+采摘体验"模式，不断促进三产融合，打造集生态、农业、观光、体验于一体的城郊农业旅游带，夯实乡村文明建设的物质基础。

（四）加强生态文明建设，打造生态宜居环境

党的二十大报告提出，"加快建设农业强国，扎实推动乡村产业、人才、文化、生态、组织振兴"[②]。帕良村坚持"绿水青山就是金山银山"的发展理念，把生态底线贯穿于各项工作始终，以美丽乡村建设为导向，提升生态宜居水平，推动乡村生态振兴。依托边境幸福村项目着力夯实基础设施和公共服务设施配置，因地制宜，加强农村环境整治，展示最美乡村环境，让群众住上漂亮房、喝上放心水，为持续巩固全国文明村荣誉奠定坚实基础。建立长效、常治机制，成立由村干部、党员、群众代表组成的环境综合治理监督小组，

---

① 习近平：《高举中国特色社会主义伟大旗帜 为全面建设社会主义现代化国家而团结奋斗——在中国共产党第二十次全国代表大会上的报告》，人民出版社，2022，第30~31页。

② 习近平：《高举中国特色社会主义伟大旗帜 为全面建设社会主义现代化国家而团结奋斗——在中国共产党第二十次全国代表大会上的报告》，人民出版社，2022，第31页。

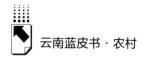
对环境卫生进行监督，层层落实责任，构建环境卫生综合整治常态化的长效机制，不断引导村民摒弃陈规陋习，促进农村人居环境整治优化提升，切实打造美丽宜居的生态环境，创建干净绿色的和谐乡村。

（五）加强法治建设，提升乡村治理效能

党的二十大报告指出，"推进多层次多领域依法治理，提升社会治理法治化水平"①。乡村振兴离不开和谐稳定的社会环境。帕良村在推进乡村治理体系和治理能力现代化过程中，完善村民自治和乡村治理的法律规范体系，以推进乡村依法治理为抓手，不断健全完善乡村治理体系，积极探索打造法治护农、法治强农、法治兴农的帕良村法治乡村建设的新模式，全面提升乡村治理效能。

---

① 习近平：《高举中国特色社会主义伟大旗帜 为全面建设社会主义现代化国家而团结奋斗——在中国共产党第二十次全国代表大会上的报告》，人民出版社，2022，第42页。

Abstract

Since 2023, Facing the complicated situation at home and abroad, in accordance with the decision-making and deployment of the Party Central Committee and The State Council and the work requirements of the provincial Party committee and provincial government, Yunnan Province has adhered to the general tone of seeking progress while maintaining stability, fully, accurately and comprehensively implemented the new development concept, actively served and integrated into the new development pattern, and anchored the "3815" strategic development goals. We will steadily promote rural revitalization.

The rural revitalization of Yunnan has shown a good trend of steady development and all-round progress, which has laid a solid foundation for the modernization of agriculture and rural areas. 1) Remarkable progress has been made. The rural economy has steadily improved, the rural industrial structure has been continuously optimized, the brand influence of distinctive agricultural products has increased, and the vitality of the rural economy has continued to be released. At the same time, rural infrastructure has been continuously improved, public services have been significantly improved, farmers' living standards have steadily risen, and rural revitalization has achieved solid results. 2) We will improve and upgrade the industrial structure. Through the promotion of agricultural supply-side structural reform, Yunnan's agricultural industrial structure has been continuously optimized, and characteristic agriculture and modern agriculture have developed rapidly. At the same time, emerging industries such as rural tourism and agricultural product processing have flourished, injecting new vitality into the rural economy. 3) All-round progress was made in social programs. Since the implementation of the rural revitalization strategy, Yunnan's rural education, medical, cultural and other public service facilities have been continuously improved, the level of balanced development of rural education has been improved, the rural medical and health service system has been perfected, and rural cultural undertakings have flourished. These advances have not only improved farmers' quality of life, but also provided strong support for rural revitalization. 4) Remarkable progress has been made in promoting ecological progress. The rural ecological environment in Yunnan has been effectively improved, and the improvement of rural living environment has achieved remarkable results. By promoting ecological agriculture techniques and models and strengthening the protection and management of rural ecological environment, Yunnan's agriculture has achieved green development and provided a good ecological foundation for rural revitalization.

To promote Chinese-style modernization, we must make unremitting efforts to consolidate the foundation of agriculture and promote all-round rural revitalization. In the future, Yunnan's rural development will continue to maintain a good momentum, it needs to further strengthen the innovation and popularization of agricultural science and technology, improve the system of rural public service facilities, strengthen the training and introduction of rural talents, and promote the inheritance and protection of rural culture. At the same time, it is suggested to increase policy support and financial guarantee to provide a solid guarantee for rural revitalization.

Keywords: Rural Revitalization; Agriculture; Rural Areas; Yunnan Province

Contents

Ⅰ General Report

Abstract: The No. 1 central document in 2023, Opinions of the
CPC Central Committee and the State Council on Doing a Good Job in
Comprehensively Promoting the Key Work of Rural Revitalization in
2023, has made arrangements for the key work of annual rural revitalization.
Yunnan has formulated corresponding plans and implementation opinions
based on the actual situation of the province. Since the implementation of
the rural revitalization strategy in 2018, the implementation of the first five-
year plan for rural revitalization in Yunnan Province has been successfully
completed by 2022.

Keywords: Rural Revitalization; Characteristic Agricultural Province;
Agriculture; Rural areas; Yunnan Province

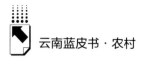
II Special Reports

B.2 Reinforcing the Cornerstone of Rural Revitalization

Through the Backbone of Industrial Revitalization

Song Yuan, Tan Zheng / 037

Abstract: Agriculture is the most essential feature of rural areas and the core industry of rural areas. Since the in-depth implementation of the "3815" strategy, Yunnan Province has firmly grasped the Chinese characteristics, essential requirements and major principles of Chinese-style modernization, based on the actual conditions of Yunnan Province, focused on bottlenecks to make up for weaknesses, highlighted key strengths and weaknesses, deeply tapped potential to build advantages, and promoted the modernization of agriculture and rural areas in Yunnan with high-quality leap-forward development. After more than five years of efforts, China has made innovative explorations in promoting the upgrading of agricultural industries and increasing farmers' incomes, accumulated some good practices and experience, and achieved remarkable results. However, compared with developed provinces (municipalities), Yunnan is still faced with difficulties and challenges such as lagging agricultural infrastructure construction, low industrial development quality, insufficient competitiveness, and low development level of agricultural industry system and support system. It is still a long way to go to build a strong province with distinctive agriculture and realize agricultural and rural modernization. In the future, Yunnan will consolidate the foundation of food security in an all-round way, firmly establish the concept of big food, focus on the development of rural characteristic industries, and promote the upgrading of rural industries.

Keywords: Industrial Revitalization; Infrastructure; Agriculture and Rural Modernization

B.3 The Countryside Civilization as the Starting Point to
Promote the Overall Improvement of Rural Civilization

Zhang Yuanjie / 071

Abstract: Since 2023, Yunnan Province has closely focused on the rural revitalization strategy, adhered to the Party building leading rural civilization as an important starting point for promoting spiritual civilization construction, and firmly grasped the fundamental task of cultivating and practicing socialist core values. Grasp the inner law of rural progress in the interaction of urban and rural civilization. We will continue to make efforts to respect history, carry forward traditions, explore characteristics, enhance the self-awareness and self-confidence of rural culture and the accurate and effective supply of cultural products, achieve the unity of meeting the cultural needs of the people and enhancing the spiritual strength of the people, constantly improve the quality of rural people and the level of rural social civilization, and continue to promote the transformation of rural customs and customs. Provide strong ideological guarantee, strong spiritual strength, rich moral nourishment and good cultural conditions for promoting comprehensive rural revitalization.

Keywords: Rural Revitalization; Rural Civilization; Rural Culture

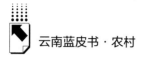
B.4　Building Beautiful Villages with the Goal of

　　Ecological Livability　　　　　*Hu Jing, Chen Yashan* / 095

Abstract: The report of the 20th National Congress of the Communist Party of China further proposed "comprehensively promoting rural revitalization", emphasizing "building a livable and suitable business and beautiful countryside", reflecting the broad masses of the people's yearning for a beautiful home and expectations for a better life, is an important content of the comprehensive construction of a modern socialist country. Through the construction of "industrial ecological, residential urbanization, features, characteristics of nationality, environmental health" beautiful livable villages. We will continue to respect, adapt to and protect nature, strengthen ecological protection and restoration in rural areas, establish sound mechanisms for sound protection and development, give full play to the multiple benefits of natural resources to form a beautiful economy, and achieve "ecological beauty and prosperity for the people."

Keywords: Beautiful Countryside; Ecological Protection; A Livable Village

B.5　To Promote Effective Rural Governance in The

　　Direction of Good Rural Governance

　　　　　　　　　　　　　Wu Yunmei, Guo Hui / 116

Abstract: Social stability is the foundation of development, without stability, no development can be carried out. Vitality is the premise of development, lack of vitality, lack of the source of innovation and development. To revitalize the countryside, it must be based on a stable and vibrant social order in the countryside. In recent years, Yunnan has focused on strengthening the construction of rural grassroots party organizations; Promote the organic combination of autonomy, rule of law and rule of virtue under the leadership of Party organizations; Increase digital and intelligent technology to improve rural governance capacity; After years of efforts, Yunnan's villages have basically formed a rural governance system that combines autonomy, rule of law, and rule of virtue under the leadership of Party organizations. Remarkable progress has been made in the construction of a safe countryside. The breadth and depth of exchanges and integration among various ethnic groups have been continuously expanded, ethnic relations have been close and harmonious, and the trend of rural development has become better and better. Although there are still many challenges, the rural governance of Yunnan will continue to improve in the direction of enhancing the effectiveness of social governance on the basis of the established pattern of good governance.

Keywords: Rural Good Governance; Social Stability; Agricultural and Rural Modernization

Abstract: A prosperous life is the goal of rural revitalization, and the increase of farmers' income is the guarantee of achieving a prosperous life. In the comprehensive promotion of rural revitalization, Yunnan Province has always taken the increase of farmers' income as the central task of "three rural" work, focusing on increasing the income of people out of poverty and low-income groups. Through industrial income increase, employment income increase, transfer income increase, property income increase policy measures and two special actions to increase income, the income structure has been continuously optimized, and farmers' income has increased significantly. In the future, Yunnan will strengthen the mechanism of joint farming and belt farming, improve the pertinence and effectiveness of employment policies, and further improve the vitality of various rural elements, so as to effectively increase farmers' income.

Keywords: Agriculture and Rural Areas; Increase Farmers' Income; Revenue Channels

Ⅲ Typical Cases

B.7 Ecological and Integrated Promotion of Rural Industrial Revitalization: Practice From Jiuwuji Yi Township, Luoping County, Qujing City

Yan Xiaofei, Yang Tao and Li Xiping / 167

Abstract: Industrial revitalization is the top priority of rural revitalization, and it is also the fundamental support for ethnic areas to consolidate and expand the achievements of poverty alleviation and toward common prosperity in agriculture and rural areas. Since Luoping County took the lead in poverty alleviation in Yunnan Province in 2017, exploring the effective connection between consolidating and expanding the achievements of poverty alleviation and rural revitalization, Luoping County Jiuwuji Yi Township has built an "ecological home and beautiful Yi Township" around the construction of the all-region tourism demonstration zone and rural revitalization demonstration zone, fully tapped the resource advantages and ecological advantages, unified thinking and scientific planning, and vigorously promoted the green transformation of industries. Vigorously develop rural tourism, and continue to promote industrial ecology, ecological industrialization, and industrial integration with "ecological +" and "tourism +", the rural living environment is more fresh and clean, the nation is more united and harmonious, and the revitalization of rural industries has promoted the whole township to take on a new look. In this process, the old Wuji Yi Township adheres to the fundamental goal of sharing the wealth of the people, adheres to the fundamental guidance of the "two mountains" theory, adheres to a good style of work for a long time, and adheres to the fundamental guarantee of the guidance of party building, which provides experience for the province and even the whole country's mountain areas, forest areas, and ethnic villages to continue to promote the revitalization of rural industries.

Keywords: Industrial Revitalization; Industry Experience; Industrial Integration

B.8 Starting the "First Shot" of Rural Ecological Revitalization: Practice and Enlightenment of Rural Human Settlements Improvement in Shiping County　　　　*Pu Jianchun* / 181

Abstract: To improve the governance of rural living environment is an important basis for the work of "three rural areas", is the internal requirement for the full realization of agricultural and rural modernization, is the specific starting point for the construction of rural spiritual civilization, and concerns the fundamental well-being and health of the general public. Shiping County, as the third batch of national agricultural green development pilot areas, has always taken the improvement of rural

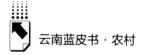

living environment as an important measure to implement rural ecological revitalization, summed up the improvement of governance, and solved the most concerned points of the people; Cultivate rural style and create a good fashion toward the good; Green development, explore the new mode of rich with beauty; Protection priority, conservation of the survival of the ecological space and other four aspects of the main approach. Focusing on rural toilet renovation, rural domestic waste treatment, rural domestic sewage treatment, village planning, village appearance improvement, long-term mechanism establishment of six aspects of remarkable results, has a demonstration and leading role in some ecological environment sensitive areas and similar areas, and provides a beneficial reference for the implementation of rural ecological revitalization and rural living environment improvement.

Keywords: Rural Ecological Revitalization; Rural Human Settlement Environment; Shiping County

B.9 A Model of Good Governance in a Multi-ethnic Interwoven

Community: the Practice and Inspiration of

"Co-Construction, Co-Governance and Sharing"

in Zhengjiazhuang, Eryuan County, Dali Prefecture

Xie Xiaojie / 194

Abstract: The cause of national unity and progress in China has made great progress, and a number of national unity and progress models with profound historical deposits, distinctive connotation of the times and excellent spiritual style have emerged in various regions, fields and levels. Zhengjiazhuang is just a case at the village level. The co construction and governance pattern of " rural political organizations, rural social organizations and rural elites" in zhengjiazhuang presents the operation characteristics of multi-body participation. Zhengjiazhuang has explored the path to create national unity and progress by "blending and sharing culture, governing communities through consultation, and building economy through mutual assistance". We have actively played the leading role of rural political organizations, the supporting role of rural social organizations, and the cohesive Role of rural elites. Through the participation of multiple subjects in rural co construction and the implementation of rural co governance in various ways, we have initially realized the vision of economic co construction, formed a new model of grass-roots social governance, and realized the concept of national culture sharing. This has important demonstration value and practical significance for the comprehensive, in-depth and lasting promotion of the demonstration of national unity and progress, the acceleration of the development of ethnic minorities and ethnic regions, and the casting of the consciousness of the Chinese national community.

Keywords: National Unity and Progress; The Consciousness of The Chinese National Community; Rural Co-Governance

Abstract: The grass-roots party organization is the "backbone" of implementing the Rural Revitalization Strategy. The grass-roots party organization is weak and lax, and the Rural Revitalization will be difficult. The practical experience of zhuanlong town in promoting rural revitalization through Party building is as follows: first, create the working idea of Party building, and comprehensively compact the political responsibility of managing the party with the working idea of "one development main line, two projects, three guides and four party building brands". Second, in combination with the work requirements of the central, provincial, municipal and county Party committees, we should strengthen the grass-roots grid and lay a solid foundation for social governance by focusing on Party building and promoting social governance. Third, relying on the location advantages of the tourist attractions' headquarters, we should fully tap our own tourism and cultural resources, adhere to the development idea of "one mountain with one town, one town with one area" and "prospering the town by culture and tourism", vigorously develop rural cultural and tourism integration projects and create characteristic tourism towns in the mode of "culture+tourism+agriculture". Fourth, carry out "political school cooperation", build a practical training platform for college students and rural Party members based on expert grass-roots scientific research workstation, and build a joint teacher pool, so as to innovate talent exchange and make talents become the "booster" of grass-roots governance.

Keywords: Grass Roots Party Organizations; Characteristic Tourist Town; Integration of Culture and Tourism

Abstract: in the new era, rural areas must have new weather. Paliang village, Mengdong Town, Cangyuan Autonomous County, has thoroughly implemented the decision and deployment of the CPC Central Committee on promoting the transformation of rural customs and the cultivation of civilized rural customs, and stood out from the crowd. From the aspects of education and guidance, practice and cultivation, and improving the quality of life, the village has improved the villagers' energy and spirit, and constantly improved the villagers' civilization and social civilization in the village. A new picture of livable, industrious and beautiful countryside with ecological beauty, industrial beauty and residential beauty is slowly unfolding. In the establishment of "national civilized villages and towns", paliang village has formed the leading role of highlighting party building and promoting the construction of rural civilization; Pay attention to cultural nourishment and enhance the rural cultural heritage; Strengthen the real economy and consolidate the foundation of rural development; Strengthen the construction of ecological civilization and create an ecological and livable environment; The successful experience of strengthening the construction of the rule of law and improving the efficiency of rural governance.

Keywords: Grass Roots Party Organizations; Characteristic Tourist Town; Integration of Culture and Tourism

社会科学文献出版社

皮 书

智库成果出版与传播平台

❖ 皮书定义 ❖

皮书是对中国与世界发展状况和热点问题进行年度监测，以专业的角度、专家的视野和实证研究方法，针对某一领域或区域现状与发展态势展开分析和预测，具备前沿性、原创性、实证性、连续性、时效性等特点的公开出版物，由一系列权威研究报告组成。

❖ 皮书作者 ❖

皮书系列报告作者以国内外一流研究机构、知名高校等重点智库的研究人员为主，多为相关领域一流专家学者，他们的观点代表了当下学界对中国与世界的现实和未来最高水平的解读与分析。

❖ 皮书荣誉 ❖

皮书作为中国社会科学院基础理论研究与应用对策研究融合发展的代表性成果，不仅是哲学社会科学工作者服务中国特色社会主义现代化建设的重要成果，更是助力中国特色新型智库建设、构建中国特色哲学社会科学"三大体系"的重要平台。皮书系列先后被列入"十二五""十三五""十四五"时期国家重点出版物出版专项规划项目；自2013年起，重点皮书被列入中国社会科学院国家哲学社会科学创新工程项目。

权威报告·连续出版·独家资源

皮书数据库
ANNUAL REPORT(YEARBOOK)
DATABASE

分析解读当下中国发展变迁的高端智库平台

所获荣誉

- 2022年，入选技术赋能"新闻+"推荐案例
- 2020年，入选全国新闻出版深度融合发展创新案例
- 2019年，入选国家新闻出版署数字出版精品遴选推荐计划
- 2016年，入选"十三五"国家重点电子出版物出版规划骨干工程
- 2013年，荣获"中国出版政府奖·网络出版物奖"提名奖

皮书数据库　　　"社科数托邦"
　　　　　　　　微信公众号

成为用户

登录网址www.pishu.com.cn访问皮书数据库网站或下载皮书数据库APP，通过手机号码验证或邮箱验证即可成为皮书数据库用户。

用户福利

- 已注册用户购书后可免费获赠100元皮书数据库充值卡。刮开充值卡涂层获取充值密码，登录并进入"会员中心"—"在线充值"—"充值卡充值"，充值成功即可购买和查看数据库内容。
- 用户福利最终解释权归社会科学文献出版社所有。

数据库服务热线：010-59367265
数据库服务QQ：2475522410
数据库服务邮箱：database@ssap.cn
图书销售热线：010-59367070/7028
图书服务QQ：1265056568
图书服务邮箱：duzhe@ssap.cn

社会科学文献出版社　皮书系列
SOCIAL SCIENCES ACADEMIC PRESS (CHINA)

卡号：752963649274
密码：

基本子库 SUB DATABASE

中国社会发展数据库（下设 12 个专题子库）

紧扣人口、政治、外交、法律、教育、医疗卫生、资源环境等 12 个社会发展领域的前沿和热点，全面整合专业著作、智库报告、学术资讯、调研数据等类型资源，帮助用户追踪中国社会发展动态、研究社会发展战略与政策、了解社会热点问题、分析社会发展趋势。

中国经济发展数据库（下设 12 专题子库）

内容涵盖宏观经济、产业经济、工业经济、农业经济、财政金融、房地产经济、城市经济、商业贸易等 12 个重点经济领域，为把握经济运行态势、洞察经济发展规律、研判经济发展趋势、进行经济调控决策提供参考和依据。

中国行业发展数据库（下设 17 个专题子库）

以中国国民经济行业分类为依据，覆盖金融业、旅游业、交通运输业、能源矿产业、制造业等 100 多个行业，跟踪分析国民经济相关行业市场运行状况和政策导向，汇集行业发展前沿资讯，为投资、从业及各种经济决策提供理论支撑和实践指导。

中国区域发展数据库（下设 4 个专题子库）

对中国特定区域内的经济、社会、文化等领域现状与发展情况进行深度分析和预测，涉及省级行政区、城市群、城市、农村等不同维度，研究层级至县及县以下行政区，为学者研究地方经济社会宏观态势、经验模式、发展案例提供支撑，为地方政府决策提供参考。

中国文化传媒数据库（下设 18 个专题子库）

内容覆盖文化产业、新闻传播、电影娱乐、文学艺术、群众文化、图书情报等 18 个重点研究领域，聚焦文化传媒领域发展前沿、热点话题、行业实践，服务用户的教学科研、文化投资、企业规划等需要。

世界经济与国际关系数据库（下设 6 个专题子库）

整合世界经济、国际政治、世界文化与科技、全球性问题、国际组织与国际法、区域研究 6 大领域研究成果，对世界经济形势、国际形势进行连续性深度分析，对年度热点问题进行专题解读，为研判全球发展趋势提供事实和数据支持。

法律声明

“皮书系列”（含蓝皮书、绿皮书、黄皮书）之品牌由社会科学文献出版社最早使用并持续至今，现已被中国图书行业所熟知。“皮书系列”的相关商标已在国家商标管理部门商标局注册，包括但不限于 LOGO（▨）、皮书、Pishu、经济蓝皮书、社会蓝皮书等。“皮书系列”图书的注册商标专用权及封面设计、版式设计的著作权均为社会科学文献出版社所有。未经社会科学文献出版社书面授权许可，任何使用与“皮书系列”图书注册商标、封面设计、版式设计相同或者近似的文字、图形或其组合的行为均系侵权行为。

经作者授权，本书的专有出版权及信息网络传播权等为社会科学文献出版社享有。未经社会科学文献出版社书面授权许可，任何就本书内容的复制、发行或以数字形式进行网络传播的行为均系侵权行为。

社会科学文献出版社将通过法律途径追究上述侵权行为的法律责任，维护自身合法权益。

欢迎社会各界人士对侵犯社会科学文献出版社上述权利的侵权行为进行举报。电话：010-59367121，电子邮箱：fawubu@ssap.cn。

社会科学文献出版社